AF198500

Ursi Breidenbach lebt mit ihrer Familie in der Steiermark und schreibt neben unterhaltenden Sachbüchern auch Kurzgeschichten und Liebesromane zum Wohlfühlen. Sie reist gern und liebt es, die Atmosphäre eines Ortes gemeinsam mit einer guten Freundin zu genießen.

Heike Abidi ist studierte Sprachwissenschaftlerin und lebt mit Mann, Sohn und Hund in der Pfalz. Sie arbeitet als freiberufliche Werbetexterin und ist Autorin von Unterhaltungsromanen sowie Jugend- und Kinderbüchern.

Ihre Bücher schreiben Heike Abidi und Ursi Breidenbach am liebsten in gemeinsamen Schreiburlauben, zum Beispiel in Wien oder an der niederländischen Küste.

Außerdem von Ursi Breidenbach und
Heike Abidi lieferbar:

Geschwister sind wie Gummibärchen
Sie kleben zusammen, manchmal hat man sie über,
aber wir lieben sie ein Leben lang

Großeltern sind wie Eltern, nur mit Zuckerguss
Vom großen Glück, Oma und Opa zu haben, zu sein –
oder zu werden

Wetten, ich kann lauter furzen?
Wie man als Mutter von Jungs überlebt

Besuchen Sie uns auf www.penguin-verlag.de
und Facebook.

Ursi Breidenbach
Heike Abidi

EINE WAHRE
FREUNDIN IST WIE
EIN BH

SIE UNTERSTÜTZT DICH,
LÄSST DICH NIE HÄNGEN
UND IST GANZ NAH AN
DEINEM HERZEN

PENGUIN VERLAG

Penguin Random House Verlagsgruppe FSC® N001967

15. Auflage
Copyright © 2020 by Penguin Verlag
in der Penguin Random House Verlagsgruppe GmbH,
Neumarkter Straße 28, 81673 München
produktsicherheit@penguinrandomhouse.de
(Vorstehende Angaben sind zugleich
Pflichtinformationen nach GPSR)

Covergestaltung und Covermotiv: www.buerosued.de
Redaktion: Katharina Rottenbacher
Satz: Greiner & Reichel, Köln
Druck und Bindung: GGP Media GmbH, Pößneck
Printed in Germany
ISBN 978-3-328-10567-1
www.penguin-verlag.de

Inhalt

Kapitel 3
Erwachsen werden Freundinnen nie so ganz …

Kapitel 4
Beste Jahre sind noch besser mit einer Freundin

Kapitel 5
Alter schützt vor Freundschaft nicht

Kleine Chats erhalten die Freundschaft

Liebe Heike, gibt es etwas Besseres, als gemeinsam mit einer Freundin was Schönes zu unternehmen? ☺

Da fällt mir nicht viel ein, liebe Ursi. Höchstens gemeinsam mit einer Freundin ein Buch zu schreiben 😄

Genau 😄 🙈🙉🙊

Das ist wirklich kaum zu toppen!

Wetten, dass doch?

Wie denn? Es sei denn, man würde mit einer Freundin ein Buch über Freundinnen schreiben … 👆 ☺

Hey, das klingt nach einem super Plan! Wir könnten auch andere Frauen befragen und herausfinden, was das Besondere an Frauenfreundschaften ist. Da tragen wir sicher jede Menge wunderbare Geschichten zusammen.

Perfekt! Was für ein schöner Anlass, meine Freundinnen alle mal wieder anzurufen oder sogar zu treffen. Wobei – eigentlich braucht man dazu ja gar keinen Anlass … ☺

Kapitel 1

Kindheit oder: Wie alles beginnt

»Kann ich deine Schaufel haben?« – Sandkastenfreundinnen und was wir von ihnen lernen können

Ja, Freundinnen sind einfach wunderbar! Ohne die fantastischen Frauen, die mir beruflich und privat nahestehen, wäre mein Leben definitiv um einiges ärmer. Ich denke, den meisten Erwachsenen geht es so: Eine Erweiterung der Familie um einige handverlesene Menschen vervollkommnet das sorgfältig gesponnene soziale Netz. Heike und ich haben die Theorie, dass gerade die Freundschaft unter Frauen etwas ganz Besonderes ist. Finden Sie nicht auch?

Das wollen wir in diesem Buch beleuchten.

Lassen Sie uns chronologisch vorgehen. Wo nimmt das alles seinen Anfang?

Ich selbst habe kaum noch Erinnerungen an die Kleinkindzeit. Und so scheint es irgendwie den meisten zu gehen: Oft sind es eher Einzelsituationen, die man aus den ersten Lebensjahren noch weiß. Um die Eigenschaften einer frühen Mädchenfreundschaft trotzdem aufzuspüren, befragte ich ganz viele Frauen in meinem Umkreis. Ich freue mich, dass ich ein paar Geschichten zusammentragen konnte:

Meine Freundin Laura zum Beispiel wuchs in einem Mehrfamilienhaus auf. In der Wohnung darunter lebte ebenfalls eine junge Familie. Die Mütter schoben bei gutem Wetter die Kinderwägen in den Hof, legten die Babys auf eine Decke in der Wiese und plauderten. Froh, eine Ansprechpartnerin für Durchschlafprobleme, Beikost und Babyspielzeug gefunden zu haben, unterhielten sie sich angeregt. Die Kinder beäugten sich gegenseitig in der Zwischenzeit brabbelnd.

Einige Monate später konnten Laura und ihre kleine Nachbarin Eva schon nebeneinander in den Sandkasten gesetzt werden. Längst hatten sie sich als Bestandteil ihres noch sehr beschränkten Universums zur Kenntnis genommen. Laura war eindeutig die Ruhigere, Eva sprühte vor Temperament und Entdeckungslust. Kaum begannen die beiden zu laufen, wurde Laura von ihrer Freundin überallhin mitgeschleift – am liebsten zu versteckten Winkeln des Hofes, die für die Mütter uneinsehbar waren.

Schon bald wurde aus den zwei Mädchen ein eingeschweißtes Team. Tagsüber blieben die Türen offen, damit sich die Kinder frei zwischen den Wohnungen bewegen konnten. Laura, die einen älteren Bruder hatte, genoss es, bei Eva Mädchensachen kennenzulernen. Außerdem fand sie Evas Kühnheit faszinierend und mitreißend. Rückblickend denkt sie, dass es ihr in Gegenwart der Freundin vermutlich leichterfiel, auf der Schaukel ganz hoch zu schwingen, auf Bäume zu klettern oder die großen Jungs aus dem Sandkasten zu vertreiben. Mit Eva vor den Eltern Geheimnisse zu haben und auch einmal etwas Verbotenes auszuprobieren, beflügelte Laura – an dieses Gefühl kann sie sich bis heute erinnern: »Mit der Unterstützung meiner besten Freundin dachte ich, die Ausmaße der Kleinkindwelt ausdehnen zu können.«

Manchmal nahmen die gemeinsamen Abenteuer der zwei wirklich waghalsige Ausmaße an. Als Eva Laura zum Beispiel überredete, von den Pilzen in der Wiese zu probieren, griff diese vertrauensselig zu. Zum Glück handelte es sich aber nur um harmlose Verwandte des Champignons, sodass das Experiment ohne Folgen blieb.

Laura sagt, ihre Mutter wisse bis heute nichts von den Erlebnissen ihrer Tochter mit der Sandkastenfreundin, die schließlich wegzog, als die Mädchen in die Schule kamen.

Beverley Fehr, eine Sozialpädagogin an der kanadischen Universität Winnipeg, hat sich eingehend mit dem Thema beschäftigt, welche Bedingungen herrschen müssen, damit eine Freundschaft entsteht. Es überrascht mich, wie groß die Komponente »Zufall« dabei ist. Der wichtigste Umstand für die Entwicklung einer solchen Bindung ist nämlich tatsächlich die räumliche Nähe. Des Weiteren spielt die Häufigkeit des Kontakts eine Rolle. Wissenschaftler erklären diesen sogenannten »Mere-Exposure-Effekt« (Effekt der bloßen Exposition) damit, wie unser Gehirn nun mal arbeitet: Was wir gut kennen, können wir leichter verarbeiten, und das aktiviert auf sehr energiesparende Weise unser Belohnungszentrum. Mit anderen Worten: Wenn wir eine Freundin treffen, werden Hormone ausgeschüttet, die uns zufrieden machen.

Ein zusätzlicher Punkt ist das sogenannte »Freundschaftsbudget«. Wie eng die bestehende Bindung wird, hängt nämlich auch davon ab, ob wir etwas dafür tun, uns zum Beispiel Zeit nehmen, um die Bekanntschaft zu vertiefen. Der vierte Aspekt ist das, was wir umgangssprachlich »Chemie« nennen – und die muss definitiv stimmen.

Die Wissenschaftlerin sagt, dass Ähnlichkeiten bestimmend sind: Befinden wir uns im selben Lebensabschnitt? In einer vergleichbaren Lebenssituation? Passen die Herkunft und die daraus resultierenden Erfahrungen zusammen? Haben wir zu den ausschlaggebenden Lebensfragen eine harmonierende Einstellung? Und finden wir bei unseren Interessen einen ausreichend großen gemeinsamen Nenner?

Wie Zufall und Mere-Exposure-Effekt in Lauras und Evas Fall zu einer engen Kleinmädchen-Freundschaft geführt haben, kann ich wunderbar nachvollziehen. Und mit ihrem Freundschaftsbudget sind Kinder ohnedies sehr großzügig. Aber ich frage mich, ob das mit den Gemeinsamkeiten auch schon in unseren ersten Lebensjahren zutrifft? Suchen kleine Mädchen tatsächlich nach einer Freundin, mit der die Chemie stimmt?

»Frühkindliche Allianzen haben oft weniger Harmonie zum Ziel«, erklärt mir eine Kindergartenpädagogin. »Sie verfolgen eher einen bestimmten Zweck. Ganz banal kann etwa ein wunderschönes Puppenhaus, das eines der Mädchen besitzt, Grund genug für eine Freundschaft sein.«

Bei den Kindern, von denen ich eben erzählt habe, war wohl Evas mitreißendes Temperament ausschlaggebend – Laura brauchte es, um sich selbst weiter in die Welt hinauszuwagen.

Und tatsächlich bin ich auch bei den Erinnerungen anderer Frauen immer wieder darauf gestoßen: Ein Mädchen hatte etwas zu bieten (Materielles, Wissen, einen Charakterzug ...), das der Freundin irgendwie dienlich sein konnte:

Amalia zum Beispiel wurde während des Zweiten Weltkriegs geboren und musste mit ihrer Familie bald den Wohnort verlassen. Die Großstadt war zu gefährlich geworden, also evakuierte man Mütter mit ihren Kindern aufs Land. An die schwere Zeit zu viert in einem winzigen Zimmer hat Amalia noch jede Menge Erinnerungen, und die sind sogar durchaus positiv: Die Menschen halfen sich gegenseitig, das Leben war intensiv und ursprünglich. Schnell fand die kleine Amalia auch eine Freundin. Schräg gegenüber wohnte nämlich ein etwa gleichaltriges Mädchen, das einen Sandkasten im Garten hatte und sie einlud, bei ihr zu spielen. Daraufhin verbrachten die beiden Kinder viel Zeit miteinander und waren beste Freundinnen, bis Amalias Familie nach Kriegsende wieder in die Stadt zurückkehrte.

»Mit Hannelores Persönlichkeit konnte ich nur bedingt etwas anfangen. Sie neigte total zum emotionalen Überschwang, und so bin ich selbst überhaupt nicht«, erzählt mir Amalia.

Offensichtlich war die kleine Hannelore eine »Dramaqueen«. So saß sie etwa einmal auf der Schaukel und trällerte das alte Volkslied *Es wohnt ein Pfalzgraf an dem Rhein, der hat drei schöne Töchterlein* ... Als der jüngste Spross des Pfalzgrafen in Strophe siebzehn todkrank wurde, rannen Hannelore beim Singen die Tränen über die Wangen.

»Ich fand diesen Gefühlsausbruch echt albern!«, zieht Amalia lachend Bilanz. »Das war mir richtig fremd. In diesem Moment wurde mir – noch nicht einmal ein Schulkind – bewusst, dass es unterschiedliche Persönlichkeiten gibt und wie wenig ein Mensch dem anderen gleicht.«

Resi berichtet mir, dass sie zu Hause keine Süßigkeiten bekam. Ihre Eltern waren damals – Ende der Siebziger – der Auffassung, in Obst sei genug Zucker. Natürlich dauerte es trotzdem nicht lange, bis die Kleine im Kindergarten Schokolade und Ähnliches kennenlernte. Und wie es oft mit selten verfügbaren Genüssen ist, entwickelte Resi einen regelrechten Heißhunger auf Naschereien. Die Vierjährige setzte es sich also zum Ziel, auf dem Spielplatz im Zentrum der Siedlung stets darüber auf dem Laufenden zu bleiben, welches Mädchen als nächstes Geburtstag hatte und eine Party feierte. Genau dieses Kind erklärte sie vorübergehend zur besten Freundin und schenkte ihm ihre gesamte Aufmerksamkeit. Tatsächlich schaffte sie es, ständig zu den Feiern eingeladen zu werden. Bei den Festen gab es dann kein Halten: Kuchen, die als Tischdeko ausgestreuten bunten Bonbons, die Schokolade vom Wettessen und die süße Belohnung beim Topfschlagen – Resi stopfte sich die Backen voll. Auch wenn sie längst satt war, aß sie weiter, denn von den Leckereien etwas mit nach Hause zu nehmen, kam nicht infrage. Ihre Eltern hätten ihr die köstlichen Schätze sofort abgenommen.

»Wenn ich mich heute an die Kindergeburtstage meiner Freundinnen erinnere, denke ich nicht an bunte Luftballons oder lustige Spiele«, schildert sie, »sondern an das drückende Gefühl der Übelkeit nach viel zu vielen Süßigkeiten.«

Auch Herta erzählt mir, dass ein ganz praktischer Aspekt dafür verantwortlich war, als sie sich in den Sechzigerjahren Isa als erste beste Freundin aussuchte. Isas Mutter war nämlich Kosmetikerin mit eigenem Salon im Haus. Noch heute erinnert sie sich daran, wie es in allen Zimmern einfach himmlisch roch. Und es gab Cremetuben, Puderquasten und Tiegel im Überfluss. Wann immer Herta nach dem Kindergarten bei Isa war, schwebte sie im siebten Himmel. Dort durfte sie Düfte ausprobieren, sich Cremes auf den Handrücken schmieren und Isas Puppen schminken.

»Nichts davon war für meine Freundin neu, und doch machte sie bereitwillig mit und führte vor, wie man zum Beispiel eine Gesichtsmaske aufstrich und sich dann Gurkenscheiben auf die Augen legte.«

Isas Universum faszinierte Klein-Herta und sie spürte instinktiv, dass sie sich (ganz im Sinne von Beverley Fehrs Freundschaftsbudget) anstrengen musste, um der Freundin ebenfalls etwas Interessantes zu bieten. Abends im Bett dachte sie darüber nach, mit welcher Spielidee sie Isa überraschen konnte, wenn diese ihr einen Gegenbesuch abstattete. So trug sie Klamotten sämtlicher Familienmitglieder für Verkleidungsorgien zusammen, malte Kulissen für ein kleines Theaterstück oder legte Schnitzeljagden durchs ganze Haus.

»Vermutlich wäre ich nie auf all die kreativen Einfälle gekommen, hätte es die Freundschaft zu Isa nicht gegeben«, überlegt Herta.

Später plante sie übrigens Incentives für große Firmen. Vielleicht wurde der Grundstein für den beruflichen Erfolg schon damals als Kleinkind gelegt.

Eine aktuellere Geschichte aus dem ersten Jahrzehnt nach dem Millennium erzählt mir Tanja, die Tochter einer Bekannten: Im Kindergartenalter galt sie als kaum zu bändigender Wirbelwind. Kein Klettergerüst war ihr zu hoch, kein Schlittenhang zu steil und kein fahrbarer Untersatz zu schnell. Ihre beste Freundin Claudia hingegen hatte stets Angst und bewegte sich mit einer gehörigen Portion Vorsicht durch die Welt.

»Wenn ich vom Dach des Spielhäuschens gesprungen bin, hat Claudia danebengestanden und gerufen: ›Spring lieber nicht!‹ Oder: ›Pass auf!‹ Dann fühlte ich mich gleich noch mutiger und platzte vor Stolz, was ich doch für ein draufgängerisches Mädchen war.« Umgekehrt konnte sie die Freundin aber auch ein wenig mitreißen und Claudia manchmal dazu bringen, ihre Übervorsicht zu vergessen.

In der Vorweihnachtszeit wurde im Kindergarten dann der Besuch vom Nikolaus angekündigt.

»Die Vorstellung, dass ein großer, alter Mann mit weißem Bart vor der Tür stehen würde, behagte Claudia überhaupt nicht. Dauernd fragte sie, ob diese furchterregende Gestalt nicht wieder ausgeladen werden könnte«, erinnert sich Tanja.

Um Claudia die Angst zu nehmen, brachte die Erzieherin ein kleines Nikolauskostüm mit. Sie dachte wohl, selbst in die Rolle zu schlüpfen, würde dem Mädchen die Bedenken nehmen.

»Beim Verkleiden sah ich meiner Freundin zu und bestätigte ihr, dass sie aussehe wie ein echter Nikolaus. Anschließend begleitete ich sie zum Spiegel. Kaum hatte sie sich darin erblickt, brach sie in Tränen aus und zitterte vor Furcht.«

Hand in Hand mit ihrer besten Freundin überstand Claudia diesen Vormittag schließlich doch. Und Tanja erinnert sich auch heute, einige Jahre später, noch sehr gut daran, wie schön es sich anfühlte, so sehr gebraucht zu werden.

Mir scheint, es ist ganz egal, aus welchen Gründen kleine Mädchen ihre ersten Freundinnen wählen, gleich bleibt immer, dass sie voneinander auf irgendeine Art und Weise fasziniert sind. Die Gefährtin öffnet Türen in Lebensräume, die sonst verschlossen blieben. Es gibt so viel von der anderen zu lernen. Und von der Offenheit, mit der sich vor allem ganz junge Kinder begegnen, kann man sich auch als aufgeschlossener Erwachsener eine Scheibe abschneiden, finde ich. Denn die absolute Vorurteilsfreiheit, mit der Kinder in Bekanntschaften hineingehen, ist unvergleichlich. Sie nehmen ihre Mitmenschen so an, wie sie sind, bewerten nicht und denken nicht groß über Unterschiede nach.

Ein wunderschönes Beispiel dafür liefert Lena. Ihre Mutter erzählte mir Folgendes: Fröhlich berichtete die Kleine von ihrer neuen Freundin im Kindergarten, die Chioma hieß und »so toll verwirbelte« Haare hatte. Die Mutter freute sich, dass ihr Kind offensichtlich Kontakt zu einem fremdländischen Mädchen geknüpft hatte, und fragte, woher Chioma stamme. »Auch aus Berlin. Ich glaube, sie wohnt gleich hinter dem Kindergarten.« Lenas Mutter schmunzelte über sich selbst, weil sie anders als ihre Tochter in Schubladen gedacht hatte. Wir Erwachsenen tendieren einfach dazu, nach Etiketten zu suchen: ausländischer Name = Migrationshintergrund. Kinder interessiert so etwas nicht.

»Die Erkenntnis traf mich ein zweites Mal, als ich Chioma einige Tage später zum ersten Mal sah«, berichtet Lenas Mutter. »Das Mädchen ist schwarz. Meine Tochter fand die Hautfarbe nicht einmal erwähnenswert!«

»Eigentlich sind wir fast wie Schwestern« – Wenn schon die Mütter beste Freundinnen waren

Freundschaft ist etwas Wunderbares – und das in jedem Lebensalter. Selbst die Allerkleinsten entwickeln sich zu glücklicheren, sozialeren Wesen, wenn sie Kontakt mit Gleichaltrigen haben.

Aus diesem Grund versuchen viele Mütter, ihre Winzlinge mit dem Nachwuchs ihrer Freundinnen zusammenzubringen. Auch ich habe das getan.

Was im Babyalter noch einigermaßen funktionierte, weil Kinder in dieser Phase ohnehin eher nebeneinander spielen als miteinander, ging bei uns spätestens im Kleinkindalter gründlich schief. Denn die lieben Kleinen lassen sich keineswegs diktieren, wen sie mögen sollen – und signalisieren uns damit sehr früh, dass sie ihren eigenen Kopf und ihr eigenes Bauchgefühl haben. Dabei wäre es so schön gewesen! Wir hätten einfach ein nettes Freundinnentreffen mit einer Kinderspielrunde verbinden können …

Die Psychologin Stefanie Rietzler kennt das: »Für viele befreundete Elternpaare wäre es ›praktisch‹, wenn sich der Nachwuchs gut versteht«, sagt sie in einem Interview auf dem Biber-Blog zum Thema Kinderfreundschaften. Sie plädiert dafür, die Gefühle der kleinen Leute zu respektieren. Schließlich haben auch sie ein Gespür dafür, mit wem die Chemie stimmt und mit wem eher nicht. »Ich denke da immer an uns Erwachsene, die wir uns ebenfalls ungerne vorschreiben lassen, mit welchen Menschen wir uns privat umgeben möchten. Dieses Recht sollten wir auch den Kindern zugestehen.«

Wenn aus dem Nachwuchs bester Freundinnen eher Streithähne und -hennen als Freunde und Freundinnen werden, muss man das wohl oder übel akzeptieren. Sie sind schließlich Menschen mit einem eigenen Willen – nur eben klein. Und deshalb suchen sie sich ihre Freunde selbst aus!

Es gibt allerdings durchaus Fälle, in denen das Konzept »Mütter sind beste Freundinnen, Töchter ebenso« funktioniert.

So wie bei Petra und Nicole. Die beiden waren seit der Oberstufe befreundet, blieben nach dem Abitur immer in Kontakt und wurden mit Mitte zwanzig ziemlich zeitgleich schwanger. Das schweißte sie noch enger zusammen, und als ihre Töchter Hannah und Celine auf der Welt waren, unternahmen sie fast alles gemeinsam – von Rückbildungsgymnastik über Babyschwimmen bis zu Kinderturnen und Spielplatzbesuchen.

Hannah und Celine wurden ebenfalls beste Freundinnen, und da sie einander auch noch ähnlich sahen mit ihren dunklen Locken und der schmalen, sportlichen Figur, hielt man sie spätestens im Grundschulalter für Zwillinge. Das gefiel ihnen so sehr, dass sie bald anfingen, sich immer öfter im Partnerlook zu kleiden. Deshalb mussten sie morgens vor dem Unterricht unbedingt telefonieren, um die Klamottenfrage abzustimmen.

Petra und Nicole beobachteten diese Entwicklung amüsiert. Und erfreut! Natürlich gefiel ihnen, dass sich ihre Töchter so prächtig verstanden. Besser ging's ja kaum.

Dann stand der Wechsel zur weiterführenden Schule an, und die Mädchen wollten unbedingt auf dasselbe Gymnasium gehen. Alles andere kam für sie nicht infrage, allein der Gedanke an eine Trennung führte zu Sturzbächen von Tränen! Also wurde ihr Wunsch erfüllt.

Das war der Anfang vom Ende ihrer Freundschaft.

Der Übergang von der Dorfgrundschule zu einem städtischen Gymnasium mit rund tausend Schülern stellte die beiden vor große Herausforderungen. Und sie bewältigten sie auf höchst unterschiedliche Art und Weise: Während Hannah die neuen Eindrücke sichtlich genoss und regelrecht aufblühte, wünschte sich Celine, alles wäre beim Alten geblieben. Vor allem sollten Hannah und sie das bewährte Dream-Team bleiben.

Hannah mochte Celine nach wie vor und bezeichnete sie noch stets als ihre beste Freundin, und natürlich saßen sie in der Klasse nebeneinander. Doch es gefiel ihr auch, weitere Freundschaften zu schließen. Hannah hatte ein offenes Wesen und war beliebt. Mal verabredete sie sich mit Laura, mal mit Neele oder Sophie. War doch kein Problem, oder?

Celine sah das anders. Sie fühlte sich vernachlässigt, zumal sie selbst eher verschlossen war und sich schwerer damit tat, auf andere zuzugehen. Also zog sie sich mehr und mehr zurück und konzentrierte sich voll aufs Lernen. Hannah dagegen tat für die Schule nur das Nötigste und genoss lieber die neuen sozialen Kontakte.

Die Zeugnisse spiegelten das wider: Celine hatte lauter Einsen und war Klassenbeste, während Hannahs Notendurchschnitt irgendwo bei Dreikommairgendwas lag.

»Ich bin besser als du«, kommentierte Celine zufrieden, nachdem sie auf Hannahs Noten geschielt hatte.

»Aber ich bin beliebter als du«, gab die prompt zurück.

Bis dahin hatten weder Petra noch Nicole mitbekommen, dass mit ihren Töchtern etwas nicht stimmte. Doch spätestens in den Sommerferien schöpften die beiden Mütter Verdacht. Denn statt wie sonst ständig auf gemeinsame Ausflüge oder Schwimmbadbesuche zu drängen, verhielten sich ihre Töchter diesbezüglich extrem zurückhaltend. Es waren eher die Mütter, die sich verabredeten. Doch Hannah und Celine nahmen an diesen Aktivitäten höchstens lustlos teil, oft fanden sie irgendwelche Ausreden. Meist jedoch unternahmen Petra und Nicole zu zweit etwas. Die Mädchen waren eben aus dem Alter heraus, in dem sie ihre Freizeit am liebsten mit den Eltern verbrachten. Und was immer zwischen ihnen vorgefallen war, es konnte ja gewiss nicht so schwerwiegend sein.

»Das gibt sich wieder«, sagte Petra, und auch Nicole war sich sicher: »Das ist bestimmt nur so eine Phase.«

Doch das war es nicht. Im Gegenteil! Im neuen Schuljahr wurde alles noch viel schlimmer.

Celine machte sich lautstark über Hannahs schlechtere Zensuren lustig, woraufhin sich diese demonstrativ eine andere Banknachbarin suchte.

Wenn Celine mitbekam, dass sich Hannah mit einer Mitschülerin verabreden wollte, tat sie alles, um dieses Treffen zu verhindern. Sie überwand ihre Zurückhaltung und ging von sich aus auf Hannahs neue Clique zu – aber nicht, um auch dazuzugehören, sondern um ihre ehemals beste Freundin schlechtzumachen.

Hannah ließ das natürlich nicht auf sich sitzen und lästerte über Celine, nannte sie Streberin und MoF – Mensch ohne Freunde.

Als selbst Petra und Nicole nicht mehr ignorieren konnten, dass aus den »Unzertrennlichen« erbitterte Gegnerinnen geworden waren, redeten sie ihren Töchtern ins Gewissen und forderten sie auf, sich wieder zu vertragen.

»Aber Celine ist so fies«, beklagte sich Hannah. »Sie freut sich, wenn ich eine schlechtere Note bekomme als sie, und ist eifersüchtig, wenn ich mich mit anderen Mädchen verabrede.«

»Aber Hannah ist so eine Zicke«, beschwerte sich auch Celine. »Sie mobbt mich regelrecht. Ich glaube, sie will, dass die anderen mich hassen.«

Das klang übel. Richtig übel. Darin waren sich Petra und Nicole einig. Das war aber auch das Einzige, worin sie übereinstimmten. Denn kaum hatten sie vom Streit ihrer Töchter erfahren, mutierten sie zu Löwenmüttern, die ihre Jungtiere bedingungslos verteidigten.

Es hätte nicht viel gefehlt und ihre Freundschaft wäre ebenfalls daran zerbrochen. Immer öfter kriegten sie sich wegen Hannahs und Celines Zickenkrieg in die Wolle, ohne jedoch Genaueres darüber zu wissen – die Mädchen erzählten längst nicht alle Einzelheiten, und natürlich belastete keine von ihnen sich selbst. Jede stellte sich zu Hause als Unschuldslamm und die andere als Intrigantin dar. Petra ahnte zwar, dass vermutlich beide an der Situation schuld waren, aber Nicole gegenüber äußerte sie diesen Gedanken nicht – schließlich gab die sich absolut kompromisslos. Erst Hannahs Entscheidung, die Schule zu wechseln, weil sie die Situation nicht mehr aushielt und außerdem sowieso ein Schuljahr wiederholen musste, entschärfte die Lage.

Das ist inzwischen einige Jahre her, und die Mütter sind noch immer befreundet. Zwar nicht ganz so eng wie früher und nicht so vertraut, doch sie gehen regelmäßig zusammen ins Kino, zum Shoppen oder ins Schwimmbad. Zu zweit.

Wenn sich die Mädchen hin und wieder begegnen, behandeln sie einander freundlich, aber zurückhaltend. Wie Fremde. Als wären sie niemals »die Zwillinge« gewesen, als die sie aufgewachsen sind.

»Vielleicht haben wir diese extrem enge Zweierfreundschaft ein bisschen zu sehr forciert«, glaubt Petra rückblickend. »Es hätte den beiden gutgetan, schon früher einen größeren Freundinnenkreis aufzubauen, sich nicht so extrem aufeinander zu fixieren. Aber wir fanden das damals toll – ohne weiter darüber nachzudenken, ob das gut gehen kann. Sogar das mit dem Partnerlook haben wir unterstützt, weil es uns irgendwie niedlich vorkam. Vielleicht haben wir damit verhindert, dass sich unsere Töchter frei entfalten konnten. Denn wie sich inzwischen herausgestellt hat, sind sie total unterschiedlich, sowohl charakterlich als auch, was ihre Begabungen, ihre Wünsche und Träume, ihre Werte und Ideale betrifft.«

Müssen Freundschaften von Mädchen, deren Mütter beste Freundinnen sind, also zwangsläufig scheitern?

Zum Glück ist das nicht immer der Fall. Denn natürlich gibt es genug positive Beispiele – wie das von Lucy und Tinka. Auch die beiden waren seit der Schulzeit befreundet, sogar schon seit der Mittelstufe.

»Wir haben einfach *alles* gemeinsam unternommen«, erinnert sich Lucy. »Doch dann kam mein Auslandssemester
in den USA – das war unsere erste längere Trennung überhaupt.«

Natürlich hielten sie das nicht aus – so ein Semester ist
schließlich eine halbe Ewigkeit. Also besuchte Tinka ihre
Freundin in San Francisco. Die beiden erlebten eine tolle Zeit miteinander, besichtigten alles, was sehenswert war
(und das ist nicht wenig), gingen auf Partys, lernten nette
Menschen aus aller Welt kennen … Unter anderem einen
ziemlich coolen Australier, der die zwei *German Girls* kurzerhand einlud: »Besucht mich doch in Sydney! Am besten
zu den Olympischen Spielen im Jahr 2000.«

Was für eine granatenstarke Idee! Bis dahin dauerte es
zwar noch fünf Jahre, aber Lucy und Tinka waren sofort
Feuer und Flamme. Selbstverständlich sagten sie zu. Australien – das war für beide ein absolutes Sehnsuchtsland.

Obwohl der Kontakt zu dem Australier bald wieder ab-
riss, blieb der Plan bestehen: Lucy und Tinka würden zusammen nach Down Under reisen. Komme, was wolle!

Und es kam so einiges. Vor allem das Leben.

Lucy heiratete, Tinka ebenfalls. Lucy bekam ihr erstes
Kind, eine Tochter namens Lilian, drei Monate später kam
Tinkas Tabea auf die Welt.

Dass Lucy die Patentante von Tabea wurde und Tinka
die von Lilian, verstand sich von selbst.

Ein paar Jahre später wurde Tinka erneut Mutter, es war
wieder ein Mädchen, eine kleine Tilly. Wiederum drei Monate später wurde Lucys zweite Tochter Leonie geboren.

Lucy und Tinka trafen sich auch weiterhin, sooft es nur
ging, und natürlich waren ihre Töchter – zumindest in den

ersten Jahren – oft mit von der Partie. Während die beiden Älteren nie so richtig warm miteinander wurden, schlossen Tilly und Leonie bald eine enge Kinderfreundschaft. Sie liebten Übernachtungspartys und schliefen dann immer in einem Bett. Sie lasen dieselben Bücher und gingen zum selben Schwimmverein. Später trösteten sie sich gegenseitig bei Liebeskummer, schickten einander unendlich lange Sprachnachrichten und führten noch längere nächtliche Telefonate.

»Das kam mir wahnsinnig bekannt vor«, sagt Lucy, »von den Sprachnachrichten einmal abgesehen.«

Die Jahre gingen ins Land, für Lucy und Tinka lief alles bestens, doch eine Sache war unerledigt geblieben: nämlich der Plan, gemeinsam nach Australien zu reisen. Die Olympischen Spiele in Sydney waren bereits Geschichte.

»Eigentlich wollten wir ja zu zweit dahin, aber bevor das Ganze nie stattfindet, fliegen wir einfach alle zusammen«, schlug Tinka im Frühjahr 2015 vor – und damit ziemlich genau zwanzig Jahre nach jener Begegnung mit dem Australier in San Francisco.

Und so machten sie es. Die beiden Freundinnen verbrachten mit ihren Männern und Töchtern einen aufregenden Monat in Down Under, fuhren mit dem Wohnmobil durch den fünften Kontinent, knipsten unzählige Fotos und lernten Land und Leute lieben.

Vor allem Tilly und Leonie waren vollkommen fasziniert und beschlossen, nach dem Abitur für ein Jahr dorthin zurückzukehren – Work & Travel.

»Nun rate mal, wen ich vor ein paar Tagen zum Flughafen kutschiert habe«, sagt Lucy und lacht. »Meine Kleinste hat ihre Ankündigung wahr gemacht. Sie und Tilly haben

nicht so lange gebraucht, um ihre Australienpläne zu ver-
wirklichen, wie Tinka und ich.«

»Ist dir der Abschied denn nicht wahnsinnig schwergefal-
len?«, will ich wissen.

»Und wie!«, gibt sie zu. »Aber sie hat ihre beste Freundin
dabei. Und das ist das Allerwichtigste. Wer wüsste das besser als Tinka und ich?«

»Hältst du mir den Platz neben dir frei?« – Warum Freundinnen immer nebeneinandersitzen müssen

Welche Rolle spielen Mädchenfreundschaften im Laufe der ersten Schuljahre?, frage ich mich und überlege, wie das damals bei mir war: Im Kindergarten fand ich eine beste Freundin. Unsere Eltern kannten sich vorher nicht und wir waren auch keine Nachbarinnen, sondern hatten einander wirklich frei von fremden Einflüssen oder Zufällen ausgesucht. Wie wir zueinanderfanden und was mich an Judith faszinierte, kann ich heute nicht mehr genau sagen, aber ich weiß noch, wie innig unsere Bindung war und dass mich damals kein anderes Kind so sehr interessierte wie sie.

Bei der Einschreibung zur Grundschule hatten unsere Mütter angegeben, dass wir unbedingt in dieselbe Klasse kommen sollten, und den ersten Schultag bestritten wir Seite an Seite. Die Frage, ob wir nebeneinandersitzen wollten, stellte nie jemand – das war einfach klar.

Die ganze Grundschulzeit gab es Judith und mich nur im Doppelpack: Wir verabredeten uns für den Schulweg, wichen den gesamten Vormittag keinen Meter voneinander und trafen uns auch regelmäßig in der Freizeit. War dies einmal nicht möglich, telefonierten wir – so oft, dass Judiths Mutter für mich den Spitznamen »Ursophon« erfand. Es war wunderbar, alles, was das Größerwerden und

Von-zu-Hause-Abnabeln für uns bereithielt, zu besprechen.

Judith und ich waren völlig aufeinander fixiert und niemand forderte uns jemals auf, uns auch ein wenig mit anderen Mädchen zu beschäftigen. Heute wird eine so exklusive Freundschaft von Lehrkräften nicht mehr unbedingt unterstützt. Aus meinem Umfeld weiß ich, dass die Kinder in den Klassen immer wieder umgesetzt werden. Oft wechseln sie sogar monatlich ihren Platz und am Ende des Schuljahres hat nicht selten jeder einmal neben jedem gesessen. Die Idee dahinter ist wohl die Stärkung der Gemeinschaft und die Vermittlung von sozialen Kompetenzen.

Wäre das in den frühen Achtzigerjahren schon üblich gewesen, hätte mich Judiths Entscheidung, sich in der vierten Klasse plötzlich eine neue Banknachbarin und beste Freundin zu suchen, vermutlich nicht derart hart getroffen. So fühlte ich mich aber von heute auf morgen völlig alleingelassen. Warum sie sich von mir abwandte, weiß ich bis heute nicht. Ich hatte den Eindruck, ohne Judith gar nicht richtig zu funktionieren, und ich erinnere mich an Symptome, die Liebeskummer durchaus ähneln: Antriebslosigkeit, Esssucht, Traurigkeit … das ganze Programm. Ich durchlief auch die Phasen, die man von gebrochenen Herzen kennt: zuerst das Nicht-wahrhaben-Wollen, dann irgendwann hervorquellende Gefühle und schließlich eine Neuorientierung mit überdachtem Lebenskonzept: Zum Glück lernte ich recht schnell, mich für andere zu öffnen, und fand neue Gefährtinnen. Danach konzentrierte ich mich nie wieder bloß auf eine einzige Freundin, sondern merkte, wie schön es ist, für die verschiedenen Lebensbereiche unterschiedliche Herzensmenschen zu haben.

Meine Recherchen haben ergeben, dass sich die Anzahl der Mädchen, die sich wie ich in der Grundschule auf eine beste Freundin beschränken, mit denen, die bereits in diesem Alter einen etwas größeren Freundeskreis pflegen, ungefähr die Waage hält. Die Persönlichkeit und die Art, wie das Kind aufwächst, scheinen hierbei eine Rolle zu spielen.

Laura zum Beispiel – das war die kleine Pilzverkosterin aus meiner Geschichte vom Anfang des Buches – kam mit einer ganzen Mädchenclique an die Schule. Die Gruppe kannte sich schon vom Spielplatz und hatte auch gemeinsam den Kindergarten besucht. Innerhalb dieses Kreises wurden ständig neue Bündnisse geschlossen, einmal waren zwei enger befreundet, dann fand sich wieder eine andere Kombination. Natürlich wurde auch regelmäßig gestritten, aber selbst wenn sich ein Mädchen »für immer« von der Schar lossagte, kehrte es dennoch bald zurück.

»Das hat sich damals angefühlt, als hätte ich in der Schule eine eigene kleine Familie«, erinnert sich Laura. »In unserer Gruppe gab es auch Dynamiken, die man mit denen in einer echten Familie vergleichen kann: Auch wenn es innen kriselte, traten meine Freundinnen und ich als starke Einheit gegenüber der Lehrerin und dem Rest der Klasse auf. Das schenkte mir eine unglaubliche Sicherheit.«

Natürlich gibt es aber auch Fälle, bei denen Mädchen in der Grundschule neben unbekannte Mitschülerinnen gesetzt werden, mit denen sie dann eine enge Freundschaft schließen. Yvonne lernte Petra am ersten Schultag kennen. Neu in der Stadt, fühlte sie sich zunächst in der Klasse völlig fremd und schwieg den ganzen Vormittag. Am dritten Tag sollten die Kinder Dreiecke aus buntem Papier ausschneiden, und Yvonne bat Petra um eine Schere. Die beiden Mädchen waren sich auf Anhieb sympathisch. Es dauerte nicht lange, und die Sitznachbarinnen wurden beste Freundinnen.

»Es hat so viel Spaß gemacht, Petra alles über mich zu erzählen und im Gegenzug jedes Detail von ihr zu erfahren. Wir zwei Quasselstrippen redeten ohne Punkt und Komma und erhielten deshalb sogar immer wieder von der Lehrerin eine Rüge«, erzählt meine Gesprächspartnerin lachend.

Nach kurzer Zeit luden sich die Mädchen auch gegenseitig nach Hause ein. Einzelkind Yvonne war völlig fasziniert von Petras großer Familie mit vier Kindern. Der ständige Trubel zog sie so sehr an, dass sie ihre Freundin bald regelmäßig nach der Schule begleitete, bei ihr inmitten der Großfamilie zu Mittag aß und den ganzen Nachmittag blieb.

»In die turbulente Welt der Freundin einzutauchen, gab mir etwas, was ich daheim nicht bekam.«

Auf der Suche nach schönen Geschichten über Schulmädchenfreundschaften stieß ich auch auf Margot und Rosi. Die beiden lernten sich in den Sechzigerjahren beim Ballspielen auf der Straße kennen und waren ab dem Kleinkindalter ein Herz und eine Seele. Ihre Wohnungen lagen ums Eck im selben Häuserblock. Also spannten sie mithilfe der Väter quer über den Hof eine Schnur, an deren Enden jeweils eine leere Kaffeedose befestigt wurde. So konnten sie von Balkon zu Balkon »telefonieren«. Eine zweite Kordel bediente ein Glöckchen, mit dem man die andere durch Klingelzeichen »anrief«. So wurde Margot, die aus wesentlich bescheideneren Verhältnissen stammte als die Freundin, verständigt, wenn es etwas Spannendes im Fernsehen gab.

Die unterschiedliche finanzielle Situation der Familien kam dann bei der Einschulung besonders zum Tragen. Rosi sollte eine Privatschule besuchen. Margot hingegen musste in eine Klasse im Arbeiterviertel der Stadt. Als die Eltern den Mädchen mitteilten, dass sie nicht zusammen zur Schule gehen konnten, war die Aufregung groß.

»Stundenlang hockten wir wie zwei Häufchen Elend auf den Balkonen und heulten in das Dosentelefon. Auch abends weinten wir uns in unseren Betten in den Schlaf. Die Tage darauf wollten wir kaum etwas essen«, erinnert sich Margot an dieses einschneidende Kindheitserlebnis.

Rosis Mutter setzte dem Drama irgendwann ein Ende und meldete ihre Tochter ebenfalls in der »Armenklasse« an. Sie brachte es einfach nicht übers Herz, die Mädchen zu trennen. Um Rosi nicht von vornherein als »Reiche« zur Außenseiterin zu machen, wurde sie mit Kleidern von Margot und alten Schuhen, die sie eigentlich nur noch zum Spielen im Hof anzog, ausstaffiert.

»Rosi und ich saßen bis zum Abitur nebeneinander und sind bis heute eng befreundet«, schließt Margot die Erzählung und rührt mich damit beinahe zu Tränen.

Auch meine Schwester hatte schon im Vorschulalter eine beste Freundin. Sie und Ingrid waren ein bemerkenswertes Team, denn meine Schwester war wesentlich größer als Gleichaltrige und Ingrid um einiges kleiner als der Durchschnitt. Aber wer sollte sich an diesem Unterschied stoßen, wenn das gemeinsame Spielen so gut klappte? Zum Problem wurde das ungleiche Wachstum erst bei der Einschulung, denn meine Schwester und Ingrid durften nicht nebeneinandersitzen. Nur für die ganz Kleinen war die erste Reihe reserviert. Die von der Lehrerin auf diese Art unterbundene Nähe ließ die Freundschaft zwischen meiner Schwester und Ingrid bald abkühlen. Beide fanden rasch eine andere Gefährtin. Meine Schwester entdeckte nun Helene für sich, die zu Hause ein eigenes Zimmer mit einem Plattenspieler und dem Wellensittich Hansi hatte. Umgekehrt kam Helene gern in unseren Garten, um dort Verstecken zu spielen. Ingrid war plötzlich nicht mehr aktuell – wie das bei Kinderfreundschaften eben üblich ist.

Eigentlich wollten die neuen Freundinnen dann in der Schule beieinandersitzen, aber die Lehrerin bestimmte, dass der Platz neben meiner Schwester frei bleiben musste.

»Sie hatte nämlich schnell erkannt, wie fleißig und brav ich war, und setzte gern Störenfriede zu mir.«

»Das heißt, du warst sozusagen eine Erziehungsmaßnahme?«, frage ich entrüstet. Was meiner Schwester damals widerfahren war, ist mir völlig neu.

»Ja. Aber zum Glück war meine Freundin nicht gerade auf den Mund gefallen, wenn es darum ging, Rechte zu erkämpfen. Sie hat die Hand gehoben und sich darüber beschwert, dass ich mitbestraft wurde, wann immer jemand unartig war. Die Lehrerin hatte ein Einsehen, gab nach und ließ uns nebeneinandersitzen.«

Schulausflüge wollen Mädchen natürlich genauso gern neben ihrer Freundin erleben. Maya zum Beispiel liebte die Plätze ganz hinten im Bus. Dort war der Spaß am größten, weil man weit weg vom Fahrer und der Lehrkraft am besten Unfug machen konnte. Um diese Plätze für sich und ihre Freundin Sandra zu reservieren, kam Maya extra früh. Sandra bedankte sich aber nie dafür, sondern setzte sich einfach wortlos zu ihr. Das fand Maya richtig doof. Auch dass Sandra während der Fahrt schwieg und angestrengt geradeaus schaute, störte sie. Die Freundin war doch sonst immer so lustig.

Maya und Sandra besuchten alle Schulstufen zusammen und bestritten gemeinsam das Abi. Erst im Laufe des Studiums verloren sie einander aus den Augen. Beim Abitreffen zehn Jahre später fühlte es sich aber so an, als sei gar keine Zeit vergangen. Maya spürte noch immer den großen Wunsch, unbedingt neben niemand anderem als Sandra zu sitzen. Irgendwann landete das Gespräch bei den Schulausflügen, und Maya gestand der Freundin, dass sie es schade fand, was für eine miese Stimmung Sandra im Bus stets gehabt hätte.

»Weißt du«, antwortete Sandra, »mir ist mein ganzes Leben hinten im Bus schrecklich schlecht geworden. Aber mir war die Übelkeit lieber, als zu riskieren, nicht bei dir zu sein.«

Enge Freundschaften im Fokus der Hirnforschung
Experimente der Psychologin Fenna Krienen an der Harvard-Universität im Jahr 2010 haben zu der Erkenntnis geführt, dass bei Gedanken an Freunde derselbe Teil des Stirnlappens aktiv wird, wie wenn wir über uns selbst nachdenken. Überlegungen in Bezug auf Fremde finden hingegen in einer ande-

ren Region statt. Für unser Gehirn scheint eine uns emotional nahestehende Person also sehr nah beim Ich zu liegen.

Der Freiburger Psychologieprofessor Markus Heinrichs hat 2003 festgestellt, dass die Anwesenheit von Freunden die Ausschüttung des Stresshormons Cortisol dämpft. Das, was wir umgangssprachlich »moralische Unterstützung« nennen, gibt es also wirklich.

Wenn wir diese beiden Forschungsergebnisse nun bezüglich Mädchenfreundschaften im Grundschulalter interpretieren, stellen wir fest, wie plausibel der kindliche Wunsch nach der Freundin als Sitznachbarin ist. Diese schenkt Sicherheit, während sich die Kinder immer weiter hinaus in die Welt wagen.

Während meiner Recherchegespräche sind so viele lustige, ergreifende, unglaubliche und nachdenklich machende Sätze gefallen, dass ich beschlossen habe, sie Ihnen nicht vorzuenthalten. Hier eine Auswahl der schönsten Zitate, die zeigen, was Schulmädchen und ihre Freundinnen in diesen prägenden Lebensjahren bewegt:

»In der Grundschule besaßen meine Freundinnen und ich kleine Köfferchen mit Lippenstiften und Lidschatten, die wir unseren Müttern abgeschwatzt hatten. In den Pausen verfolgten wir gemeinsam die Jungs, um sie zu schminken.

Wir fanden es total doof, dass sie vor uns davonliefen und lieber Fußball spielen wollten.«

»1945 war ich sechs Jahre alt. Meine beste Freundin und ich saßen zusammen auf einem Gartentor, mit dem wir hin- und herschwangen. Sie sagte: ›Weißt du es schon? Der Krieg ist aus!‹ Ich habe ihr nicht geglaubt und sie ausgelacht, denn seit ich denken konnte, war immer Krieg.«

»Kurz bevor wir in die Schule kamen, musste ich wegziehen, weil mein Vater beim Militär gearbeitet hat. Meine beste Freundin zu verlieren, tat mir so unendlich weh, dass ich es lange Zeit nicht überwinden konnte. Erst als Studentin habe ich wieder gewagt, eine richtige Freundschaft einzugehen.«

»Der Vater meiner Grundschulfreundin schrieb und zeichnete ihr immer kleine Nachrichten auf das Papier, mit dem ihr Pausenbrot eingewickelt war. Wir konnten beide noch nicht besonders gut lesen, aber mit vereinten Kräften haben wir stets entziffert, was da stand.«

»In meiner Klasse gab es unter den Mädchen einen Wettstreit, wer die schönsten Stifte hatte. Eines Tages brachte mir meine beste Freundin von einem Ausflug einen Kugelschreiber mit, in dessen Schaft eine winzige Seilbahn auf- und abfuhr, wenn man ihn kippte. Mit diesem Stift war ich die absolute Heldin und ich habe meine Freundin so sehr dafür geliebt, dass sie ihn mir geschenkt hat, anstatt selbst damit anzugeben.«

»Wenn du mit der spielst, will ich nichts mehr mit dir zu tun haben« – Intrigen und Eifersüchteleien unter Freundinnen

Unglaublicherweise habe ich meine ersten Lebensjahre ohne Freundinnen überstanden. Einsam war ich als Dreikäsehoch jedoch kein bisschen, denn um mich herum gab es jede Menge Grundschulkinder, mit denen ich spielen konnte. Genauer gesagt beobachtete ich sie beim Spielen in den Pausen, und wenn sie mich mal mitmachen ließen, war ich so was wie ihr Maskottchen – schließlich war ich deutlich jünger als sie.

Doch das machte mir nichts aus. Der Schulhof war mein Spielplatz, hier war ich zu Hause: Meine Eltern bildeten das komplette Kollegium einer kleinen Dorfschule im Hunsrück. Während meine Mutter den Klassen eins bis vier das Lesen, Schreiben und Rechnen beibrachte, unterrichtete mein Vater die höheren Klassen im Raum nebenan.

Manchmal, wenn die Kinderfrau verhindert war, nahm meine Mutter mich sogar mit in den Unterricht, wo ich mucksmäuschenstill dasaß und mir wahnsinnig erwachsen vorkam. In den Pausen mischte ich mich unter die – in meinen Augen – großen Kinder und genoss es, irgendwie dazuzugehören. Gleichaltrige kannte ich kaum – das Dörfchen war wirklich sehr, sehr klein.

Über den Schulsälen lag die Lehrerwohnung, in der wir lebten, bis ich ungefähr fünfeinhalb war. Dann wurden die Dorfschulen durch große Schulzentren ersetzt, und in meinem bisherigen Zuhause entstand ein Kindergarten.

Wir zogen um in ein anderes Dorf, wo ich im Sommer darauf eingeschult wurde.

Dieser Neubeginn war ein echtes Abenteuer für mich, denn endlich lernte ich Kinder in meinem Alter kennen, und natürlich wollte ich mich unbedingt mit möglichst vielen von ihnen anfreunden – offenbar hatte ich da großen Nachholbedarf.

Umso glücklicher war ich, als Bea mich eines Tages fragte, ob ich nach der Schule mit ihr spielen wolle. Da musste ich nicht zweimal überlegen! Bea war ziemlich selbstbewusst, trug extrem kurze Miniröcke (es waren die Siebziger) und Lackschuhe mit superschicken Schnallen dran, um die ich sie wirklich beneidete.

Meistens bestimmte Bea, was wir unternahmen, und ich machte bereitwillig mit. Sogar als sie vorschlug, über den Bach zu springen, der sich unweit ihres Elternhauses durch die Wiesen schlängelte, war ich sofort dabei. Doch während Bea den Sprung problemlos schaffte, fehlten bei mir ein paar Zentimeter. Ich rutschte ab und landete im Wasser.

Bea half mir heraus und versorgte mich bei sich zu Hause mit Handtüchern und einem Bademantel, solange meine nassen Sachen im Trockner waren.

Wir hatten damals noch keinen Trockner, von daher war ich schwer beeindruckt. Außerdem fühlte ich mich ein bisschen verlegen, weil ich so ungeschickt gewesen war. Gleichzeitig genoss ich es aber, wie rührend sich Bea um mich kümmerte. Sie war eben eine echte Freundin, das spürte ich.

Ein paar Tage später lud mich eine andere Klassenkameradin zu sich nach Hause ein. Rebekka war in ihrer Familie das Nesthäkchen, weshalb sie nicht nur von ihren Eltern, sondern auch von ihren Geschwistern ziemlich verwöhnt wurde. Ich fand das spannend, denn bei uns war ich die Älteste und musste ein Vorbild sein. Wie aufregend, sich total unvernünftig benehmen zu dürfen! Wir bekamen Kuchen und Limo, bis uns fast schlecht wurde, obwohl es ein ganz normaler Wochentag war, und durften fernsehen, ohne vorher um Erlaubnis zu fragen. Rebekka hatte ein riesiges Zimmer mit jeder Menge Spielzeug, sogar drei echte Barbiepuppen!

Ich war glücklich. Nun hatte ich schon zwei richtige Freundinnen, und das innerhalb kürzester Zeit. Wie hatte ich nur all die Jahre ohne Freundin auskommen können?

Auf das, was nun folgte, hatte mich allerdings niemand vorbereitet. Denn noch fremder als das Konzept Freundschaft war mir das der Rivalität. In meinen Augen konnte man gar nicht genug Freunde haben, doch Bea sah das anders.

Als wir uns das nächste Mal zum Spielen trafen, gab sie sich ziemlich kurz angebunden und schnippisch. Ich wollte wissen, was mit ihr los sei.

»Ich habe gehört, du warst neulich bei Rebekka«, rückte sie schließlich heraus.

»Klar, das stimmt«, gab ich arglos zu. »Ich mag sie.«

»Und mich nicht mehr?«, fragte Bea ein bisschen beleidigt.

»Aber natürlich«, rief ich erschrocken. »Ich mag euch beide. Jetzt habe ich zwei Freundinnen. Das ist doch super.«

Sie schwieg. Offensichtlich fand sie die Sache nicht ganz so super. Aber warum bloß?

»Das geht so nicht«, verkündete Bea nach einer Weile. »Wenn du mit Rebekka spielst, will ich nichts mehr mit dir zu tun haben. Du musst dich entscheiden.«

Ich starrte sie verständnislos an. Was war das bloß für eine seltsame Logik? Und was hatte das eine mit dem anderen zu tun?

»Aber – wieso denn?«, war alles, was ich hervorbrachte.

Bea verschränkte die Arme vor der Brust. »Ganz einfach: Entweder bist du ihre Freundin oder meine.«

Ich begriff immer noch nicht. Was hatte sie nur gegen Rebekka? Eilig erklärte ich, dass ich auf jeden Fall ihre Freundin bleiben wollte.

Bea strahlte. Offenbar interpretierte sie das so, dass ich den Kontakt mit Rebekka auf die unvermeidlichen Begegnungen in der Schule beschränken würde.

Was ich jedoch keinesfalls vorhatte. Ich sah nicht ein, mich zwischen den beiden Mädchen entscheiden zu müssen. Mein Bruder hatte schließlich eine ganze Horde Freunde!

Trotzdem stimmte mich dieses Gespräch sehr nachdenklich. Ein dunkler Schatten lag über meiner heilen Welt. Und ich kapierte einfach nicht, wie das hatte passieren können. Es war doch alles so wunderbar gewesen! Was war nur schiefgelaufen?

Ich lag an diesem Abend lange wach und grübelte.

»Kannst du nicht einschlafen?«, fragte meine Mutter, als sie noch einmal ins Kinderzimmer schaute.

»Nein«, seufzte ich.

»Das klingt ja, als hättest du Sorgen!«

Erst wollte ich nicht mit der Sprache herausrücken. Mir war klar, dass meiner Mutter nicht gefallen würde, was Bea von mir gefordert hatte. Es gefiel mir ja selbst nicht. Trotzdem wäre es mir falsch vorgekommen, meine neue Freundin anzuschwärzen, also schilderte ich mein Dilemma eher allgemein.

»Kann man eigentlich mehrere Freundinnen haben oder muss man sich immer für eine entscheiden?«, fragte ich schließlich.

»Natürlich kann man mehrere haben«, erwiderte meine Mutter. »Wer behauptet was anderes?«

»Ach, nur so«, sagte ich ausweichend, damit kein schlechtes Licht auf Bea fiel.

Jedenfalls sah ich mich durch Mamas Antwort in meiner Ahnung bestätigt: Es gab keinen Grund, mich zu entscheiden. Ich würde einfach mit beiden Mädchen befreundet bleiben. Bea sollte sich mal nicht so anstellen!

Als sich Rebekka am nächsten Tag mit mir verabredete, sagte ich daher ohne zu zögern zu.

Diesmal besuchten wir Rebekkas Großeltern, die einen Bauernhof besaßen. Ich durfte Kälbchen streicheln und bekam ein erstklassiges Omelett aus frischen Hühnereiern. Es war herrlich! Die dunklen Gedanken, die mir unlängst den Schlaf geraubt hatten, waren verschwunden.

Bis Rebekka auf dem Nachhauseweg das Thema Bea ansprach.

»Bist du eigentlich noch mit der befreundet?«, wollte sie wissen.

Die verächtliche Art, mit der sie *der* sagte, ließ mich schon ahnen, worauf dieses Gespräch hinauslaufen würde – und das missfiel mir ganz und gar.

»Ja, bin ich. Warum?«, gab ich trotzig zurück.

Rebekka blieb stehen und stemmte die Hände in die Hüften. »Weil das eben nicht geht«, erklärte sie resolut. »Wenn du weiterhin mit Bea spielst, will ich nichts mehr mit dir zu tun haben.«

Ich konnte kaum glauben, was ich da hörte. Das waren exakt auch Beas Worte gewesen!

»Aber man kann doch viele Freundinnen haben«, widersprach ich. Diesmal wollte ich mich auf keinen Fall einschüchtern lassen, schließlich hatte mich meine Mutter in dieser Überzeugung bestärkt.

»Kann man nicht. Bea oder ich, du musst dich entscheiden.«

»Ich will auf jeden Fall deine Freundin bleiben!«, erklärte ich schnell, denn das wollte ich wirklich.

»Okay. Aber dann triffst du dich nie mehr mit Bea«, erwiderte Rebekka zufrieden.

Ich wusste nicht, was ich darauf antworten sollte. Ehrlichkeit erschien mir nicht angebracht, um keinen Streit vom Zaun zu brechen.

Zum Glück folgten erst einmal die Herbstferien, die ich bei meinen Großeltern verbrachte. Auf diese Weise konnte ich die anstehende Entscheidung vertagen. Genauer gesagt hoffte ich, dass Bea und Rebekka sich besinnen würden. Sie mussten doch begreifen, dass es viel schöner war, wenn wir alle drei miteinander befreundet wären!

Meine Oma spürte, dass ich ein Problem mit mir herumtrug. Eines Nachmittags stellte sie mir ein Stück Streusel-kuchen und eine Tasse Kakao hin, dann fragte sie, was ich auf dem Herzen habe.

»Was, wenn man zwei Freundinnen hat, aber beide sagen, man muss sich entscheiden?«, rückte ich schließlich heraus.

»Was für ein Unsinn!«, erwiderte sie prompt. »Eine echte Freundin würde so etwas nie verlangen.«

»Und was soll ich jetzt machen?«

»Gar nichts. Tu so, als wäre nichts. Wenn eine von ihnen dich fallen lässt, weil du weiterhin mit der anderen spielst, weißt du, dass sie dich nur benutzt hat.«

Benutzt – wofür? Ich konnte mir nicht vorstellen, was sich Bea und Rebekka davon versprachen, mich derart un-ter Druck zu setzen.

Aber Oma hatte bestimmt recht. Echte Freundinnen tun so etwas nicht.

Nach den Ferien bekamen wir in der Schule eine gan-ze Reihe von Klassenarbeiten zurück. Ich war glücklich über meine guten Resultate – lauter Einsen und Zweien. Die meisten anderen in meiner Klasse hatten schlechter ab-geschnitten. Dabei war ich nicht einmal besonders fleißig gewesen!

»Das ist nur, weil deine Eltern Lehrer sind«, ätzte eine Mitschülerin namens Manu, die stets schlechte Noten schrieb.

»Aber die Arbeiten habe ich doch allein geschrieben, wie hätten meine Eltern dabei helfen sollen?«, verteidigte ich mich. Tatsächlich machte ich meine Hausaufgaben immer komplett ohne Unterstützung, und zusätzlich geübt wurde bei uns daheim erst recht nicht.

Manus Behauptung war völlig aus der Luft gegriffen und

absolut unlogisch – trotzdem wurde sie immer öfter auch von den anderen wiederholt. Jedes Mal, wenn ich etwas besonders gut machte oder gar gelobt wurde, hieß es hinterher: »Ja, klar, das Lehrerkind.«

Sogar Bea und Rebekka bliesen in dieses Horn, was mir nicht unbedingt freundinnenhaft vorkam.

Überhaupt war das Verhältnis zu den beiden inzwischen sehr abgekühlt. Keine von ihnen lud mich mehr zum Spielen ein, und so fragte ich sie einfach direkt – natürlich getrennt voneinander.

»Wir können uns treffen – wenn du dich für mich entscheidest«, erwiderten beide, als hätten sie sich abgesprochen.

»Ich kann mich nicht entscheiden und ich will es auch nicht«, antwortete ich jedes Mal. »Das ist doch Quatsch.«

»Dann eben nicht«, lautete die Antwort.

Na, super. Ich hatte also keine Freundin mehr. Und ich wurde als Lehrerkind gemobbt.

Ich gewöhnte mir an, möglichst unauffällig zu sein, mich über gute Noten höchstens im Stillen zu freuen und hin und wieder sogar mal eine Arbeit zu verhauen, um dazuzugehören. Das funktionierte jedoch nur bedingt.

Eines Nachmittags sah ich zwei Mädchen Arm in Arm an unserem Haus vorbeispazieren. Beste Freundinnen, ganz offensichtlich. Es waren Bea und Rebekka.

Ich begriff die Welt nicht mehr.

Erst Jahre später, als ich an diese Szene zurückdachte, wurde mir klar, dass die beiden im Grunde füreinander geschaffen waren – in ihrer intriganten Art ähnelten sie einander so sehr, dass sie einfach viel besser zueinanderpassten als zu mir. Vermutlich war ich mehr oder weniger zufällig zwischen die Fronten geraten. Wer weiß, vielleicht lief insgeheim ein Wettbewerb, wer »die Neue« zuerst für sich gewinnen konnte? Ich naives Schaf hatte davon natürlich nichts mitbekommen und mich einfach nur über nette Spielkameradinnen gefreut. Da hatte ich mich wohl geirrt.

Meine Schulzeit, die mit so viel Aufregung und Begeisterung begonnen hatte, wurde bald zur lästigen Pflichtübung. Das Lernen machte mir zwar nach wie vor Spaß, aber ich fühlte mich sehr allein. Wenn ich meine Bücher nicht gehabt hätte, wäre ich noch viel einsamer gewesen. Sie wurden zu meinen besten Freunden. In den Sommerferien las ich einen Schmöker nach dem anderen.

Doch irgendwann waren die sechs Wochen pure Lesezeit vorbei und das neue Schuljahr begann. Ich kann nicht behaupten, dass ich mich darauf gefreut hätte.

Am Morgen des ersten Schultags ging ich mit sehr gemischten Gefühlen zur Bushaltestelle. Bea und Rebekka standen schon da, außerdem eine Handvoll Jungs aus unserer Klasse – und ein Mädchen, das ich noch nicht kannte. Sie hatte blonde lange Haare, so wie ich, und trug eine Brille, bei der eines der Gläser seltsam gestreift war. (Weil sie schielte, wie ich später erfuhr.) Sie wirkte ein bisschen verloren – genauso wie ich mich fühlte.

Spontan ging ich auf sie zu. »Hallo, bist du neu?«

»Ja. Ich bin Celia«, erwiderte sie. Ihre Aussprache klang völlig ungewohnt. Gar nicht nach Hunsrück, eher nach Ohnsorg-Theater.

»Wo kommst du denn her?«, fragte ich.

»Aus Hamburg. Ich wohne erst seit letzter Woche hier.«

Sie wirkte nett.

»Ich bin Heike«, sagte ich. »Willst du meine Freundin sein?«

»Ja klar«, strahlte Celia.

Sie wurde tatsächlich meine Freundin. Und das ist sie geblieben – bis heute.

Weltberühmte Frauenfreundschaften – von der Kaiserin bis zum It-Girl

Die Kaiserin und die Hofdame:

Maria Theresia von Österreich und Sophie Baronin Schack von Schackenburg

Zwischen der Kaiserin und ihrer Hofdame, der späteren Gräfin Enzenberg, entstand eine enge Freundschaft, die auch dann noch anhielt, als die Baronin heiratete und nach Innsbruck zog. Maria Theresia wurde die Patin von Sophies Sohn. Es existieren sechsundachtzig Briefe der Monarchin an ihre Freundin, verfasst in einem sehr vertraulichen, offenen Ton.

Die Olympiasiegerin und ihre Konkurrentin:

Maria Riesch und Lindsey Vonn

Die deutsche Ski-Olympiasiegerin und ihre amerikanische Kollegin Lindsey Vonn verband jahrelang eine enge Freundschaft. Sogar Weihnachten wurde zusammen bei Familie Riesch in Partenkirchen gefeiert. Die Konkurrenzsituation auf der Piste führte dann aber doch zum Zerwürfnis. Auslöser waren die von Vonn benutzten Skischuhe bei einem Slalom.

Das Supermodel und die Designerin:

Kate Moss und Stella McCartney

Auch Kate Moss und die Beatles-Tochter Stella McCartney

sind beste Freundinnen. Die Bindung wurde immer wieder durch Moss' Drogenskandale auf eine harte Probe gestellt. Mittlerweile engagieren sich die Frauen gemeinsam in einer Aufklärungskampagne gegen Brustkrebs.

Der Hollywoodstar und die Queen of Pop:
Gwyneth Paltrow und Madonna

Wie schwer es ist, eine Freundschaft im Rampenlicht zu führen, zeigt das Beispiel von Schauspielerin Gwyneth Paltrow und Sängerin Madonna. Wurden die beiden zuerst von der Presse als »Besties« (Busenfreundinnen) gefeiert, berichtete man ab ca. 2009 von einem Zickenkrieg. Angeblich war Madonnas Divengehabe für das Zerwürfnis ausschlaggebend.

Die Göttliche und die Drehbuchautorin:
Greta Garbo und Salka Viertel

Die schwedische Schauspielerin Greta Garbo und die fast zwanzig Jahre ältere österreichische Theaterschauspielerin und Schriftstellerin Salka Viertel lernten sich in Hollywood kennen. Schnell entstand eine enge Freundschaft. Viertel wurde zu Garbos persönlichem Coach, half ihr, von ihrem Vamp-Image wegzukommen, und verfasste mehrere Drehbücher für sie. Die beiden Europäerinnen mochten aneinander wohl vor allem die Ehrlichkeit und Loyalität, die in ihrem Business keine Selbstverständlichkeit waren. Auf der anderen Seite entwickelte sich zwischen ihnen eine toxische Abhängigkeit, die das Verhältnis mitunter auch kippen ließ.

Die Revolutionärin und die Frauenrechtlerin:

Rosa Luxemburg und Clara Zetkin

Die gebürtige Polin Rosa Luxemburg studierte in der Schweiz und promovierte im Fach Nationalökonomie. Leidenschaftlich kämpfte sie um die Jahrhundertwende gegen die Ausbeutung der Arbeiterklasse. Clara Zetkin lernte sie auf dem Stuttgarter SPD-Parteitag 1898 kennen. Deren ganzes Leben gehörte der Arbeiterbewegung und sie schaffte es als erste Frau in die Führungsspitze der SPD. Über Clara erhielt Rosa daher Zugang zu den wichtigsten Leuten der Partei. Die beiden arbeiteten politisch eng zusammen und schlossen bald Freundschaft. Die Bindung intensivierte sich, als Claras Sohn Rosas Geliebter wurde, was Clara nicht nur billigte – sie freute sich sogar, die Freundin deshalb öfter zu sehen. Weil man in Deutschland fürchtete, Rosa Luxemburg plane eine Revolution nach russischem Vorbild, wurde sie Anfang 1919 steckbrieflich gesucht und schließlich ermordet.

Die Designerin und die Künstlermuse:

Coco Chanel und Misia Sert

Die Modeschöpferin lernte die Mäzenin 1917 kennen. Zu diesem Zeitpunkt hatte Chanel erst ein kleines Geschäft. Während sie einen kometenhaften Aufstieg durchlebte, stellte die Freundin den exzentrischen Mittelpunkt der Pariser Künstlerszene dar. Beide liebten es, Geschichten rund um Ereignisse zu erfinden. So erzählten sie zum Beispiel völlig unterschiedliche, nicht der Wahrheit entsprechende Anekdoten bezüglich des berühmten Parfums No. 5. Die Freundinnen fühlten sich von Klatsch und Skandalen magisch angezogen, vertrauten einander andererseits aber auch ihre Geheimnisse an. Streit und Eifersüchteleien wegen Männern gab es regelmäßig. Sogar wenn nur eine von ihnen eine Einladung für eine Party erhielt, führte dies zu Auseinandersetzungen. Ihre Freundschaft kam über einen langen Zeitraum einer Art Hassliebe gleich. Erst im Alter bedachten sie einander mit echter Fürsorglichkeit.

Die Äbtissin und die Nonne:

Hildegard von Bingen und Richardis von Stade
Richardis von Stade stammte aus einer Adelsfamilie und war zwanzig Jahre jünger als ihre Ordensschwester Hildegard von Bingen. Zuerst fungierte Hildegard im von ihr gegründeten Konvent Rupertsberg als eine Art Mentorin für Richardis. Die freundschaftliche Zuneigung wuchs aber – zumindest seitens Hildegard – schließlich so stark, dass diese eine Menge bewegender Briefe voll Schmerz und Enttäuschung schrieb, als die andere offensichtlich bereitwillig Äbtissin eines Benediktinerklosters in Bassum wurde. Diese Schriften erlauben einen der wenigen Einblicke in Frauenfreundschaften im 12. Jahrhundert.

Die Girondistin und die Bildungsbürgerin:

Madame Roland und Sophie Grandchamp
Über die patriotische Frauenfreundschaft während der Französischen Revolution zwischen Jeanne-Marie »Manon« Roland und Sophie Grandchamp wissen wir durch Madame Rolands Memoiren bestens Bescheid. Sie schrieb diese im Gefängnis, bis sie nach fünf Monaten Haft hingerichtet wurde. Sie war die Ehefrau des Innenministers Jean-Marie Roland de la Platière, mit dem sie sich gemeinsam den Revolutionären anschloss. Ihre Freundin Sophie

Grandchamp zählte zu den hochgebildeten Mitgliedern der Bourgeoisie und versuchte immer, die Ambitionen Madame Rolands zu verstehen. Während der schrecklichen Hinrichtung auf der Guillotine versuchte sie, ihrer Freundin durch ihre Anwesenheit beizustehen.

Die First Lady und die Aktivistin:
Eleanor Roosevelt und Pauli Murray
Nachdem die Universität von North Carolina 1939 Präsident Roosevelt die Ehrendoktorwürde verliehen hatte, wandte sich die Afroamerikanerin Pauli Murray in einem Brief an ihn. Sie wies darauf hin, dass schwarze Menschen dort immer noch nicht zugelassen würden. Antwort erhielt sie von Roosevelts Ehefrau Eleanor, die Murray dazu ermutigte, »mit versöhnlichen Mitteln hart zu kämpfen«. Daraufhin entwickelte sich zwischen den beiden Frauen eine enge Freundschaft. Eleanor Roosevelt, die selbst Diplomatin und Menschenrechtsaktivistin war, wirkte stets beruhigend auf die temperamentvolle Freundin ein, stärkte ihr für diverse Protestaktionen im Dienste der Rassengleichheit aber den Rücken.

Die Queen und die Popsängerin:
Königin Silvia und Anni-Frid Lyngstad Prinzessin Reuß von Plauen
Am Abend, bevor die ehemalige deutsche Olympiahostess Silvia Sommerlath und der schwedische König Carl XVI. Gustaf im Sommer 1976 getraut wurden, präsentierte die Popgruppe ABBA dem Königspaar zu Ehren ihren späteren Welthit *Dancing Queen* – für diese Aufführung hatten die Musiker extra höfische Kostüme gewählt.

Anni-Frid Lyngstad, als dunkelhaarige A von ABBA berühmt geworden, engagierte sich später für wohltätige Zwecke, unter anderem in ihrer Umweltstiftung »Artister för Miljön«. Durch die Heirat mit Ruzzo Reuß Prinz von Plauen, der mit König Carl Gustaf befreundet war, lernten Frida und Silvia einander besser kennen. Die beiden Paare verbrachten 1993 sogar einen Urlaub zusammen.

Die Königin und die (Pop-)Prinzessin sind inzwischen enge Vertraute und gelten als sehr gute Freundinnen.

Das It-Girl und das It-Girl:
Paris Hilton und Nicole Richie

Die Urenkelin des Hotelgründers Conrad Hilton und die Adoptivtochter des Sängers Lionel Richie kennen sich seit frühester Kindheit und besuchten sogar dieselbe Schule. Viele Jahre lang waren sie ein Herz und eine Seele.

Bekannt wurden sie durch die Dokusoap *The Simple Life*, in der die beiden auf jeglichen Luxus verzichten mussten. Die erste Staffel führte sie auf eine Farm in Arkansas und stellte sie vor die typischen Herausforderungen des Landlebens. Weitere Staffeln präsentierten die befreundeten It-Girls zum Beispiel als Praktikantinnen oder als Hausfrauen.

Im Jahr 2005 zerstritten sich die ehemals besten Freundinnen – Schuld sollen Neid und Eifersucht gewesen sein. Inzwischen heißt es, sie hätten das Kriegsbeil begraben, doch ob ihre einstige Freundschaft noch eine Chance hat, wissen wohl nur die beiden selbst.

Die Kinderbuchautorin und die Verlegerin:
Astrid Lindgren und Heidi Oetinger

Pippi Langstrumpf, Michel aus Lönneberga, die Kinder aus Bullerbü … die Liste der Kinderbuchheldinnen und -helden aus der Feder der berühmten schwedischen Autorin ließe sich noch lange fortsetzen.

Dafür, dass ihre Bücher auch in Deutschland so unglaublich erfolgreich wurden, sorgte die Hamburger Verlegerin Heidi Oetinger. Nachdem sich ihr Ehemann, der Verlagsgründer Friedrich Oetinger, aus dem Geschäft zurückgezogen hatte, leitete sie das Verlagshaus viele Jahre lang.

Doch Astrid Lindgren und Heidi Oetinger waren nicht nur geschäftlich verbunden, sie pflegten auch eine enge, lebenslange Freundschaft. Sie telefonierten regelmäßig, und wenn Astrid nach Hamburg kam, übernachtete sie selbstverständlich nicht im Hotel, sondern bei Heidi.

Kapitel 2

Jugend ohne Freundin ist wie Geburtstag ohne Torte

»Aaaaber ich bin klüger, beliebter, hübscher als sie!« – Wenn aus Freundschaft Konkurrenzkampf wird

Die Kindheit mit ihren vielen einschneidenden Entwicklungsschritten hält etliche Bewährungsproben für eine Freundschaft bereit. Aber was belastet Mädchen- und Frauenfreundschaften ab den Jugendjahren?

Dolli und Natalie waren jahrelang enge Freundinnen. Kaum ein Tag, an dem sie sich nicht zumindest kurz gesehen hätten. Kein Abenteuer ohneeinander. Der Schulalltag niemals separat.

Doch schließlich kamen die Mädchen in die Pubertät und plötzlich war alles anders: Ständig wurde verglichen, darauf geschielt, was die Freundin konnte oder hatte. Und überhaupt entwickelte sich von heute auf morgen ein ungesundes Wetteifern.

Das kennen Sie? Ja, so selten ist das gar nicht. Mangelndes Selbstwertgefühl ist für Konkurrenzkämpfe verantwortlich. Und das geht mit den Jugendjahren genauso Hand in Hand wie Pickel und Stimmungsschwankungen.

Die meisten erkennen mit dem Erreichen des Erwachsenenalters, wer sie sind und dass sie sich nicht bei allem und jedem mit anderen vergleichen müssen. Bis es so weit ist, werden Freundschaften jedoch bis zum Äußersten auf die Probe gestellt. Und manchmal bleiben zumindest in gewissen Bereichen auch bis ins reife Alter Selbstzweifel bestehen, die Frauenfreundschaften belasten. Konkurrenzkämpfe unter volljährigen Freundinnen im Job, beim Flirten oder bei den Vorzügen der eigenen Kinder sind daher keine Seltenheit.

Eine kleine Typologie der Konkurrenzkämpfe zwischen (jungen) Frauen:

»Dabei hab ich überhaupt nicht gelernt« – schulische Leistungen

Dass Schüler unter ziemlich großem Leistungsdruck stehen, ist wohl keine allzu frappierende Neuigkeit. Zum Glück werden in Zeiten des Datenschutzes zumindest die Noten nicht mehr öffentlich verglichen. Was aber nicht heißt, dass Kinder das nicht trotzdem täten. Wer hat die meisten Punkte beim Test erreicht? Wer schreibt am häufigsten Einsen? Während viele Jungs dafür nicht übermäßig anfällig zu sein scheinen und sich oft eher körperlich messen, interessiert es Mädchen sehr, wo sie intellektuell stehen. Lang genug wurde uns Frauen erklärt, wir wären das dümmere Geschlecht. Das sitzt tief, und der Gegenbeweis muss angetreten werden. Mitunter wird dieser Wettbewerb nicht wirklich offensichtlich ausgetragen, aber die jungen Frauen schaffen es, die jeweiligen Unsicherheiten der anderen mit kleinen Kommentaren zu befeuern: »Ach, für diese Arbeit habe ich überhaupt nicht gelernt.«

Das Konkurrenzdenken wird schon in der Grundschule häufig so sehr gefördert, dass es nicht verwundert, wie viele Freundschaften schließlich daran zerbrechen. Denn da werden auf Teufel komm raus Fleißsternchen gesammelt, RechenkönigInnen bestimmt und Lesemeisterschaften ausgetragen. An kleineren Kindern prallt diese Lust am Sich-gegenseitig-Übertreffen manchmal noch ab, aber es kommt zu Zickereien, sobald die Pubertät schlimme Dinge mit dem jugendlichen Ego anstellt.

»Wie viele Klicks hat dein Posting?!« – Beliebtheit

Als ich mich einmal bei einer Psychologin in selbstmitleidigem Tonfall darüber beschwert habe, dass Freundinnen immer alles verstünden und mein Mann so erstaunlich wenig, antwortete sie unbeeindruckt: »Für Freundschaften sucht man sich unbewusst das Gleiche, für Beziehungen etwas möglichst anderes.« (Eigentlich bin ich nicht so recht überzeugt, dass es daran liegt – aber egal.)

Fakt ist, dass eine wichtige Säule von Freundschaft die Gleichheit ist. Begegnet man sich nicht auf Augenhöhe, gerät die ganze Beziehungskiste unweigerlich in Schieflage.

Zu so einem Ungleichgewicht kann es zum Beispiel kommen – und damit sind wir schon direkt beim Punkt –, wenn eine Freundin beliebter ist als die andere. Es gibt haufenweise Teenie-Komödien, die sich genau mit diesem Thema beschäftigen: Eine Ballkönigin tut sich schwer, mit einer Außenseiterin befreundet zu sein, Nerds und It-Girls wissen nichts miteinander anzufangen und so weiter.

Bestimmten früher oft eher subjektive Kriterien diesen Kampf um Aufmerksamkeit und Bewunderung, scheint (!) es heute messbare Beweise für Beliebtheit zu geben: Da werden Instagram-Likes und Snapchat-Follower verglichen, es wird gecheckt, wie viele Clicks das letzte Schmink-Video auf YouTube erhielt, und darum gebuhlt, wem in der WhatsApp-Klassengruppe mehr Leute antworten. Ist das Selbstbewusstsein in der Pubertät angeknackst, tut so ein Tauziehen um (vermeintliche) Popularität einer Mädchenfreundschaft natürlich alles andere als gut.

»Ich glaub, er meint mich« – Jungs

Dieser Punkt braucht eigentlich nicht viel Erklärung. Mit Eintritt ins geschlechtsreife Alter spielt Paarung eine riesige Rolle und je emotional unerfahrener eine junge Frau ist, desto unreflektierter geht sie an die Sache heran. Später wird sie möglicherweise Sätze sagen wie: »Partnerschaften kommen und gehen, aber meine beste Freundin bleibt für immer.« Doch jetzt im Hormonrausch einer Pubertierenden werden ihr vielleicht noch so kapitale Freundschaftsfehler unterlaufen wie das unglaublich offensichtliche Flirten mit dem Angebeteten ihrer engsten Vertrauten. Eventuell läuft das Ganze auch subtiler ab und sie versucht unbewusst, die männliche Aufmerksamkeit weg von der Freundin hin zu sich selbst zu lenken. Egal, wie es abläuft, diese Zeit ist eine echte Belastungsprobe für Frauenfreundschaften.

»Doch, doch, steht dir super!« – Schönheit

Dieser Konkurrenzkampf wird in den allermeisten Situationen eher subtil ausgetragen. Wer ist beim Thema Aussehen schon hundertprozentig ehrlich? »Deine Nase ist echt zu groß!« oder »Ich finde meine Beine eigentlich besser als deine!« sind Sätze, die man einfach nicht sagt. Da geht ein »Du siehst wunderschön aus!« und ein »Ich wünschte, meine Haare würden so toll fallen wie deine!« wesentlich leichter über die Lippen.

Tina erzählt mir verschämt, dass sie als Jugendliche ihren Freundinnen beim gemeinsamen Einkaufsbummel oft nicht ehrlich abriet, wenn sie fand, dass ihnen ein Teil nicht so gut stand. Irgendwo in ihr schlummerte ein kleiner, richtig fieser Teufel, der sich die Hände rieb und freute: Neben diesem modischen Fehlgriff der hübschen Gefährtin würde sie selbst vielleicht etwas besser wirken. »Ich weiß auch nicht, warum ich nicht verstand, dass niemals das Aussehen anderer dafür verantwortlich ist, wie attraktiv ich bin, sondern eigentlich nur meine eigene Ausstrahlung.« Und die ist ja bekanntlich dann am besten, wenn man sich mag und das Herz weit öffnet.

»Ach, du schaust die synchronisierte Fassung?« – Wissen

So primitiv und reaktionär ein Konkurrenzkampf wegen des Äußeren anmutet, so emanzipiert und fortschrittlich erscheint ein weiblicher Wettstreit ums Wissen. Das heißt aber trotzdem nicht, dass sich der Intelligenz- und Bildungsvergleich besser auf eine Frauenfreundschaft auswirkt als irgendeine andere Rivalität.

»Also, ich schaue Netflix ja nur im englischen Original. In der Übersetzung geht so viel Wortwitz verloren!«, hörte ich ein Mädchen im Bus letztens ihre Freundin übertrumpfen, als diese etwas aus *The Big Bang Theory* zitierte. Kurz darauf betonte die zweite, dass sie sich gerade *Anna Karenina* reinzöge und mit Jugendliteratur überhaupt nichts anfangen könne. Egal, was eine erzählte, die Freundin wusste mehr. Beim Lauschen gewann ich den Eindruck, sie verfügten über ein lückenloses Universalwissen und stünden knapp vor der Promotion – interdisziplinär, versteht sich.

Die unterschwellige Aggressivität der beiden konnte mir dabei aber auch nicht entgehen. In fast jedem Satz schwang die Botschaft »Ich bin besser als du« mit, und ich fragte mich, ob die zwei noch lange befreundet bleiben würden.

»Das traust du dich doch nie im Leben!« – Mut

Ein ausgesprochen unschöner Konkurrenzkampf, der durchaus gravierende Folgen haben kann, ist der um den größten Mut. Auf den ersten Blick würde man ihn eher dem männlichen Geschlecht zuordnen: Wer traut sich, vom Dach der Turnhalle zu springen? Wer fährt mit der abartigsten Achterbahn? Wer isst die schärfste Chilischote? In unserem Buch *Wetten, ich kann lauter furzen?* haben Heike und ich uns eingehend mit dem Thema »Jungs und Adrenalin« beschäftigt.

Bei genauerer Beobachtung stellt man aber fest, dass Mutproben durchaus auch unter Mädchen eine Rolle spielen. Wer wagt den aufmüpfigsten Spruch gegenüber den Lehrern? Wer küsst als Erste einen Fremden? Und wer trinkt den scharfen Schnaps, ohne mit der Wimper zu zucken?

Wäre doch gelacht, wenn die beste Freundin nicht mal Probleme bekommen würde! Statt sich gegenseitig zu behüten und vor Dummheiten zu bewahren, wird angestachelt. Das scheint in Mädchenfreundschaften irgendwie okay zu sein. Solange nicht gepetzt wird, bleibt alles im grünen Bereich.

»Das ist doch jetzt voll angesagt« – Geschmack

Über Geschmack lässt sich nicht streiten? Ha. Ha. Wer das denkt, hat nie jugendlichen Freundinnen zugehört. Egal, ob es um Mode geht, um Zimmergestaltung, Musikgeschmack (ich weiß, wovon ich rede, schließlich stand ich mit dreizehn auf die Songs von David Hasselhoff), Eissorten oder die Art, den Kaffee zu trinken, Luft nach oben bleibt immer, und die beste Freundin wird bestimmt darauf hinweisen: Die Bluse mit einem Gürtel zusammengehalten? Also nein, *french tuck* ist angesagt! Wieso kein Boxspring- statt des kindischen Hochbetts? Indie Rock schlägt Hitparade! Vanilleeis kommt schon lange nicht mehr in die Tüte, nur Matcha-Halbgefrorenes! Und Milchkaffee? Hallo? Man trinkt doch *cold brew latte!*

Und wozu das Ganze? Die Psychologie kennt den Begriff der »Entwertung«. Dabei wird das Gegenüber unterschwellig oder manchmal auch erstaunlich offen herabgesetzt. Dieser Schutzmechanismus hilft, das eigene Selbstwertgefühl zu erhöhen. Völlig klar: Fühlt man sich selbst klein, sucht man nach Möglichkeiten, sich aufzurichten. Indem man andere, ihr Verhalten, ihr Aussehen oder ihren Geschmack abwertet, wertet man sich und das, was einen ausmacht, gleichzeitig auf. Bis die eigene Bilanz wieder stimmt.

»Ist die Markenjacke etwa Fake?« – Reichtum

Materielles ist sicher ein Dauerbrenner unter den Konkurrenzkämpfen quer durch alle Generationen und Geschlechter. Kleine Mädchen vergleichen ihre Spielsachen und versuchen, sich gegenseitig mit Neuanschaffungen zu übertrumpfen. Später werden Handys, Handtaschen, Schuhe und Markenklamotten verglichen. Wer denkt, Statussymbole wären nur etwas für Männer auf Brautschau, irrt gewaltig. Gegen das Gefühl, durch Materielles irgendwie »dazuzugehören«, ist niemand immun. Selbst anarchistische Konsumverweigerer haben meist eine diesbezügliche Achillesferse. Und wie eigentlich auch schon bei allen anderen Punkten dieser Liste geht es hier wieder ums Selbstwertgefühl. Wer restlos in sich ruht, wird die neue Louis-Vuitton-Tasche der besten Freundin gelassen aufnehmen. Wer aber denkt, solche Äußerlichkeiten würden irgendetwas an der eigenen Wertigkeit ändern, wird aus dem nächsten Asienurlaub eventuell ein Plagiat mit nach Hause schmuggeln.

Die Mechanismen von materiellen Umschnörkselungen einer Person zu durchschauen, ist vermutlich eine Frage der Reife. Je jünger und naiver man ist, desto mehr lässt man sich in einen derartigen Konkurrenzkampf hineinziehen.

»Ich wäre echt fast gestorben!« – Elend

Zum Schluss ein fast schon absurder Konkurrenzkampf unter Freundinnen: der Wettkampf darum, wem es schlechter geht und wer am bemitleidungswürdigsten ist. Depressive Phasen, Streit mit den Eltern und Menstruationsbeschwerden – einfach alles kann dazu dienen, die Freundin blass aussehen zu lassen. In unserer Leistungsgesellschaft scheint es nichts zu geben, was keine Rivalität auslöst. In vielen Fällen gewinnt mit zunehmender Lebensreife der Verstand und wir hören auf zu konkurrieren – zumindest mit den uns sehr nahestehenden Menschen. Wir werten unsere beste Freundin in der Regel nicht mehr ab, indem wir uns in irgendeiner Form über sie stellen. Wenn wir es doch tun, wird die Freundschaft früher oder später daran zugrunde gehen.

Einzig der Wettstreit um das größte Elend scheint nie in die letzte Runde zu kommen. Bestimmt saßen Sie auch schon einmal inmitten einer Gruppe befreundeter Mütter und wohnten einem Battle um die schlimmste Geburt aller Zeiten bei. Gut, werden Sie jetzt vielleicht denken, dabei geht es um die Bewältigung eines durchlebten Traumas.

Aber was ist dann hiermit: Vor etwa zwanzig Jahren, meine Großmutter war damals um die neunzig, begleitete ich sie ins Kaffeehaus zum wöchentlichen Treff mit ihren Freundinnen. Ich wurde Zeugin eines erbitterten Wettstreits um das ärgste Leid. Meine Oma hatte Probleme mit dem gesamten Bewegungsapparat und war seit geraumer Zeit abhängig von sehr starken, opioidhaltigen Schmerzmitteln. Und dennoch wurde ihr der Titel der leidensfähigsten Frau von ihrer besten Freundin abgesprochen, die behauptete, seit den Fünfzigerjahren keinen schmerzfreien Tag mehr verlebt zu haben.

Wir sehen also: Wann immer wir uns doch einmal beim Konkurrieren mit der Freundin erwischen, hat dies nichts mit ihr oder unserer Beziehung zueinander zu tun, sondern meist nur mit uns selbst. Daher unser Tipp: zurücklehnen, entspannen und mit dem Wettstreit aufhören.

»Neben dir sehe ich noch viel cooler aus« – Unausgewogene Freundschaften und wie sie dennoch funktionieren (können)

Das Schöne an einer Freundschaft ist doch, dass man sich blind aufeinander verlassen kann und auch mal ohne Worte versteht. Wenn die eine die Sätze der anderen vollenden kann. Wenn man geschmacklich so sehr auf einer Wellenlinie liegt, dass man zuweilen für Schwestern gehalten wird. Besser geht's fast nicht! Oder? ODER?

Ja, es geht wirklich nichts über eine Freundschaft auf Augenhöhe. So wie bei Ursi und mir. Wir lieben beide gute Geschichten und leckeres Essen, sind beide glücklich verheiratet und ebenso glückliche Jungsmütter, haben eine Schwäche für schöne Dinge und lachen über dieselben Gags. Und natürlich mögen wir einander, das versteht sich von selbst.

Aber es gibt auch Freundinnen, bei denen man sich ernsthaft fragt, was in aller Welt sie verbindet. Bei Liebespaaren würde man sagen: Gegensätze ziehen sich an. Doch gilt das für Frauenfreundschaften ebenso? Müssen die nicht ausgewogen sein, damit sie überhaupt funktionieren?

Erstaunlicherweise lautet die Antwort: Nicht unbedingt. Denn selbst extrem unausgewogene Freundschaften können überraschend stabil sein. (Okay, manchmal scheitern sie auch grandios, aber das ist wohl weniger erstaunlich.)

Diese asymmetrischen Freundschaftsbeziehungen findet man übrigens in den unterschiedlichsten Konstellationen. Vielleicht kommen Ihnen einige davon bekannt vor?

Der Vamp und die graue Maus

Es mag ein Klischee sein, aber es gibt sie tatsächlich, die Freundinnenpaare, bei denen eine ständig umschwärmt und begehrt ist, während die andere eher als Mauerblümchen gilt.

Liegt es wirklich nur daran, dass Frauen bei der Auswahl ihrer Freundinnen nur auf innere Werte achten und Äußerlichkeiten nicht so wichtig finden? Nun, das mag *ein* Teil der Wahrheit sein. Denn da gibt es noch einen weiteren Aspekt, der sogar wissenschaftlich belegt ist: Psychologen der amerikanischen Cornell University fanden nämlich bei einer Studie heraus, dass sexuell sehr aktive Frauen von ihren Geschlechtsgenossinnen als negativer eingeschätzt werden als sexuell weniger aktive – auch wenn diejenigen, die diese Einschätzung vornahmen, selbst zur Gruppe der freizügigeren gehören. Mit anderen Worten: Selbst der »Vamp« bevorzugt eine sexuell eher zurückhaltende beste Freundin. Aber warum ist das so? Und wieso ist die graue Maus überhaupt zu einer solchen Freundschaft bereit?

Was der Vamp davon hat: Sie hält sich Konkurrenz vom Leib. Sie wirkt neben dem Mauerblümchen natürlich noch attraktiver auf potenzielle Partner. Und sie hofft, dass die Seriosität ihrer Freundin eventuell ein bisschen auf sie abfärbt ...

Und so profitiert die graue Maus: Im Schlepptau ihrer besten Freundin wird sie zu Partys eingeladen, die sonst für sie unerreichbar wären. Und vielleicht fällt von den zahlreichen »Männchen«, die ihre Freundin umschwärmen, eines für sie ab?

Kann das funktionieren? Vielleicht kurzfristig. Auf Dauer haben die beiden jedoch viel zu wenig gemeinsam. Im Grunde verachten sie einander sogar. Das, was sie zusammenschweißt, basiert auf purer Berechnung, nicht auf echten Gefühlen. Vielleicht kennen Sie ja ein Gegenbeispiel? Gut möglich. Auch bei Freundschaften gilt schließlich: Es gibt fast nichts, was es nicht gibt.

Die Komplizierte und die Helferin

Bei manchen Menschen scheint das Leben von Geburt an das reinste Drama zu sein. Ständig hat sich alles gegen sie verschworen, immer widerfährt ihnen Ungerechtigkeit, dauernd fühlen sie sich elend, verzweifelt, leidend. Während die meisten von uns so jemanden nicht unbedingt als Freundin wählen würden (allein schon aus purem Selbsterhaltungstrieb und um die eigenen Nerven zu schonen), blüht die Helferin in ihrer Gegenwart erst richtig auf!

Was die Komplizierte davon hat: Endlich nimmt jemand sie mal ernst. Schenkt ihr uneingeschränkte Aufmerksamkeit. Sagt nicht »Hör auf zu jammern«, sondern bestärkt sie noch darin. Kümmert sich um sie. Umsorgt sie! Endlich wird ihr Leid angemessen gewürdigt.

Und so profitiert die Helferin: Es ist nicht leicht, ein Helfersyndrom auszuleben, ohne seiner Umwelt gewaltig auf den Keks zu gehen. Bei einer Freundin, die ihre Bemühungen zu schätzen weiß, kann sich die Helferin voll entfalten.

Kann das funktionieren? Für Außenstehende mögen die beiden als ziemlich schräges Paar erscheinen, doch im

Grunde sind sie die perfekte Ergänzung füreinander. Oft bilden sie eine ganz enge Symbiose – sehr zur Erleichterung ihrer Mitmenschen, die sich sowohl vom Gejammer der einen als auch von der Hilfsbereitschaft der anderen leicht genervt fühlen.

Die Coole und die Streberin

Bei diesem Stichwort denken Sie sofort an Penny und Amy aus *The Big Bang Theory*? Perfekt, das sind nämlich typische Beispiele für diese sehr spezielle Freundinnen-Kombination, wenn auch ziemlich überzeichnet dargestellt. Denn natürlich ist die Coole (Penny) nicht besonders intellektuell, was sie durch jede Menge gesunden Menschenverstand ausgleicht, wohingegen die Streberin (Amy) superklug ist, dafür aber ungefähr so lässig wie die Parodie einer altjüngferlichen Gouvernante. Selbstverständlich kann man auch gebildet UND cool sein. Doch gehen wir einfach mal von dieser leicht übertriebenen Variante aus: Was finden die beiden aneinander? Warum sind sie überhaupt befreundet? Leben sie nicht auf völlig unterschiedlichen Planeten?

Was die Coole davon hat: Nun, sie erweitert ihren Horizont. Sie lernt, über den eigenen Tellerrand hinauszuschauen. Und sie gewinnt Verständnis für eine Geschlechtsgenossin, über die sie früher höchstens gelästert hätte.

Und so profitiert die Streberin: Auch sie erschließt sich eine ganz neue Welt. Nämlich die der Mode, der Mädelsabende, der Frauengespräche. Das, was für viele andere so herrlich normal ist und für sie bislang unerreichbar war.

Kann das funktionieren? In der TV-Serie tut es das. Und zwar dank jeder Menge Toleranz und Bereitschaft, eigene Vorurteile zu überdenken. Wenn beide diese Offenheit mitbringen, ist das doch eine wunderbare Gemeinsamkeit, weit über Bildungsstand und Äußerlichkeiten hinaus – und damit eine stabile Basis für eine freundschaftliche Beziehung.

Die Senkrechtstarterin und das Fangirl

Mit Freundschaft auf Augenhöhe hat auch diese Variante recht wenig zu tun: Während die eine als Künstlerin / Börsenmaklerin / Sängerin / Managerin karrieremäßig voll auf der Überholspur ist, hat die andere keinerlei derartige Ambitionen und konzentriert sich ganz darauf, ihre Freundin zu bewundern. Eine Konstellation, die zum Scheitern verurteilt ist? Oder vielleicht sogar eine sehr gesunde Art von Freundschaft?

Was die Senkrechtstarterin davon hat: Natürlich sonnt sie sich in der Bewunderung ihrer Freundin. Doch was noch viel wichtiger ist: Diese Freundschaft hält sie davon ab, komplett abzuheben. Sie erdet sie. Eben weil die andere so herrlich normal ist!

Und so profitiert das Fangirl: Auch sie sonnt sich – nämlich im Erfolg und Ruhm ihrer Freundin. Außerdem ist sie stolz auf sie – und darauf, mit einer so tollen Frau befreundet zu sein. Das beweist, dass auch sie selbst toll ist. Wäre die Senkrechtstarterin sonst ihre Vertraute?

Kann das funktionieren? Auf jeden Fall! Denn die beiden sind nicht aus Berechnung miteinander befreundet, sondern weil sie einander guttun. Solange diese asymmetrische Beziehung nicht in Richtung »Diva und Stalkerin« abdriftet oder das Fangirl zur erbitterten Konkurrentin wird, ist alles gut. Zumal es doch – neben der Karriere – noch so viele andere Themen im Leben gibt. Und vielleicht ist da ja das Fangirl die Überlegene?

Das Küken und die Ersatzmutter

Freundinnen mit großem Altersunterschied haben sich vermutlich schon daran gewöhnt, erklären zu müssen, dass sie eben nicht Mutter und Tochter sind. Sie tun das automatisch, können sich aber meist ein leichtes Stirnrunzeln nicht verkneifen. Denn sie verstehen gar nicht, dass ihren Mitmenschen die Sache mit dem Alter so wichtig ist. Sie selbst jedenfalls stört es kein bisschen. Auch wenn die eine vielleicht in Zeiten von D-Mark, Raucherschulhöfen, Musikkassetten, Telefonzellen und nur drei Fernsehprogrammen aufgewachsen ist, während die andere als Digital Native, Veganerin, Trash-TV-Konsumentin, Dauer-Praktikantin und Netflix-Abonnentin sozialisiert wurde. Ein seltsames Paar, also?

Was das Küken davon hat: Sie empfindet die Lebenserfahrung ihrer älteren Freundin, ihre klugen Ratschläge, ihr Wissen und ihre Gelassenheit als bereichernd. Das Leben ist so aufregend! Ein bisschen Coolness tut da gut …

Und so profitiert die Ersatzmutter: Sich jung zu fühlen fällt einfach leichter, wenn man den Anschluss zur nächsten Generation hält. Das Küken zeigt ihr, was angesagt ist, wie man sich heutzutage ausdrückt und wie Snapchat funktioniert.

Kann das funktionieren? Gegenfrage: Warum sollte es nicht? Natürlich ist auch hier ganz viel Toleranz und Respekt gefragt, aber gilt das nicht für jede Form von Freundschaft? Vielleicht hilft die deutlich jüngere beziehungsweise ältere Freundin ja sogar dabei, mehr Verständnis für die eigenen Eltern oder Kinder aufzubringen. Das wäre doch ein schöner Nebeneffekt!

Die Mittellose und das Luxusgirl

Wenn immer wieder betont wird, dass Ähnlichkeiten die beste Voraussetzung für eine funktionierende Freundschaft sind, dann ist damit nicht selten die soziale Herkunft gemeint. Arm und Reich, das passt einfach nicht zusammen, davon sind viele überzeugt. Und hört nicht sowieso beim Geld die Freundschaft auf?

Kann sein. Aber warum ist die Freundschaft zwischen Arm und Reich dann so ein beliebtes Motiv in Literatur, Film und Fernsehen, von Erich Kästners *Pünktchen und Anton* oder Johanna Spyris *Heidi* mit ihrer wohlhabenden Freundin Klara bis zu Max und Caroline aus der Serie *Two Broke Girls?* Vielleicht, weil der kleine Unterschied im Portemonnaie doch nicht so wichtig ist wie angenommen …

Was die Mittellose davon hat: Die Freundschaft ermöglicht ihr den Zugang zu etwas Luxus und Status, der sonst unerreichbar bliebe. Und warum auch nicht?

Und so profitiert das Luxusgirl: Dass man den Euro zuweilen zweimal umdrehen muss, käme ihr ohne ihre sparsame Freundin nicht in den Sinn. Ein bisschen Bodenständigkeit tut ihr gut. Sie lernt, sich in weniger Betuchte hineinzudenken.

Kann das funktionieren? Auf jeden Fall – vor allem, solange das Thema Geld in der Freundschaft keine große Rolle spielt. Wenn gemeinsame Erlebnisse wichtiger sind als der Vergleich der Besitztümer.

Natürlich muss das Geben und Nehmen in jeder Freundschaft ausgewogen sein, aber wer sagt, dass sich das ausschließlich auf Finanzen beschränkt? Viel wichtiger ist doch, sich gegenseitig ernst zu nehmen, zuzuhören, Aufmerksamkeit zu schenken, hin und wieder eine Freude zu bereiten – und das muss keinen Cent kosten! Hauptsache, keine von beiden fühlt sich ausgenutzt oder unterlegen.

Mit anderen Worten: Dank Respekt und Toleranz kann Freundschaft alle Unterschiede überwinden – ist das nicht wunderbar?

Vielleicht fallen Ihnen noch unzählige andere Beispiele von Freundschaften ein, die auf den ersten Blick unpassend oder zumindest ungewöhnlich erscheinen, aber erstaunlich gut funktionieren. Ja, wir hätten noch jede Menge weitere Gegensatzpaare vorstellen können. Freundinnen mit unterschiedlicher Herkunft, Religion, Hautfarbe, Sprache, Kultur. Vielleicht pflegen Sie selbst so eine Freundschaft der Gegensätze? Erzählen Sie uns davon – zum Beispiel auf unseren Autorinnenseiten bei Facebook! Wir sind gespannt.

»Seit du mit ihm gehst, hast du gar keine Zeit mehr für mich!« – Wie Freundschaften die erste Liebe überstehen

»Frauen leben für die Liebe, Männer haben zwischendurch auch noch anderes zu tun«, kommentierte meine Mutter immer wieder, als ich ein verliebungsfähiges Alter erreichte. Und tatsächlich – irgendwas war immer mit den Kerlen: Entweder sie riefen nicht an, redeten auf einer Party nur mit anderen Leuten oder wollten die Wochenenden ohne mich verbringen – der Satz meiner Mutter schien erstaunlich oft zu passen.

Als ich mit meinem ersten Freund zusammenkam, wurde alles außer ihm unwichtig. Ich ging zur Schule und erledigte dafür halbherzig meine Pflichten, aber abgesehen davon interessierte mich hauptsächlich er: Student, fünf Jahre älter, dunkelhaarig, fußballbegeistert. Egal, was andere (oder er selbst) darüber dachten, meine Freizeit wollte ich nur mit ihm verbringen. Aktivitäten, die nichts mit ihm zu tun hatten, standen nicht länger in meinem Fokus. Freundinnen? Was war das noch gleich?

Weil mich beim Schreiben dieses Buches interessiert hat, ob ich eine typische frisch verliebte weibliche Jugendliche abgegeben habe, lud ich vier ganz unterschiedliche Frauen zum Kaffee, um das Thema eingehend zu besprechen.

Ursi: Denkt doch bitte einmal an eure erste Liebe zurück. Was meint ihr? Habt ihr damals eure Freundinnen vernachlässigt?

Susa (67 Jahre alt, Rentnerin, seit über vier Jahrzehnten verheiratet): Meine zwei besten Freundinnen waren Mitschülerinnen. Wir haben uns alle etwa gleichzeitig verliebt, uns gegenseitig angefeuert und gingen dann oft zu sechst aus – wir drei und unsere Liebsten. Das bewährte sich prima, denn irgendwie fühlten sich unsere Eltern bei dem Gedanken, dass die anderen dabei waren, sehr wohl und erlaubten uns deshalb überdurchschnittlich viel. Die späten Sechzigerjahre, als sich die Gesellschaft im Umbruch befand, verunsicherten Erziehungsberechtigte schon ziemlich. (lacht). Also: Nein, ich habe meine Freundinnen nicht vernachlässigt.

Zoë (21 Jahre alt, Studentin, lebt seit drei Jahren mit ihrer Partnerin Marie zusammen): Ich auch nicht. Ich habe mich in meine beste Freundin verliebt und sie sich in mich. Die Frage stellte sich daher in unserem Fall nicht unbedingt.

Susa: Oh, wirklich? Und wie haben sich eure anderen Freundinnen verhalten? Ich meine, halte mich nicht für altmodisch, aber so etwas passiert ja nicht jeden Tag. Da muss es doch Reaktionen gegeben haben.

Zoë: Klar gab es die. Unsere Liebe hat den Freundeskreis schon verändert. Die Reaktionen waren zwar positiv, alle haben uns unterstützt, aber wir beide waren dann natürlich so eng miteinander, dass die anderen automatisch ein wenig weiter von uns wegrückten. Doch vielleicht war das auch davor so. Wir waren, wie gesagt, längst beste Freundinnen.

Michaela (45 Jahre alt, Bankangestellte, geschieden):
Ich habe meinen späteren Mann in meinem ersten Jahr als Studentin in einer neuen Stadt kennengelernt. Da war ich ohnehin von meinen Freundinnen getrennt und kann nicht sagen, ob sich durch die erste Liebe etwas geändert hat. Aber ich war die ganze Jugend über die beste Freundin von einem Mädchen, das mich immer links liegen ließ, wenn es sich frisch verliebt hat.

Ursi: Erzähl doch bitte, wie das ablief!

Michaela: Ich war ein eher stiller, unauffälliger Teenager. Ein richtiges Mauerblümchen. Meine Freundin war das komplette Gegenteil: bildhübsch, lustig und wild. Als wir in das Alter kamen, in dem man die Kneipen unsicher macht, habe ich mich an sie geheftet, weil ich wusste, mit ihr wird der Abend bestimmt interessant. Und ich denke, sie schätzte meine Gesellschaft, weil ich keine Konkurrenz für sie war.

Zoë (verzieht das Gesicht): Ausgesprochen sympathisch! Warum sind heterosexuelle Frauen bloß so grauenvoll zueinander?

Michaela: Auch wenn das jetzt nicht danach klingt, aber wir mochten uns sehr und vertrauten uns alles an. Ich wusste immer, wen sie gerade anhimmelte. Und sie sorgte dafür, dass ich integriert war. Das hätte ich allein nicht geschafft, denn meistens traute ich mich in größeren Gesellschaften ja kaum, den Mund aufzumachen.

Ursi: Und was passierte, wenn sie frisch verliebt war?

Michaela: Gab es einen Jungen in ihrem Leben, war ich abgemeldet. Für sie zählte in diesen Phasen nur er. Sie stellte ihn auf einen Sockel und tat alles für ihn. Bei mir hat sie sich erst wieder gemeldet, wenn Schluss war.

Ursi: Ich gestehe, dass ich als Teenager wohl ähnlich getickt habe. Verliebtsein war wie ein Rausch, die Welt um mich herum wurde unwichtig. Denkt ihr, dass »Frauen für die Liebe leben und Männer zwischendurch auch noch etwas anderes zu tun haben«? Sind Frauen anfälliger dafür, in Zeiten der frischen Gefühle Freundschaften zu vernachlässigen, oder ist das eine altmodische, präfeministische Sicht auf die Dinge?

Philine (34 Jahre alt, Zahnärztin, seit zwei Jahren verheiratet): Ich glaube nicht, dass es sich da um ein besonders frauenspezifisches Phänomen handelt. Sich zu verlieben heißt einfach, in einen Ausnahmezustand zu geraten. Mein erster Freund wartete immer – ich meine wirklich immer: jeden einzelnen Tag – vor meiner Schule, wenn ich heimging. Er selbst besuchte ein anderes Gymnasium mit komplett abweichendem Stundenplan. Er holte mich ab und schwänzte dafür eiskalt seinen eigenen Unterricht. Sein Leben inklusive aller Pflichten und genauso die Kumpels vernachlässigte er total.

Zoë: Ist ja süß. Drolliges Kerlchen.

Ursi: Und wie hast du dich verhalten, Philine?

Philine: Ich hatte auch Freundinnen, mit denen nichts anzufangen war, wenn sie verliebt waren. So wollte ich nicht sein. Darum habe ich mich ganz aktiv bemüht, dass sich zwischen meinen Mädels und mir nichts ändert. Ich habe für Freundinnenzeit gesorgt – ohne meinen Freund, nur wir Mädels.

Susa: Ach, jetzt ist alles klar! Deshalb stand der junge Mann ständig vor deiner Schule. Er hatte das Gefühl, um dich kämpfen zu müssen.

(alle lachen)

Susa: Also bei mir war das definitiv so, dass man den Eindruck gewinnen konnte, uns Mädchen bedeute die Liebe mehr als den Männern. Ich war keine Achtundsechzigerin. Ganz und gar nicht. Ich wünschte mir keine freie Liebe. Ich wollte geheiratet werden, einen Haushalt gründen und Kinder kriegen. Das war von vielen die oberste Priorität und danach hat man sich gerichtet. Da waren dann letztlich auch die Freundinnen nicht so wichtig. Aber weil alle dasselbe anstrebten, hat es trotzdem gepasst.

Zoë: Und was war mit deiner Ausbildung? Die Welt sehen, bevor du dich bindest? Selbstverwirklichung?

Susa: Nein. Ich wollte möglichst schnell das Leben einer erwachsenen Frau führen. Und das war damals eben noch das klassische Familienmodell.

Ursi: Welche Funktion, würdet ihr sagen, haben Freundinnen für heranwachsende Mädchen? Was gestaltet Frauenfreundschaften in diesen aufregenden Jahren der ersten Liebe so spannend?

Philine: Im Endeffekt macht jede in dieser Zeit Ähnliches durch. Dasselbe hormonbedingte Gefühlschaos, die gleichen neuen Erfahrungen und parallel ablaufende Veränderungen. Mit deinen Freundinnen besprichst du das alles. Dieses gemeinsame Erleben schweißt unglaublich zusammen. Ich denke, später geknüpfte freundschaftliche Bande können nie wieder so sein wie die deiner Jugend. Denn ihr seid Waffenschwestern.

Michaela: Ich denke, Freundinnen sind in dieser Zeit die einzigen Konstanten in deinem Leben. Dein Körper macht einen Umbau durch, deine Gefühle sowieso. Und du hast den Eindruck, dass auch um dich herum kein Stein auf dem anderen bleibt. Deshalb klammerst du dich an deine Freundinnen, selbst wenn sie während der ersten Liebe oder der ersten Liebschaften nicht hundertprozentig verlässlich sind. Du verzeihst ihnen das, weil du gar nicht auf sie verzichten könntest.

Philine: Schön gesagt! Ja, ich denke ebenso, dass man als Jugendliche seinen Freundinnen gegenüber extrem tolerant ist, weil man spürt, dass absolute Beständigkeit in diesem Lebensabschnitt zu viel verlangt wäre.

Susa: Für mich waren meine Freundinnen in dieser Zeit vor allem ein großer Wissenspool. Ihr dürft nicht vergessen, dass wir damals nicht googeln konnten, wenn wir Sachen herausfinden wollten. Und dass wir auch nicht mit unseren Eltern sprechen konnten. Meine Mutter war Jahrgang 1925 und wäre bei der Frage nach der Technik eines Zungenkusses tot umgefallen. Für solche Themen hatte man also nur seine Freundinnen. Irgendeine wusste immer Bescheid. (lacht)

Zoë: Eigentlich war es für mich fast ein bisschen umgekehrt. Das, was meine Freundinnen erlebt oder bereits in Erfahrung gebracht hatten, stimmte für mich als LGBTQ-Mädchen nicht. Es war ein schwieriger Schritt, bis ich einsah, dass ich anders empfand als die meisten von ihnen und trotzdem ihre Freundin bleiben konnte. Und dann kam noch eine weitere Herausforderung hinzu, die Heterosexuelle nicht kennen: Ich musste lernen zu unterscheiden, was Freundschaft, was sexuelle Anziehung und was Liebe war. Ich hatte kein Geschlecht für Zusammengehörigkeit und das andere zum Verlieben. Manchmal fand ich das alles sehr verwirrend und ich denke, deshalb war ich auch bis zu meinem endgültigen Coming-out keine allzu gute Freundin.

Ursi: Was würdet ihr jungen, heranwachsenden Frauen raten? Was ist wichtig in Bezug auf Freundinnen?

Michaela (lacht): Ich als Geschiedene muss da natürlich sagen: Liebe kommt und geht. Freundschaft bleibt.

Zoë: Es wurde vorhin ja schon angedeutet, wie schwierig diese Zeit ist, daher würde ich tatsächlich jedem Mädchen ans Herz legen, mit ihrer Freundin nachsichtig zu sein.

Susa: Ja, das unterschreibe ich. Auf der anderen Seite würde ich sagen, dass wirklich viele Lebensphasen herausfordernd sind. Deshalb sollte man mit seinen Freundinnen überhaupt nie allzu streng sein. Dazu ist man ja befreundet: um sich Rückhalt zu geben, auch wenn es einmal nicht so gut läuft.

Philine: Ich würde jedem Mädchen raten, gut auf ihre Freundinnen aufzupassen. Lass sie nicht exzessiv trinken, rede ihnen harte Drogen aus, bleibt im Dunkeln zusammen, gib ihnen ein Kondom und verhindere, dass sie zu Fremden ins Auto steigen – sich um die Sicherheit der anderen zu sorgen ist nicht 20. Jahrhundert!

Was ist nur mit den Verliebten los?

Bei den Makassaren, einer Volksgruppe in Süd-Sulawesi, gilt Verliebtsein als typisches Phänomen der Jugend. Aufgrund der körperlichen Symptome wird sie als Krankheit angesehen, wegen der man einen Heiler aufsuchen muss.

Auch wenn die Bedenken bezüglich des Verliebtseins bei diesem Stamm extreme Formen annehmen, wird dennoch quer durch die Welt viel über diesen Gemütszustand nachgedacht.

Die britische Journalistin und Bestsellerautorin Dolly Alderton drückte es gegenüber dem *Zeit-Magazin* (02/2018) so aus: »Frauen werden vom Tag ihrer Geburt an von einem Romantik-Kult indoktriniert. In den Märchenfilmen, die wir als Kleinkinder schauen, der Werbung, die wir sehen, den romantischen Komödien, die wir uns als Teenager anschauen – überall wird uns vermittelt, dass wir nicht liebenswert sind und das Leben sinnlos ist, solange wir nicht von einem Mann ausgewählt werden.«

Der Hormonspezialist Prof. Dr. med. Helmut Schatz erläutert, dass beim Verliebtsein im Hirn dieselben Regionen aktiv sind wie bei Drogensüchtigen. Das Belohnungszentrum ist hochaktiv, der Körper produziert viel vom Glückshormon Dopamin und so wie bei Menschen mit Zwangserkrankungen sinkt der Serotoninspiegel im Blut. Verliebte sind daher regelrecht voneinander besessen und können gar nicht anders, als aneinanderzukleben.

Für das Phänomen von Frischverliebten, die alles rundherum vernachlässigen, scheinen also sowohl gesellschaftliche als auch biologische Aspekte verantwortlich zu sein.

»Weißt du noch, was ich nach dem dritten Glas gemacht habe?« – Freundinnen und der erste Rausch

Wer »Vorglühen« für ein Phänomen des 21. Jahrhunderts hält, ist schiefgewickelt. Denn tatsächlich haben meine Freundin Sonja und ich es erfunden! Oder zumindest entwickelten wir die Idee vollkommen unabhängig von allen anderen, die das Ganze ebenfalls für einen Geistesblitz hielten ...

Nur um Missverständnissen vorzubeugen: Ich rede nicht von dem Vorglühen, mit dem das Starten eines Dieselmotors erleichtert werden soll, sondern vom Sich-vor-dem-Ausgehen-schon-mal-einen-Schwips-Antrinken, das überwiegend bei Jugendlichen und jungen Erwachsenen praktiziert wird, um einerseits in Stimmung zu kommen und andererseits Geld zu sparen.

Mein erstes (und aus guten Gründen auch letztes) Vorglühen fand irgendwann im Herbst 1981 statt. Lange bevor Bob Geldof gemeinsam mit anderen namhaften Musikern Band Aid gründete und mit *Do They Know It's Christmas?* einen karitativen Ohrwurm veröffentlichte, versammelten sich in der Mehrzweckhalle meines Heimatdorfes am Fuße des Hunsrücks regionale Bands zu einem Benefizkonzert für Afrika. Wie bei Band Aid ging es darum, Geld für die Opfer der Hungersnot in Äthiopien zu sammeln.

Sonja und ich wollten dieses Event um keinen Preis verpassen. Wenn in unserem Kaff schon mal was los war ...

Zudem fanden wir das Projekt selbstverständlich ganz großartig. So was musste man doch unterstützen!

Allerdings war unser Taschengeld relativ knapp bemessen. Das meiste gaben wir für Bücher (ich) oder Tabak (Sonja) aus. Natürlich waren wir trotzdem bereit, einen Teil davon für die Ärmsten der Armen auszugeben, sprich: Wir wollten zugunsten Hungernder und Durstender essen, trinken, tanzen und feiern. (Dass dieses Konzept irgendwie absurd ist, wird mir im Grunde erst jetzt klar, da ich fast vierzig Jahre später darüber schreibe, aber so funktioniert Charity nun mal.) Dennoch hielten wir es für eine prima Idee, uns vorher schon ein paar Drinks zu genehmigen, damit uns die finanziellen Mittel nicht frühzeitig ausgingen. Diese Vorstellung behagte uns nämlich gar nicht – und das, obwohl es noch gar keine überteuerten Trendcocktails gab, von denen wir uns maximal einen hätten leisten können. Wäre damals ein Aperol Spritz geordert worden, hätte man vermutlich eine Apfelsaftschorle bekommen. (So wie man mir Anfang der Achtziger mal einen schwarzen Tee servierte, als ich Cola light bestellt hatte. Aber das ist eine andere Geschichte.)

Wie gesagt: Die Auswahl war ziemlich klein, was einem die Entscheidung, womit man einen angeheiterten Zustand erreichen wollte, sehr vereinfachte. Man trank nämlich entweder Bier (vorzugsweise Kirner Pils in den handlich-bauchigen 0,33er Stubbi-Flaschen) oder Wein. Rotwein, genauer gesagt, denn Weißwein galt irgendwie als spießig und uncool. Und wer Rotwein zu herb fand, mixte ihn kurzerhand mit Cola. Wir waren da schmerzfrei.

Sonja und ich entschieden uns für »Le Rouge« von Aldi, der ungefähr zwei Mark kostete und damit die zweitbilligste Sorte war, die wir kannten. Noch etwas günstiger war nur ein pappsüßer Erdbeerschaumwein, der nicht besonders angesagt war, weil er einfach widerlich schmeckte und außerdem schon in kleinen Mengen fürchterliche Kopfschmerzen verursachte. (Wir hatten mal in einer Freistunde zu fünft eine Flasche davon auf der Schultoilette konsumiert, und die war uns nicht sehr gut bekommen.)

Sonja und ich kamen uns wahnsinnig erwachsen vor, wie wir so in meinem Zimmer saßen und den roten Rebensaft aus den blaugrauen Steingutbechern meiner Eltern pichelten. Sonja rauchte dazu selbstgedrehte Zigaretten (ich war in Sachen Tabakkonsum eher eine Spätzünderin), hörten Musik (Supertramp, Anyone's Daughter, Ougenweide, Jesus Christ Superstar – eine wilde Mischung also) und unterhielten uns über Sonjas aktuellen Schwarm. Sie hoffte, ihn auf dem Konzert zu treffen, und war schon total aufgeregt, ob er sie beachten würde. Zwischendurch beglückwünschten wir uns immer wieder zu der irrsinnig klugen Entscheidung, nicht ganz nüchtern aufzubrechen. Das milderte ihre Nervosität, und falls er sie ansprechen würde, wäre sie wesentlich lockerer. Außerdem war das Vorglühen ja wirklich deutlich günstiger.

Der »Le Rouge« schmeckte nur so mittelgut. Irgendwie zog sich innerlich alles zusammen, wenn man ihn trank. War das noch herb oder schon sauer? Egal, wir schlürften ihn in kleinen Schlucken. Sonja übte dabei, ein cooles Gesicht zu machen, in der Hoffnung, später ihren Schwarm damit zu beeindrucken. Ich gab Feedback. »Nein, das sieht eher nach Regelschmerzen aus – und das mehr nach Reiseübelkeit ...«

Nun ja, mit der Zeit gewöhnte man sich an das Aroma. Schon beim dritten Becher fanden wir den Wein ganz okay. Zumal die Wirkung einsetzte und wir uns herrlich albern, wunderbar leicht und irgendwie unbesiegbar fühlten. Sonja hatte überhaupt keine Bedenken mehr, dass der Angebetete sie heute Abend umwerfend finden und spätestens nach einer Stunde küssen würde. Ich nickte so euphorisch, dass mir fast schwindelig wurde.

Nach einem Blick auf die Uhr wurde uns aber klar, dass wir mit dem Vorglühen dummerweise nicht früh genug angefangen hatten. Wohl oder übel mussten wir unser Trinktempo erhöhen, wenn wir nicht zu spät kommen wollten. Auf die Idee, die Flasche halb voll zu lassen, kamen wir leider nicht.

Den dritten Becher leerten wir also etwas flotter, den vierten beinahe überstürzt. Dann machten wir uns auf den Weg.

Dass wir am Eingang bezahlen mussten, kam etwas überraschend. Der Eintritt hielt sich zwar in Grenzen, doch einsfuffzig waren nun mal einsfuffzig. Unser Etat schmolz schneller als erwartet, was uns Sorgen bereitete und das mit dem Vorglühen umso vernünftiger erscheinen ließ.

Die Mehrzweckhalle war schon recht gut gefüllt, als wir eintraten, obwohl das Konzert erst in einer guten halben Stunde beginnen sollte. Wir entdeckten lauter bekannte Gesichter. Hauptsächlich junge Leute aus unserem Dorf, aber auch aus den Nachbarorten, denen wir auch in der

Schule ständig über den Weg liefen. Anders als dort ignorierten uns die aus den höheren Klassen diesmal nicht: Sie sprachen mit Sonja und mir, als wären wir keine sechzehnjährigen Hühner, sondern coole Oberstufenschülerinnen. Wir fanden das toll und freuten uns, so richtig dazuzugehören. Vor allem Sonja blühte regelrecht auf, als ihr Schwarm sie strahlend begrüßte. Leider jedoch ziemlich kumpelhaft, aber immerhin hatte er sie registriert. Der erste Schritt war also getan.

Was mich persönlich am meisten überraschte: Man gab uns Getränke aus! Damit hatten wir gar nicht gerechnet. Na gut, das machte die Sache mit dem Eintritt natürlich wieder wett. Auf diese Weise würde unser Geld locker bis Mitternacht reichen! (So lange durften wir – in Absprache mit unseren Eltern – nämlich ausnahmsweise bleiben, weil das Ganze ja Luftlinie dreihundert Meter von unserem Haus entfernt stattfand und auch noch für einen guten Zweck war.)

Angesichts dieser ökonomischen Überlegungen war es nur logisch, dass ich das Pils, das man mir in die Hand drückte, dankend annahm. Ich verstand gar nicht, warum Sonja diese super Chance auf ein Gratisgetränk sausen ließ und ablehnte.

Rein geschmacklich unterschied sich das Bier ganz enorm von dem Rotwein, was an sich eine gute Sache war, denn noch mehr davon hätte ich unmöglich trinken können. Nach ein paar Schlucken wurde mir jedoch klar, dass das hopfenbittere Aroma auch nicht viel besser war.

Während Sonja versuchte, die kumpelhafte Beziehung zu ihrem Angebeteten auf ein etwas romantischeres Niveau zu bringen, konzentrierte ich mich auf mein Befinden. Irgendwie reagierte mein Magen auf widersprüchliche Weise: Einerseits fühlte er sich – kohlensäurebedingt – ziemlich kugelig an, andererseits bekam ich großen Appetit. Vielleicht hätte ich vorher doch mehr essen sollen?

Damals war ich noch auf dem Kalorienzähltrip. Und da der Alkohol ja schon so energiereich war, hatte ich vorsichtshalber auf ein üppiges Abendessen verzichtet. Mit anderen Worten: auf eine ordentliche Grundlage!

Spätestens jetzt hätte ich mit dem Trinken aufhören und zumindest einen Teil meiner restlichen Barschaft in ein Bratwürstchen investieren sollen. Aber ich war jung und dumm und glaubte, das Geld anderweitig zu brauchen.

Also ignorierte ich die untrüglichen Signale meines Körpers und leerte die Stubbi-Flasche.

»Magst du noch eins?«, fragte jemand. Die Vorstellung, eine weitere Dosis Blubber, Schaum und bittere Brühe runterkippen zu müssen, ließ mich zögern.

»Oder einen Rotwein?«

Ich nickte tapfer. Das klang schon besser.

Sonja, die sich inzwischen mit ihrem Schwarm unterhielt, bekam nicht so genau mit, was ich da trieb. Vielleicht hätte sie mich sonst gebremst. Beziehungsweise hätte sie das garantiert getan, zumal uns beiden dadurch einiges erspart geblieben wäre …

Nach den ersten Schlucken vom randvollen Rotweinglas dämmerte mir, dass es womöglich klüger gewesen wäre, nicht ganz so viel zu trinken. Oder wenigstens langsamer.

Ich fühlte mich leider gar nicht mehr unbesiegbar und leicht, nicht einmal albern, sondern eher wackelig auf den

Beinen. Die inzwischen gut gefüllte Halle erschien mir laut, beängstigend und irgendwie unscharf.

Und warum drehte sich plötzlich alles um mich herum? Das war ja wie auf der Kirmes, bloß unangenehmer.

Viel unangenehmer!

Und vor allem hörte es nicht auf …

»Alles okay mit dir?«

Sonja stand auf einmal neben mir und guckte ganz besorgt. Offenbar sah man mir an, wie es mir ging.

Ich versuchte zu antworten, doch mein Sprechwerkzeug wollte einfach nicht funktionieren. Hatte ich etwa einen Knoten in der Zunge? Wie sollte ich mich jetzt verständlich machen? Ich musste ihr dringend mitteilen, dass ich *schwer krank* war, doch alles, was meinen Mund verließ, war ein Grunzen.

»Willst du nach Hause?«

Ich nickte bloß. Denn eigentlich war ich ziemlich willenlos. Das sollte nur aufhören!

Entschlossen hakte Sonja mich unter. »Lass uns gehen, ich bringe dich heim.«

»Abbbdasknzt«, widersprach ich.

»Ja, ich weiß, das Konzert hat noch nicht mal angefangen«, erwiderte Sonja, die mein Gelalle offenbar problemlos verstand. »Aber das ist jetzt erst mal egal.«

Sie seufzte kurz. Bestimmt dachte sie an ihren Angebeteten, der an diesem Abend, wenn überhaupt, wohl eine andere küssen würde. Dann hakte sie mich unter. Unsere Freundschaft war ihr in diesem Moment wichtiger als das Flirten.

Ich weiß nicht mehr so genau, wie ich letztendlich nach Hause gekommen bin. Hat Sonja das ganz allein geschafft oder hatte sie Hilfe? Bei Gelegenheit muss ich sie unbedingt mal danach fragen.

Auch, ob sie sich an diesen Zwischenfall überhaupt erinnert. Mir wird er jedenfalls auf ewig in Erinnerung bleiben. Nicht nur wegen der Erfindung des Vorglühens oder des Konzerts, das ich komplett verpasst habe. Sondern wegen des gewaltigen Rausches, den ich mir aus purem Geiz eingehandelt hatte – und der selbstlosen Unterstützung meiner besten Freundin, die mir zuliebe ebenfalls auf »Regionale Bands spielen für Afrika« verzichtete (sowie auf gewisse Extras), um stattdessen meine Haare zu halten, während ich über der Kloschüssel hing – und meinen Eltern, die erst deutlich nach uns aus dem Kino heimkamen, irgendeine Ausrede aufzutischen. Ich glaube, Sonja erzählte ihnen, wir wären einfach müde gewesen. Dass sie bei uns übernachten würde, hatten wir zum Glück schon vorher verabredet, sodass die einzige Planänderung im Grunde nur darin bestand, dass wir so früh zurück waren und ich so gut wie kein Auge zutat, weil mein Bett Karussell fuhr. Wenigstens schlief Sonja neben mir wie ein neugeborenes Baby. Vermutlich träumte sie von einem gewissen jungen Herrn.

Wie durch ein Wunder hat Sonja den Konzertbesuch (oder besser gesagt: den Nichtkonzertbesuch) ohne ähnliche Folgeschäden überstanden. Vermutlich verdankte sie das dem Umstand, dass sie erstens mehr gegessen und zweitens weniger getrunken hatte.

Erstaunlicherweise hat sie mich später nie damit aufgezogen – jedenfalls nicht mehr, als ich mich selbst auf die

Schippe nahm. Und mir war mein betreuter Vollrausch auch nicht peinlich vor ihr. Im Gegenteil, es war nicht mehr und nicht weniger als eine verrückte gemeinsame Erinnerung, so wie ein verpasster Bus bei der Klassenfahrt oder irgendein dämlicher Schulstreich.

Ich glaube, für ihren selbstlosen Einsatz habe ich Sonja nie wirklich gedankt. Was bin ich nur für eine Freundin! Also mit reichlich Verspätung: Das war ganz großes Kino, liebe Sonja. Du hast was gut bei mir. Wie wär's mit einem Aperol Spritz?

»Das lassen wir uns nicht gefallen!« – Gemeinsames Rebellieren macht die Pubertät erträglicher

Als Kind las ich mit Begeisterung die Geschichten von Hanni und Nanni. Ein Leben im Internat stellte ich mir dementsprechend aufregend und unterhaltsam vor. Wie die Realität in solchen Schülerwohnheimen tatsächlich aussieht, wusste ich nicht … Bis ich mich mit Sarah unterhielt, bei der Erlebnisse dieser Art noch gar nicht lange her sind. Die Zwanzigjährige erzählt:

Ich kam mit sechzehn ins Internat, da ich eine bestimmte Schulform besuchen wollte, die in der Nähe meines Wohnortes nicht angeboten wurde. Ich freute mich auf das Leben außerhalb des Dunstkreises meiner Familie. Meine Eltern waren nämlich gerade in einer »eher uncoolen Phase«. Plötzlich nörgelten sie dauernd herum, wussten alles besser und wollten mich in meiner freien Entfaltung einschränken. Das nervte.

Schnell freundete ich mich im Internat mit Cecilia an. Sie begeisterte sich für Low-Budget-Dokumentarfilme und Indie-Musik. Ich ließ mich von ihr begeistert zu einem alternativen Lebensstil inspirieren, probierte vegetarische Kost, nachhaltig produzierte Schulhefte und politisch korrekte Kleidung. Das alles fühlte sich so unglaublich selbstbestimmt und erwachsen an!

Ich mochte Cecilia von Anfang an richtig gut leiden, restlos von ihr entzückt war ich dann aber, nachdem sie eine Sexismusdebatte mit dem Englischlehrer anzettelte.

Während des Englischunterrichts sagte er nämlich: »Als Hausaufgabe sollt ihr über einen Film schreiben. Sucht euch einen aus, den ihr gern mögt. Die Mädchen vielleicht eine romantische Liebeskomödie, die jungen Männer einen Superheldenfilm.«

Sofort meldete sich Cecilia zu Wort: »Einfach davon auszugehen, wir Schülerinnen würden uns naive Lovestorys aussuchen, während Kerle auf hirnverbrannte Machtdemonstrationen stehen, ist sexistisch.«

Mir wäre das nicht aufgefallen, aber natürlich hatte Cecilia recht: Wie unglaublich war das denn?!

Der Lehrer schnalzte unwillig mit der Zunge. »Das sollten nur Beispiele sein. Ihr könnt natürlich über jeden Film schreiben, den ihr mögt.«

Cecilia ließ sich jedoch nicht so leicht abwimmeln. »Sie können doch nicht Sachen sagen, die eine unterschiedliche Wertigkeit der Geschlechter implizieren. Das ist inadäquat und reaktionär.«

Voller Bewunderung beobachtete ich meine neue Freundin, wie sie mit gestrafftem Rücken und unter Verwendung dieser wahnsinnig klug klingenden Fremdwörter unnachgiebig für Gleichberechtigung kämpfte. Genau so wollte ich auch sein! Kämpferisch für eine bessere Welt! Und das konnte ich nur, wenn ich Cecilia nun unterstützte. Also nahm ich all meinen Mut zusammen und sagte: »Allein, dass Sie uns als ›Mädchen‹ bezeichnen und die Jungs als ›junge Männer‹, sagt schon ziemlich viel aus.«

Der Lehrer ließ die Schultern hängen. »Mir ging es

einfach darum, dass ihr über einen Film schreibt, den ihr mögt.«

»Aber in Ihrem Kopf haben sich dazu ganz klare Erwartungshaltungen gebildet. Und solange das auf diese Art funktioniert, hat unsere Gesellschaft ein Problem«, meldete sich nun auch noch eine andere Schülerin zu Wort.

Ich spürte den Geist der Revolution durch die Sitzreihen wabern und beglückwünschte mich, hier gelandet zu sein, wo man sich gemeinsam gegen Ungerechtigkeit starkmachte.

»Ich entschuldige mich dafür, wenn ich in Kategorien gedacht habe«, gab der Lehrer auf. »Jeder oder jede sucht sich einen Film, den er oder sie gern mag, und schreibt dann einen Aufsatz mit zweihundert Wörtern darüber. Alles klar?«

»Wieso ›er oder sie‹?«, wurde aus der letzten Reihe gefragt. »Damit sind doch all diejenigen, die sich diesen beiden Geschlechtern nicht zugehörig fühlen, automatisch ausgeschlossen. Heißt das, so jemand ist von der Hausaufgabe befreit?«

Man merkte, dass der Lehrer langsam dabei war, seine Geduld zu verlieren. Vermutlich dachte er darüber nach, welch Kinderspiel Unterrichten vor fünfzehn, zwanzig Jahren gewesen war. »Jeder Mensch, der in diesem Klassenzimmer sitzt ... oder nein, jedes Individuum an diesem Ort schreibt diesen Aufsatz, und jetzt Ende der Diskussion!«

Ich fühlte mich zum ersten Mal in meinem Leben als Teil einer Gemeinschaft. Hier wurde nicht alles immer hingenommen, sondern reflektiert gelebt. Gab es eine erwachsenere Art des Daseins als diese? Eigentlich war das Internat, wenn man die von uns als überflüssig empfundenen Erzieherinnen ausklammerte, wie eine WG. Und diese wurde aktiv gestaltet. Die Schülerschaft ließ sich nichts diktieren.

Nach zweiundzwanzig Uhr herrschte zum Beispiel striktes Handyverbot. Alle Mobiltelefone mussten in einen Korb gelegt und durften erst am nächsten Morgen wieder abgeholt werden. Über diese übergriffige Einschränkung regten wir uns schrecklich auf. Tagelang wurde darüber beraten, wie man am besten mit dieser absoluten Frechheit umgehen sollte. Boykott? Jugendanwälte einschalten? Beschwerdebriefe an eine noch zu recherchierende übergeordnete Verwaltungsstelle schreiben? Irgendwann, nach genauso end- wie sinnlosen Diskussionen mit den Erzieherinnen, hatte jemand die Idee, ein altes Handy von zu Hause mitzubringen und statt des aktuellen in den Korb zu legen. So viel passiven Widerstand fand ich anbetungswürdig!

Bald folgten alle diesem Vorbild. Damit war wieder für eine lückenlose mobile Kommunikation gesorgt. Cecilia und ich – wir wohnten nicht im selben Zimmer – schickten uns die halbe Nacht lang Wünsche für einen guten Schlaf – einfach um die zurückgewonnene Kommunikationsfreiheit zu zelebrieren.

Ein anderes Beispiel für den gemeinsamen Aktionismus von uns Freundinnen betraf die Küchenbenutzung. Nach dem Abendessen wurde die Internatsküche nämlich abgeschlossen. Wer noch Hunger bekam, war auf Snacks angewiesen. Cecilia und ich zogen mit unserem Anliegen, uns auch nachts eine warme Mahlzeit zubereiten zu dürfen, bis vor die Direktorin. Ohne Erfolg. Das sei zu gefährlich, hieß es. Dem Wunsch, sich zumindest im Zimmer einen Toaster aufstellen zu dürfen, wurde aus feuerpolizeilichen Gründen ebenfalls nicht nachgegeben. Also begaben wir uns auf die Suche nach frei zugänglichen Kochmöglichkeiten.

»Wo eine Frau ist, ist auch eine patente Lösung«, beharrte Cecilia.

In der Waschküche wurden wir schließlich fündig. Das Bügeleisen eignete sich hervorragend zum Zubereiten frischer Schinken-Käse-Toasts. Kurz darauf experimentierte eine ganze Gruppe von Schülerinnen mit den Hitzestufen des Geräts, verschiedenen Käsesorten und Brotgrößen. Irgendjemand kam dann auf die Idee, es auch mit Kräuterbaguettes zu probieren. Als das Bügeleisen auf das dick mit Butterflocken gespickte Weißbrot gepresst wurde, stellte Cecilia fest: »Schwestern, es ist höchste Zeit, dass wir unser Leben auf die Reihe bekommen. Das hier ist kein Zustand! Wir stehen zu elft in der Waschküche um ein Bügelbrett herum, weil wir Kohldampf haben. Gehen wir auf die Straße, um auf das Unrecht, das uns widerfährt, hinzuweisen!«

In den Tagen darauf wurden Schilder gebastelt: *Anspruch auf warmes Essen nach 21 Uhr!*, *Lasst uns nicht hungern!*, *Selbstbestimmtes Recht auf Nahrung!*

Damit stellten wir Schülerinnen uns auf den kleinen Hof vor dem Lehrerzimmer und skandierten: »Wir wollen kochen!«

Zum Glück hatte der Hausmeister schließlich den rettenden Einfall, der zur gütlichen Einigung führte: Eine rund um die Uhr zugängliche Mikrowelle wurde aufgestellt, mit der wir uns Suppen und Ähnliches aufwärmen konnten.

Auch als Cecilia eines Tages sagte, das absolute Alkoholverbot auf dem gesamten Schul- und Internatsgelände beschneide sie in ihren Rechten als Sechzehnjährige, stimmte ich ihr zu. Was für eine Frechheit! Immerhin durften wir per Gesetz Wein und Bier konsumieren und wurden nun so rigoros dieser Möglichkeit beraubt. Das wollten wir nicht hinnehmen. Also kauften wir Wein im Tetra Pak und setzten uns am Nachmittag damit in den Schulpark. Das Projekt »Trink doch, wann DU willst!« sprach sich schnell herum, daher kosteten schließlich neunzehn Schülerinnen den sauren Weißen. Eng drängten wir uns zusammen, spähten dauernd wachsam über die Schulter und ließen das Getränk im Kreis gehen. Das Gemeinschaftsgefühl überwältigte mich schier und ich fand die Aktion noch cooler als das Toasten. Immerhin wehte uns hier im Park der Geruch der Freiheit um die Nase. In der Waschküche hingegen hatte es nach einer Mischung aus Knoblauch vom Kräuterbaguette, Fett, das alle möglichen Aromen aus dem Bügelbrett gelöst hatte, und angeschmolzenen Acrylfasern von der Unterseite des Bügeleisens gemüffelt.

»Spürst du etwas? Vom Wein, meine ich«, fragte ich meine Freundin, als wir wenig später wieder zum Internat zurückkehrten. Ich hatte abgesehen von einigen Kirschlikörpralinen bei meiner Großmutter und einem halben Gläschen Sekt zu Silvester noch keinen Kontakt mit Alkohol gehabt.

»Wie sollte ich?«, kam die Gegenfrage. »Ich habe nicht mehr als drei Schlucke abbekommen. So kann das nicht weitergehen! Wenn wir das wiederholen, bringt gefälligst jede ihr eigenes Getränk mit! Außerdem sammeln wir Saftpackungen, in die wir den Wein dann umfüllen. Was soll das für ein selbstbestimmtes Trinken sein, wenn wir uns dauernd umsehen wie Schwerverbrecherinnen?«

Beim nächsten Mal hatte tatsächlich jede Teilnehmerin die besagten Vorkehrungen getroffen. Im Schulpark sah man uns also als einen lose herumlungernden Haufen Jugendlicher, die völlig entspannt aus ihren Softdrinkpackungen schlürften. Wer ganz genau hingeschaut hätte, wäre auf mein knallrotes Gesicht aufmerksam geworden, als eine Erzieherin vorbeikam. Aber in der Masse der verbindlich lächelnden jungen Frauen fiel ich zum Glück nicht weiter auf.

»Genießt ihr die Herbstsonne?«, fragte die Internatsmitarbeiterin. »Das ist sehr klug von euch, nach dem Unterricht ein wenig an die frische Luft zu gehen!«

»Das dachten wir auch«, antwortete Cecilia und prostete der Erzieherin freundlich zu.

Das ganze Projekt »Trink doch, wann DU willst!« schien sich also zu aller Zufriedenheit zu entwickeln ... Wenn da nicht am selben Nachmittag ein Missgeschick geschehen wäre: Robin aus der Elften erbrach sich vor eines Lehrers Augen in einen Abfalleimer. Etwas torkelig lehnte sie sich danach gegen die Flurwand und lallte: »Ich glaube, ich habe die Magen-Darm-Grippe.«

Da das Erziehungspersonal nicht zum ersten Mal mit Drogenmissbrauch konfrontiert war, wurde nicht lange gefackelt. »Alle zum Alkoholtest!«, hieß es.

Mich ergriff die Panik. »Ich bin ganz neu hier. Wenn ich gleich mit so einem massiven Verstoß gegen die Hausordnung auffalle, fliege ich bestimmt von der Schule!«, jammerte ich. Das deutliche Sprechen bereitete mir arge Schwierigkeiten, aber Cecilia wusste trotzdem, worum es ging. Freundinnen verstehen sich auch ohne Worte.

Sie schob mich in ihr Zimmer, zog einige Hefte aus der Schultasche und breitete sie auf dem Tisch aus. »Wir sind am Lernen, hörst du?«

»Okay, was lernen wir denn?«

»Egal. Aber wenn wir hierbleiben, vergessen die uns vielleicht.«

Gebannt lauschten wir dem Treiben auf dem Flur. Eine Schülerin nach der anderen wurde zum Alkoholtest aufgerufen.

»Wir könnten den Schrank vor die Tür schieben«, schlug ich bang vor.

»Quatsch. Ich wette, die kommen gar nicht bis zu uns.«

»Und wenn doch?«

»Dann gehen wir gemeinsam. Mach dir nicht ins Hemd. Sie können nicht alle gleichzeitig von der Schule werfen.« Cecilia wirkte völlig entspannt. Sie kippte nur das Fenster, damit unsere hochprozentige Atemluft entweichen konnte.

»Aber sie sagen es bestimmt meinen Eltern, und dann bekomme ich richtig Probleme!« Ich fing hysterisch an zu weinen. Normalerweise war ich keine Heulsuse, doch der Alkohol im Blut ließ die Aussicht auf Stress zu Hause extrem bedrohlich erscheinen.

In diesem Augenblick öffnete sich die Tür und die Erzieherin schaute herein. »Ach, ihr zwei seid hier drin. Es findet eine Kontrollaktion statt. Es wurde Alkohol getrunken …« Als sie mein verweintes Gesicht sah, stutzte sie. »Alles in Ordnung?«

»Würde es Ihnen etwas ausmachen, uns allein zu lassen? Sarah hat private Probleme und wir besprechen das gerade. Es ist wirklich sehr intim, verstehen Sie?«

»Oh, entschuldigt. Klar! Bei euch beiden weiß ich ja, dass ihr bei so einem Unsinn wie Trinken nicht mitmacht. Ihr seid doch so erwachsen und vernünftig. Lasst euch nicht weiter stören!«

Als sich die Tür hinter der Erzieherin geschlossen hatte, sagte Cecilia: »Weißt du was, ich bin mir gar nicht sicher, ob sie uns zu diesem Alkoholtest hätten zwingen können. Ich meine, sie sind ja nicht die Staatsgewalt. Wir sollten das recherchieren und dann eventuell eine kleine Demo organisieren!«

»Wie konntest du mir das nur antun?« – Wenn Freundinnen sich streiten ... und wieder versöhnen

Es ist ein bekannter Mythos: Wenn Männer sich zoffen, gibt's vielleicht mal ein blaues Auge, aber dann ist gleich wieder alles vergessen. Ein Zickenkrieg dagegen kann ewig dauern und bitterböse enden ... angeblich.

Ich bin immer sehr, sehr vorsichtig, sobald es um Geschlechtervorurteile geht. Insbesondere wenn Auseinandersetzungen zwischen Frauen als Gezicke bezeichnet werden.

Doch wie bei vielen Klischees gibt es auch hier einen wahren Kern. Und das hat damit zu tun, dass Männerfreundschaften – im Vergleich zu Frauenfreundschaften – oft anders funktionieren. Statt tiefgründige Gespräche über das Leben, die Liebe, Träume und Wünsche zu führen, konzentrieren sie sich auf gemeinsame Aktivitäten wie Angeln, Grillen, Sport treiben, Sport gucken usw. Dabei kann man sich höchstens mal darüber streiten, ob das tatsächlich Abseits war oder ob ein Gasgrill mit einem zünftigen Holzkohlegrill mithalten kann.

Wenn man sich dagegen einfach ALLES erzählt, wirklich ganz eng ist und eine Freundschaft mit sehr viel Nähe pflegt (inklusive des sprichwörtlichen Gemeinsam-aufs-Klo-Gehens), birgt das naturgemäß deutlich mehr Konfliktpotenzial.

Hinzu kommt die Tatsache, dass viele Frauen dazu neigen, Auseinandersetzungen erst einmal aus dem Weg zu gehen, anstatt offen anzusprechen, was sie stört. Mit der Folge, dass sich Ärger anstaut und aus einer Mücke ganz schnell ein Elefant wird. Tja, und dann kommt es eben zur Explosion.

Mit anderen Worten: Je enger eine Freundschaft ist, desto komplizierter kann sie werden.

»Vielleicht liegt das auch daran, dass wir von einer wirklich guten Freundin einfach zu viel erwarten«, sagte Verena, eine meiner Studienfreundinnen, als ich mich mit ihr über dieses Thema unterhielt. »Frauen sind oft wahnsinnig empathisch, verständnisvoll und hilfsbereit. Entsprechendes fordern sie aber auch von ihrer Freundin. Doch die hat möglicherweise gerade ganz andere Dinge im Kopf oder ahnt schlichtweg nicht, was von ihr erwartet wird. Da ist dann die Enttäuschung vorprogrammiert. Vor allem, wenn eine der beiden Freundinnen frisch verliebt ist …«

»Also fühlt sie sich entweder vernachlässigt oder eingeengt – oder sie reagiert eifersüchtig«, ergänzte ich nachdenklich. »Klingt eigentlich einleuchtend. Ich könnte mir vorstellen, dass diese Gefühlsmischung bei Jugendlichen oder jungen Erwachsenen besonders explosiv ist – in einem Alter, in dem man sowieso dazu neigt, alles zu dramatisieren.«

»Oh ja«, lachte Verena, »davon könnte ich ein Lied singen.«

Jetzt hatte sie meine volle Aufmerksamkeit. »Ernsthaft? Du hast ein Freundinnen-Streitdrama erlebt? Erzähl mal!«

Und das tat Verena dann …

»Mit Susanne bin ich befreundet, seit ich denken kann. Mit anderen Worten: Seit über fünfzig Jahren! Klingt total verrückt, oder? Jedenfalls kannte ich sie schon, bevor meine kleine Schwester auf die Welt kam, und nicht selten habe ich Susanne sogar als Schwester bezeichnet. Manchmal mache ich das auch heute noch.

Wir waren bereits im Kindergarten ganz dicke, genauso wie in der Grundschulzeit. Zusammen erlebten wir den Wechsel aufs Gymnasium, die Tanzstunden, ihre und meine erste Liebe, das Abitur …

Auch unsere Familien waren eng miteinander verbunden. Ein paar Jahre lang haben wir sogar Weihnachten zusammen gefeiert! So richtig mit Brettspielen unterm Baum und gemeinsamem Fondue. Susanne und ich fanden das einfach herrlich, zumal wir beide nicht viele Verwandte haben. Susanne wuchs als Einzelkind auf, ich habe nur eine Schwester. Tanten, Onkel, Cousins und Cousinen – jeweils Fehlanzeige.

Als Susannes Eltern relativ früh starben, stand sie ganz ohne Familienangehörige am Grab. Da war es umso wichtiger, dass ich als Freundin für sie da war. »Vergiss nicht, du hast eine Schwester«, schrieb ich ihr damals in die Trauerkarte. Und das kam aus tiefstem Herzen.

Unsere Freundschaft hat danach noch einmal eine andere Qualität bekommen, ist inniger geworden und über die Jahre hinweg weiter gewachsen.

Ich hätte nie gedacht, dass irgendetwas uns jemals entzweien könnte! Und doch ist genau das passiert.

Es geschah im Frühjahr 1986. Wir waren damals gerade mal zwanzig Jahre jung, hatten eben das erste Semester an der

Uni hinter uns gebracht und genossen die vorlesungsfreie Zeit. Susanne und ich beschlossen, uns etwas ganz Besonderes zu gönnen, und reisten gemeinsam zur Modewoche nach München. Wozu hatten wir schließlich in unseren Nebenjobs so hart geschuftet? Da konnten wir uns ruhig mal selbst belohnen und uns etwas Luxus leisten.

Diese Reise blieb aus vielerlei Gründen unvergesslich – nicht nur wegen der Mode, sondern vor allem wegen zwei jungen Männern, die wir dort kennenlernten. Bastian und Manuel gefielen uns richtig, richtig gut, und ihnen ging es umgekehrt genauso. Ich mochte vor allem Basti, der unglaublich süß war und außerdem einen herrlichen Humor hatte, während Manuel und Susanne einander anschmachteten.

Aus uns hätten wirklich zwei schöne Paare werden können! Blöd nur, dass die beiden Jungs waschechte Münchner waren und wir rund fünfhundert Kilometer entfernt wohnten.

Dennoch beschlossen wir vier, in Kontakt zu bleiben. Was zu der Zeit – etwa ein Jahrzehnt, bevor sich Handys und E-Mails langsam durchsetzten – gar nicht so einfach war. Tatsächlich schrieben wir einander Briefe und Postkarten! Heutzutage kaum mehr vorstellbar. Aber damals funktionierte es.

Jedenfalls verabredeten wir wenig später auf diesem altmodischen Weg ein Treffen. Diesmal bei uns in Hessen – Susanne und ich luden Basti und Manuel ein, und sie sagten zu, was uns riesig freute. Die Jungs buchten eine Pension, kauften Bahntickets und informierten uns – wiederum per Postkarte – über ihre Ankunftszeit.

Wie aufregend!

Wir erwarteten die beiden am Karsamstag um die Mittagszeit.

Voller Vorfreude kam ich zum Bahnsteig und wunderte mich, dass Susanne nicht auftauchte. Immer wieder schaute ich abwechselnd auf die Treppe und die Uhr, doch keine Spur von ihr. Schließlich nahm ich unsere Besucher allein in Empfang und brachte sie zu mir nach Hause – da war ich schon reichlich sauer auf Susanne.

Natürlich hatte ich seit dem Vormittag versucht, sie zu erreichen. Doch Susanne ging weder ans Telefon noch an die Haustür, obwohl ich Sturm klingelte.

Zuerst machte ich mir Sorgen um sie, dann sah ich einen Schatten hinterm Fenster, der sich bewegte. Sie war also da – und ignorierte mich! Oh, war ich wütend …

Damit hatte ich also zwei Besucher am Hals, die sich auf ein Doppeldate gefreut hatten, während Susanne sich tot stellte und wer weiß was trieb.

Wie konnte sie mir das nur antun?

Irgendwie gelang es mir, dieses Osterwochenende halbwegs zu retten. Ich fuhr mit Bastian und Manuel nach Frankfurt, wo wir eine typische Sachsenhausener Äbbelwoikneipe besuchten. Meine Mutter lud die beiden sogar zu Kaffee und Kuchen ein! Das war alles sehr nett und schön, aber doch meilenweit von dem entfernt, wie ich mir dieses Treffen ausgemalt hatte. Wegen eines Kneipenbesuchs und einer hausgemachten Käsesahnetorte hatten die zwei jungen Männer gewiss keine so weite Reise angetreten …

Als Bastian und Manuel wieder weg waren, fand ich heraus, warum Susanne von unserem Besuch nichts hatte wissen wollen: Schuld daran war ein gewisser Holger aus dem Nachbardorf, den sie schon seit einer halben Ewigkeit anhimmelte. Bisher hatte er sie gnadenlos ignoriert, doch ausgerechnet am Karfreitag hatte sich das geändert, und es funkte zwischen den beiden. Von da an hatte sie nur noch Holger im Kopf.

Danach herrschte zwischen Susanne und mir erst einmal Funkstille. Ich fühlte mich von ihr schmählich im Stich gelassen und war nicht bereit, eine Ausrede gelten zu lassen, und sei sie noch so kreativ. Susanne hätte mich zumindest vorwarnen können! Warum hatte sie mir nicht einfach erklärt, was los war? Wir erzählten uns doch auch sonst alles. Wirklich alles! Was war nur in sie gefahren?

Egal. Ich wollte es nicht wissen. Dazu war ich viel zu sauer.

Aber unsere Freundschaft fehlte mir. Sehr sogar! Und ihr wohl auch. Wir hielten es nun mal nicht ohneeinander aus ...

Erst nach ein paar Wochen haben wir uns wieder verabredet.

Seltsamerweise kam unsere Versöhnung ohne eine größere Aussprache aus. »War scheiße von mir«, sagte Susanne bloß, und ich pflichtete ihr bei. Das war's. Mehr gab es dazu nicht zu sagen. Schnell wurde aus dem lockeren Kontakt wieder eine richtig enge Freundschaft, so wie früher. Unsere Verbindung war nach den vielen gemeinsamen Jahren offenbar so stabil, dass sie nicht einfach so zerbrach – und schon gar nicht wegen einer solchen Lappalie.

Erst viele Jahre später kamen wir zufällig einmal wieder auf das Thema zu sprechen, doch auch diesmal wurde daraus kein klärendes Gespräch, sondern eher eine gemeinsame Erinnerung. So wie man sich an Klassenfahrten oder Schulstreiche und legendäre Partys erinnert. Wir konnten beide herzlich darüber lachen. Sogar darüber, wie wahnsinnig wütend ich damals gewesen war.

Was für eine Geschichte! Ich beschloss sofort, dass sie in dieses Buch gehört.

»Was ist denn aus den beteiligten Männern geworden?«, fragte ich der Vollständigkeit halber, nachdem Verena zu Ende erzählt hatte.

»Nun ja, der Kontakt zu den Münchnern riss nach einem weiteren Besuch komplett ab. Ein Wunder, dass sie nach diesem verkorksten Wochenende überhaupt noch zu einem Treffen bereit waren.«

»Und Susannes Angebeteter? Der, mit dem sie an jenem Karfreitag den entscheidenden Beziehungsdurchbruch hatte?«

»Mit den beiden war es wenig später ebenfalls vorbei. Nicht erwähnenswert.«

Ich musste lachen. »Ernsthaft? All der Zoff wegen ein paar Kerlen, die sowieso schon bald wieder Geschichte waren? Und das nach knapp zwei Jahrzehnten allerengster Verbindung?«

Verena zuckte mit den Schultern. »Ist doch häufig so: Sobald Kerle ins Spiel kommen, ändert sich selbst zwischen besten Freundinnen ganz viel. In unserem Fall blieb es allerdings bei diesem einen Zwischenfall. Danach begriffen wir, dass Männer wohl doch nicht so wichtig waren wie unsere Freundschaft.«

Die besten Geschenke für Ihre Freundin

Wir haben eine nicht repräsentative Umfrage gestartet: »Was ist das tollste Geschenk, das du je von einer Freundin bekommen hast?«, wollten wir wissen. Das sind die schönsten Antworten, die wir erhielten:

Maren: Mit dem Sonderzug zu Udo

»Meine Freundin wusste, dass ich ein riesengroßer Udo-Lindenberg-Fan bin. Leider hatte ich ihn noch nie live gesehen. Obwohl sie Udos Musik selbst gar nicht so besonders mag, hat sie mir zum letzten Geburtstag zwei Konzerttickets nebst Bahnfahrkarten zu einem Auftritt meines Idols geschenkt. Und musste hinterher zugeben, dass der auf der Bühne unübertroffen ist! Meine Freundin ist übrigens ebenfalls unübertroffen – das war das tollste Geschenk, das man mir je gemacht hat!«

Kirsten: Fahrt ins Blaue

»Als mir meine Freundin einen Gutschein für einen Überraschungsausflug schenkte, war ich zuerst ziemlich skeptisch. Ich plane gern alles ganz genau und fand es seltsam, einfach so in ihr Auto zu steigen, ohne das Ziel zu kennen. Aber da hätte ich mir keine Sorgen machen müssen: Wir verbrachten einen herrlichen Tag in Speyer, besuchten die unvergleichliche Marilyn-Monroe-Ausstellung und genossen anschließend noch ein paar leckere Cocktails in einer Open-Air-Bar am Rhein. Ein wunderbares Geschenk!«

Alexandra: Alles über meinen Lieblingszauberer

»Es ist kein Geheimnis, dass ich völlig verrückt nach Harry Potter bin. Die Bücher habe ich unzählige Male gelesen, die Filme kann ich mitsprechen, ich kenne die Story mindestens so gut wie J. K. Rowling selbst. Deshalb hat meine Freundin voll ins Schwarze getroffen mit ihrem Geschenk: eine Harry-Potter-Themenbox. Darin war nicht nur ein Quiz rund um den berühmten Zauberlehrling und ein Hogwarts-Kapuzenpulli, sondern auch eine Spaß-Nickelbrille, ein Make-up-Pinsel in Zauberstab-Optik und ein von ihr gestrickter Schal in Scharlachrot und Gold – also den Farben von Gryffindor. Ich hab mich gefreut wie ein Hauself!«

Louisa: Lauter Freundschaftssouvenirs

»Zum bestandenen Examen hat meine Freundin mir eine Sammlung von Erinnerungsstücken geschenkt. Mir kamen echt die Tränen vor Rührung! Dass sie das alles aufgehoben hat: Die Kinokarten von *Ein ganzes halbes Jahr*, den wir zusammen mindestens fünf Mal gesehen haben. Ein Bierdeckel aus dieser Strandbar an der Ostsee. Das Interrailticket … Lauter Kleinigkeiten, die für andere wohl Papiermüll wären – für mich aber ein wertvoller Schatz!«

Vera: Die Überraschungsbox im Abo

»Meine Freundin weiß, dass ich ein Kosmetik-Junkie bin. Egal, ob es Lidschattentöne sind, glitzernder Nagellack oder eine neue Haarkur – ich liebe es, neue Produkte auszuprobieren. Deshalb war das Geschenk meiner Freundin ein echter Volltreffer: Sie hat mir ein Kosmetik-Abo geschenkt! Jetzt bekomme ich jeden Monat ein Überraschungspäckchen mit Produktneuheiten der unterschiedlichsten Hersteller und kann sie nach Herzenslust testen. Eine geniale Wundertüte von meiner genialen Freundin!«

Carla: Heiß auf die Eisprinzessin

»Ich weiß, eigentlich sind Disney-Filme eher was für die Kleinen. Leider habe ich noch keinen eigenen Nachwuchs, und die Kinder meiner Freundinnen hatten keine Lust auf Elsa. Und ohne Alibi-Begleitung hatte ich auch zu wenig Drive – ich mag es eben nicht, allein ins Kino zu gehen. Da hat sich meine Freundin erbarmt und mir *Frozen*-Tickets geschenkt. Dass sie mich begleitet hat, war eine echte Heldentat, denn tatsächlich steht sie vielmehr auf Thriller und Action. Ein absoluter Freundschaftsbeweis!«

Anne: Ei, Lachs, Latte und ein Gläschen Crémant

»Im Alltag nehme ich mir selten Zeit für die erste Mahlzeit des Tages. Da reicht es höchstens für einen Espresso und eine Banane im Stehen. Meine Freundin weiß das und hat mir deshalb zum Geburtstag ein echtes Kontrastprogramm geschenkt: ein wirklich exquisites Frühstück nur für uns beide. Mit weich gekochten Eiern und Lachs, Obstsalat und Müsli, Croissants und selbst gemachter Erdbeermarmelade. Dazu gab es Latte macchiato, Crémant und frisch gepressten Orangensaft. Was für ein Genuss! Definitiv das leckerste Frühstück, das ich je genießen durfte.«

Milena: Lieblingsmensch in Silber

»Ich liebe Silberschmuck. Und jedes einzelne Stück in meiner Schatulle hat eine Bedeutung. Ohrringe zur Erinnerung an eine besondere Reise, ein Ring, den ich mir von meinem ersten Gehalt selbst geschenkt habe – und der Armreif von meiner Freundin. Darauf ist das Wort *Lieblingsmensch* eingraviert. Denn das ist sie für mich – und ich bin es für sie. Ich glaube, dieser Armreif ist mein absolutes Lieblingsschmuckstück.«

Inga: Guck mal, wie wir aussahen!

»Wie oft hat es mich in all den Jahren genervt, wenn meine Freundin bei gemeinsamen Ausflügen oder Feiern auf einem Erinnerungsfoto bestand. Im Nachhinein könnte ich sie für ihre Beharrlichkeit küssen! Denn als sie mir letzte Weihnachten ein Fotobuch mit all diesen Erinnerungsbildern schenkte, war ich vollauf begeistert. Wir haben es sofort zusammen durchgeblättert und stundenlang in Erinnerungen geschwelgt.«

Übrigens waren sich unsere Befragten in einer Sache einig: lieber gar nix als ein Verzweiflungsgeschenk! »Wenn mir zum Geburtstag meiner Freundin nichts Tolles einfällt, bekommt sie eben nur eine Umarmung«, sagt Vera. »Doch wann immer ich etwas entdecke, was ihr bestimmt gefällt, kaufe ich es und schenke es ihr. Auch ganz ohne Anlass. Dann ist die Überraschung umso größer und die Freude ebenso.« Gute Idee, eigentlich. Zur Nachahmung empfohlen.

Kapitel 3

Erwachsen werden Freundinnen nie
so ganz …

»Studierst du noch oder bist du einfach nur verrückt nach Mensa-Futter?« – Die Uni, Nährboden für neue Freundschaften

Im jungen Erwachsenenalter geschlossene Freundschaften haben oft experimentellen Charakter. Während davor geknüpfte Bande, wie schon erwähnt, mitunter ein wenig dem Prinzip des Zufalls unterliegen, bietet die Universität ein buntes Bouquet an noch nicht ganz ausgereiften Persönlichkeiten, aus denen man völlig frei Freundinnen wählen kann. Gerade die Kommilitoninnen, die irgendwie anders sind als alles, was man von zu Hause kennt, wirken besonders reizvoll. Hurra, die Lebensphase des Ausprobierens hat begonnen!

Ich bin in einer Kleinstadt geboren und aufgewachsen, also gierte ich mit achtzehn nach der großen weiten Welt, die ich – als Österreicherin – in der Zwei-Millionen-Stadt Wien zu finden glaubte. Meinen Freundinnen aus der Schulzeit kam der Schritt, in die ganze hundertachtzig Kilometer vom Heimatort entfernte Metropole zu gehen, wohl zu verwegen vor, denn sie strebten alle in die wesentlich nähere und kleinere Studentenstadt Graz.

So kam ich also in der Großstadt an: völlig allein, porentief provinziell, aber wild entschlossen. Mutig schrieb ich mich für Kunstgeschichte ein. Nicht, weil ich irgendeine Idee hatte, was ich später mit diesem Studium anstellen wollte, sondern weil ich gern ins Museum ging und es liebte, mir dort die wunderschönen Exponate anzusehen.

Meine erste Vorlesung hielt eine Reihe bitterer Enttäuschungen für mich bereit: Das Gebäude, in dem meine Fakultät untergebracht war, stammte aus den frühen Sechzigerjahren und fiel zuerst durch eine dicke Schicht kreuz und quer aufgeklebter Plakate und ritzentiefen Siff auf. Vorsichtig setzte ich mich im Hörsaal nach ganz vorne auf einen splitternden Klappstuhl und hoffte, mein Röckchen würde den Tag heil überstehen. Nach und nach nahmen um mich herum lauter beige gekleidete Seniorstudierende Platz, also Leute in Rente, die lieber Kunstgeschichte studierten, als zu Hause zu versauern. Irgendwie hatte ich gedacht, auf hippere Menschen zu treffen. Glamourösere. Buntere. Jüngere.

Der neunzigminütige Vortrag über frühmittelalterliche Kunst bestand dann in erster Linie aus schlecht von Buchseiten abfotografierten Bildern von Gekreuzigten als Schwarz-Weiß-Dias. Von den farbenprächtigen, emotionsstarken Gemälden der Impressionisten, die ich so sehr verehrte, fehlte jede Spur.

Deprimiert klappte ich am Ende der Vorlesung meinen Collegeblock zu.

Dass es mir einfach an einer Freundin mangelte, mit der ich dieses heruntergekommene Gebäude zu meinem neuen Zuhause machen und über alles, was nicht optimal lief, ablästern konnte, wusste ich zu diesem Zeitpunkt noch nicht. Also packte ich mein Schreibzeug weg und beschloss, das Testessen in der Mensa auf einen anderen Tag zu verschieben. Bevor ich nun auch noch einen kulinarischen Super-GAU riskierte, wollte ich lieber zu McDonald's.

Bei der zweiten Vorlesung kam ich extra spät und sah mich dann ganz bewusst im Hörsaal um, ehe ich mich hinsetzte. In den vordersten Reihen thronten wieder die Senioren, dahinter befand sich eine bunte Mischung an Studentinnen (doch, da waren auch ein paar junge Männer, aber die fallen hier jetzt durch den Gender-Rost). Die beigefarbene Enttäuschung des Vortags ließ mich nach der farbenfrohsten Erscheinung Ausschau halten und auf sie zusteuern. Sie trug ein wunderschönes Spaghettiträgerkleid über einem engen Shirt, beides in tollen Neonfarben, Plateau-Sneakers und eine Tasche aus Nickisamt. Hingerissen nahm ich neben ihr Platz und packte meinen Block aus.

Da rief die Schicke: »Hallo, Marion, warte, ich komme zu dir!«, stand auf und wechselte zu ihrer Freundin auf die andere Seite des Hörsaals.

Ich fühlte mich elender als Vincent van Gogh, kurz bevor er sich sein Ohr abschnitt. War Alleinsein eventuell mein Uni-Schicksal?

»Hi, willst du nicht zu mir rüberrutschen?«, wurde ich da von einer samtweichen Stimme gefragt. Das dazugehörige Mädchen hatte ich zuvor übersehen, weil sie irgendwie mit der unwirtlichen Umgebung verschmolzen zu sein schien.

»Trag hier lieber keinen Rock mit schönen Leggins mehr. Diese Bruchbude ist es nicht wert«, sagte sie, als ich zu ihr rückte. »Ich ziehe immer meine ältesten Klamotten an. Stell dir vor, diese Jeans sind aus den Achtzigerjahren! Mindestens vier Jahre alt!«

Bald wusste ich, dass die Nette Jasmin hieß und sich gern einen Mensa-Kaffee im Pappbecher zur Vorlesung mitbrachte. Zum Mitschreiben hatte sie einige zerknitterte Schmierzettel dabei, auf denen sie spiralförmig schrieb. Dafür fing sie in der Mitte des Papiers an und drehte es dann ununterbrochen.

Am Ende der Lehrveranstaltung beäugte sie diese kunstvolle Mitschrift und schielte anschließend zu meiner herüber.

»Darf ich mir eine Kopie von deinen Notizen machen?«, fragte sie.

Wie sich bald herausstellen sollte, war Jasmin der chaotischste Mensch, der je meinen Weg gekreuzt hatte. Und damit das genaue Gegenteil von mir. Während ich alles stets genau plante und gut strukturiert durchzog, ließ sie sich im Strom des Lebens treiben. Und binnen Kurzem waren wir so gut befreundet, dass ich genug Vertrauen fasste, mich mitreißen zu lassen.

Als wir das erste Mal zusammen lernen wollten, trafen wir uns in der Mensa bei abgestandenem, bitterem Kaffee und matschigem Apfelkuchen. Wir sprachen über Gott und die Welt und schauten nicht einen Moment lang in unsere Unterlagen. Als die Mensa abends schloss, gingen wir gemeinsam ins Kino und sahen uns den gerade herausgekommenen Film *Der bewegte Mann* an. Ich wusste nicht recht, worüber ich mich mehr freuen sollte: über meine neue Freundschaft zu Jasmin oder über Til Schweiger, nackt auf der Leinwand.

Mit Jasmin probierte ich viel aus: MTV glotzen, auf Demos gehen, nach einem Unifest mit einem süßen Studenten meinen ersten One-Night-Stand erleben (warum es auch der einzige blieb, erzähle ich dann einmal in einem anderen Buch), exotisches Kochen (Rosinen im Reis, kannte ich noch gar nicht) und Klamotten auf dem Flohmarkt kaufen, um sie anschließend umzustylen. Im Sommer bereisten wir zusammen die wichtigsten Städte Europas und verbrachten ganze Tage in Museen. Auch wenn Jasmin und ich die Welt stets von unterschiedlichen Seiten her betrachteten, trafen wir uns immer in der Mitte und erlebten dort eine wunderbare Freundschaft.

Noch bevor wir das Studium abschlossen, fand Jasmin einen Mann, mit dem sie sich vorstellen konnte, alt zu werden, und wurde binnen weniger Wochen schwanger. Ihre Abschlussprüfung absolvierte sie im neunten Monat, unter dem Einfluss der Hormone durchgehend heulend. Ich wartete vor der Tür und hätte am liebsten auch geweint, weil ich wusste, dass eine Ära zu Ende ging. Jasmin wurde Mutter und ich wollte nach München gehen, um dort meine ersten beruflichen Erfahrungen zu sammeln. Das Leben schien uns in unterschiedliche Richtungen zu spülen.

Tatsächlich verloren wir einander jahrelang aus den Augen. Erst die Erfindung von Social Media führte uns wieder zusammen.

Jasmin hat jetzt, zwanzig Jahre später, zwei Söhne, genau wie ich. Als Museumsdirektorin hat sie im Gegensatz zu mir nach wie vor etwas mit bildender Kunst zu tun. An ihrem Arbeitsplatz und in ihrer Familie verbreitet sie noch immer charmantes Chaos und lässt dadurch ihre Umgebung zu wahrer Höchstform in Sachen Ordnung und Struktur auflaufen.

Es ist wunderbar und herzerwärmend, sich mit ihr bei sporadischen Treffen so vertraut zu fühlen wie damals auf der Uni.

Meine Erfahrungen mit Jasmin warfen für mich die Frage auf, wie es anderen Frauen mit Freundinnen aus der Lebensphase der akademischen Ausbildung erging. Eine kleine Recherche ergab, dass es im Großen und Ganzen vier Typen an Studienfreundinnen gibt:

1. Best friends forever

Die ersten Gehversuche als Erwachsene prägen uns wohl fast genauso wie die Kleinkindjahre. So kommt es schon einmal vor, dass Freundinnen, die sich während des Studiums finden, eine starke gemeinsame Entwicklung erleben. Die so entstehende Bindung hält dann für immer. Kaum trifft das Dream-Team aufeinander, umschließt sie das kleine Universum ihrer Freundschaft. Die Gefühle füreinander sind ebenso tief wie bedingungslos und so kann sie ein Leben lang nichts wirklich trennen.

2. Ab-und-zu-Wiederbelebung

Manchmal lassen die Strömungen des Lebens Studienfreundinnen im Laufe der Zeit auseinandertreiben. Im Beruf oder über die Kinder kennengelernte Frauen übernehmen dann die Rolle der Verbündeten. Die Zuneigung zur Uni-Kumpanin bleibt jedoch aufrecht, sodass beide Seiten sich freuen, wenn es zumindest sporadische Treffen gibt. Ein Wiedersehen katapultiert die ehemaligen Kommilitoninnen direkt zurück in die unbeschwerteste Phase des Lebens.

3. Auf Facebook wiedergefunden

Mitunter ist der Alltag so beanspruchend, dass man eine gute Freundin aus der Unizeit einfach komplett aus den Augen verliert. Diverse Umzüge, Partnerschaften und Namenswechsel lassen den roten Faden der Freundschaft reißen. Für solche Fälle (und – nebenbei bemerkt – zur hämischen Beobachtung der Glatzen- und Rettungsringbildung bei Ex-Freunden) ist Facebook ein wahrer Segen. Sind die Privatsphäreeinstellungen der gesuchten Person nicht allzu streng, fällt es relativ leicht, eine Gefährtin aus früheren Tagen wiederzufinden. Und dann ist die Freude auf beiden Seiten meist groß.

4. Master und Tschüss

Ab und zu ist es jedoch auch so, dass eine Freundin exakt in das bunte Treiben während des Studiums passt, sich aber keinen so fixen Platz im Herzen erobert, um den Absprung in den »Ernst« des Lebens mitzumachen. Eben hat man noch gemeinsam für die Abschlussprüfungen gelernt und einander in der schlaflosen Nacht vor dem Examen die Hand gehalten, und dann? Bleibt die Freundin genau da: in den Erinnerungen an jene Zeit. Was jetzt sehr traurig klingt, ist oft aber für beide Seiten völlig okay. Man hat sich einen Lebensabschnitt lang begleitet, der zu Ende ging, um etwas Neuem Platz zu machen.

»Wollen wir nach der Arbeit mal was unternehmen?« – Freundschaften im Job

Mir geht es wie Ursi: Die Studienjahre waren eine ganz unvergessliche Zeit. Nicht nur, weil ich in dieser Phase meinen Mann kennengelernt und geheiratet habe. Sondern auch, weil ich erwachsen geworden bin.

Damals entstanden viele neue Freundschaften. Freundschaften ohne Vorgeschichte und Altlasten, sozusagen. Mein Studienort Gießen war so weit von zu Hause entfernt, dass mich dort niemand als Lehrerkind, als große Schwester von …, als Streberin in Deutsch und Französisch, als Versagerin in Mathe und Sport, als ehemals Magersüchtige und gleich danach eher Übergewichtige oder in sonst einer Rolle kannte, sondern einfach nur als Heike.

Das war spannend. Denn im Spiegel dieser Freundschaften lernte ich mich quasi selbst neu kennen.

Was nach dem Studium daraus geworden ist? Da kann ich Ursis Typologie nur beipflichten:

Natürlich kenne ich sowohl das Phänomen »Master und Tschüss« als auch »Auf Facebook wiedergefunden« und die »Ab-und-zu-Wiederbelebung« aus eigener Erfahrung.

Aber am schönsten sind Freundschaften, die alle Höhen und Tiefen der Jahrzehnte überstanden haben. In meinem

Fall ist es eine Clique von sechs Freundinnen, die Ende der Achtzigerjahre während einer Studienexkursion zusammenfand. Weil wir es in Wien nicht geschafft hatten, alle zusammen österreichische Germknödel mit Mohn und Powidl (Zwetschgenmus) zu essen, holten wir das anlässlich eines Nachtreffens in einem Gießener Café nach.

Diesem Treffen folgten unzählige, darunter legendäre Ausflüge, Picknicks, Wanderungen, Städtereisen, Kurzurlaube ... Wir haben zusammen Hochzeiten gefeiert, Schicksalsschläge überstanden, Umstandsklamotten getauscht, gelacht, getrauert und sehr viel geredet.

Auch wenn wir uns seltener sehen, als wir es gerne tun würden, hat unsere Verbindung die Zeit überdauert, und neulich feierten wir unser Dreißigjähriges mit einem Wochenendtrip nach Regensburg – wo damals alles begann.

Inzwischen hat es uns in die unterschiedlichsten Gegenden, Jobs und Lebenssituationen verschlagen, und dort haben wir jeweils wieder neue Freundschaften geschlossen.

Gisela zum Beispiel trat ihre erste feste Stelle nach dem Studium in der Abteilung »Interne Kommunikation« eines mittelständischen Unternehmens irgendwo in Nordhessen an. Ihr Job war es, aus dem, was die Angestellten – überwiegend Außendienstler – an Input lieferten, eine Mitarbeiterzeitung zu basteln, die einigermaßen interessant, vielseitig und lesefreundlich war. Eine halbwegs spannende, für eine Germanistin durchaus lösbare Aufgabe.

Sie fuchste sich schnell in das Projekt ein und hatte auch bald Spaß daran, nicht zuletzt wegen ihrer netten Kolleginnen Sabrina, der Layouterin, und Rebecca, die für die Öffentlichkeitsarbeit zuständig war. Von Letzterer erzählte Gisela bei unseren Treffen nur als »Frau Rettich« – in Anlehnung an ihre damalige Lieblingslektüre *Frau Rettich, die Czerni und ich* von Simone Borowiak. Sie war ein echter Wirbelwind, außerdem clever, ambitioniert, immer top gestylt und hatte ein sensationell loses Mundwerk – eine Eigenschaft, die meine Freundin Gisela wohl am meisten beeindruckte, zumal sie selbst uns mit ihren launigen Sprüchen so oft zum Lachen brachte.

Es dauerte nicht lange, bis Frau Rettich – bleiben wir doch einfach bei diesem Namen – vorschlug, nicht nur die Mittagspause gemeinsam zu verbringen, sondern auch nach der Arbeit mal etwas zu unternehmen.

Gesagt, getan. Das Trio zog abends oder an Wochenenden zusammen los und machte die Stadt unsicher. Nicht selten lief so mancher Nachtschwärmer gegen einen Laternenmast, wenn sie irgendwo auftauchten, was vor allem Sabrinas elfengleicher Schönheit zuzuschreiben war. Sie zog Gaffer an wie das Licht die Motten.

Völlig immun gegen die Reize, die Klugheit und die Effizienz der drei Kolleginnen war dagegen Herr W., der Marketingleiter des Unternehmens und zugleich ihr Vorgesetzter.

Nun gut, dass er auf ihre Reize nicht ansprang, war nicht weiter tragisch, im Gegenteil – auf Belästigung am Arbeitsplatz konnten sie alle herzlich gern verzichten. Und selbst wenn sie einem Techtelmechtel im Büro nicht abgeneigt gewesen wären, dann keinesfalls mit Herrn W. Was nicht daran lag, dass Herr W. kahlköpfig, dickbäuchig und kaum eins sechzig groß war – jedenfalls nicht ausschließlich –, sondern vor allem an seiner Gehässigkeit.

Ja, man konnte Herrn W. mit Fug und Recht als böse bezeichnen. Oder um es politisch unkorrekt auszudrücken: als Giftzwerg.

Darüber hinaus war er ein wirklich mieser Chef. Er lobte nicht, er informierte nicht, er hatte kein freundliches Wort für sein Team übrig. Im Gegenteil, statt für einen funktionierenden Workflow zu sorgen, behinderte er die drei regelrecht.

Wann immer sie ihn um Unterstützung baten, kam von ihm nur ein dämlicher Standardspruch: selber schuld!

»Herr W., die Fotos zum Leitartikel sind noch nicht da.«

»Selber schuld!«

»Der Text zum Jubiläum fehlt nach wie vor.«

»Selber schuld!«

»Wir haben bisher keine Freigabe für das Interview mit dem Geschäftsführer.«

»Selber schuld!«

Was genau Herr W. damit sagen wollte, blieb offen. Es gab da allerhand Interpretationsspielraum.

Sabrina vertrat die Auffassung, er meine: »Selber schuld, dass ihr diesen miesen Job angenommen habt, denn wer unter mir arbeitet, ist eh ein Loser.«

Gisela glaubte, diese Floskel stehe eher für: »Selber schuld, dass ihr nicht als Mann geboren seid.«

Frau Rettich dagegen war der Meinung, dass Herr W. einen neuen Namen verdiente. Und so nannten die drei ihn ab sofort nur noch: *Selber Schuld*.

Gemeinsam ließen sich Selber Schulds Gemeinheiten ein bisschen besser ertragen. Immer wenn er seinen Standardspruch von sich gab, verdrehten Gisela, Sabrina und Frau Rettich heimlich die Augen und grinsten sich eins.

Doch es gibt eine Steigerung von Inkompetenz und kleinen Schikanen: echtes Bossing. Zwar mag dieser Begriff damals noch nicht bekannt gewesen sein, aber Vorgesetzte, die ihre Mitarbeiter mobben, gibt es garantiert seit jeher. Leider.

Eines Tages ging Selber Schuld zu weit. Er hatte vergessen, eine wichtige Information weiterzuleiten, und als er daraufhin von ganz oben einen Rüffel bekam, schob er es auf die Abteilung »Interne Kommunikation«.

Gisela sah schon eine Kündigung oder wenigstens eine Abmahnung auf sich zukommen, doch da erhob Frau Rettich mahnend ihren blutrot lackierten Zeigefinger und verkündete, das könne sie Selber Schuld nun beim besten Willen nicht durchgehen lassen. Zeit, ein paar Maßnahmen zu ergreifen.

Und das tat Frau Rettich. Genauer gesagt besorgte sie den Produktflyer eines Anbieters von Schuheinlegesohlen. Und zwar nicht von normalen Sohlen oder welchen gegen Fußschweiß, sondern solchen, die angeblich die Körpergröße um fünf bis zehn Zentimeter erhöhten. Jedenfalls rein optisch.

»Absatzeinlagen für Männer von Format: Mit uns kommen Sie ganz groß raus«, lautete die Überschrift.

Frau Rettich hatte vor, Selber Schuld diesen Flyer unterzujubeln.

»Das kannst du doch nicht bringen«, zweifelte Sabrina, die Elfenfrau. »Das ist diskriminierend.«

»Unsinn – Selber Schuld ist selber schuld. Er hat es nicht besser verdient«, befand Frau Rettich, und Gisela stimmte ihr zu. Die Elfenfrau schließlich auch.

An diesem Tag verbrachten die drei ihre Mittagspause weder im Park noch im Café, sondern in der Tiefgarage des Unternehmens. Gisela und Sabrina standen Schmiere, während Frau Rettich, Racheengel in Person, zu Selber Schulds Auto marschierte und den Flyer unter seine Scheibenwischer klemmte.

Am nächsten Tag betrat Selber Schuld das Büro mit hochrotem Kopf. Offenbar war er gerade dabei, sich in einen Wutanfall hineinzusteigern.

Frau Rettich hatte das erwartet. Sie trug die höchsten ihrer High Heels, geradezu halsbrecherische Stiefel mit schätzungsweise zwölf Zentimeter hohen Absätzen.

Provozierend langsam stand sie auf, schritt mit wiegender Hüfte auf Selber Schuld zu, der heute ganze zwei Köpfe kleiner war als sie, und überreichte ihm den Ausdruck einer E-Mail, die seine Verantwortung für den Fehler belegte, den er versucht hatte, Gisela in die Schuhe zu schieben.

»Selber schuld«, sagte Frau Rettich, sonst nichts.

Selber Schuld wurde blass und verschwand in seinem Büro.

Gisela bekam übrigens nie eine Abmahnung. Und der Marketingleiter verkniff sich seit diesem Tag seine Lieblingsfloskel. Seinen Spitznamen behielt er trotzdem.

Und noch etwas blieb: nämlich die Freundschaft der drei Heldinnen der Abteilung »Interne Kommunikation«. Es schweißt doch nichts so sehr zusammen wie ein gemeinsamer Feind. Außer vielleicht ein gelungener Streich, den man ihm spielt!

Von Dream-Team bis Zickenkrieg

Dienst ist Dienst und Schnaps ist Schnaps? Von wegen! Vor allem Frauen trennen nicht so gern zwischen beruflichen und privaten Kontakten. Warum sollte man sich nicht auch in der Freizeit treffen, wenn man sich im Job gut versteht und die Chemie stimmt?

So etwas passiert oft ganz automatisch. Bald drehen sich Pausengespräche nicht nur um die Arbeit und höchstens noch das Wetter oder den Stau auf dem Weg ins Büro, sondern auch um Familie, Hobbys, Probleme, Ziele, Träume …

Schnell stellt sich eine gewisse Vertrautheit ein, und irgendwann rennen Bürofreundinnen nicht nur gemeinsam auf die Toilette, sondern menstruieren sogar zeitgleich – ein Phänomen, das unter Frauen, die sich gut verstehen und viel Zeit miteinander verbringen, nicht selten vorkommt und von Wissenschaftlern als »menstruelle Synchronisation« bezeichnet wird. Liegt es am Wunsch nach Harmonie? An den Pheromonen? Oder ist es die innere biologische Uhr, die früher oder später wie von selbst im Gleichklang tickt? Oder doch bloß Zufall?

Wie auch immer: Beste Freundinnen können im Job zusammen unschlagbar sein. Als echtes Dream-

Team unterstützen sie sich gegenseitig, bringen ihre Stärken ein und gleichen die Schwächen der jeweils anderen aus.

Klingt fast zu schön, um wahr zu sein? Nicht unbedingt. Es ist großartig! Wenn es gut geht …

Doch Freundschaften im Job bergen natürlich auch gewisse Risiken. Ehe man sich's versieht, entsteht aus einem kleinen zwischenmenschlichen Konflikt der sprichwörtliche Zickenkrieg – wenn man nicht aufpasst.

Testen Sie sich selbst. Wie würden Sie reagieren? Würden Sie in die Wutfalle tappen und damit Ihre Freundschaft, ja vielleicht sogar Ihren Job aufs Spiel setzen?

Mal angenommen, Ihre Freundin wird befördert – dabei sind Sie viel länger im Unternehmen und hätten es eher verdient. Was nun?

Eine sehr kritische Situation. Es ist nur natürlich, dass Sie da enttäuscht sind – vielleicht auch wütend. Aber auf wen? Auf Ihre Freundin, die ja gar nichts dafür kann? Oder auf den Führungsverantwortlichen, der die Entscheidung getroffen hat?

Doch auch wenn Ihnen bewusst ist, dass Ihre Freundin völlig unschuldig ist, besteht die Gefahr, dass Ihre Freundschaft einen Knacks bekommt.

In diesem Fall hilft es, gedanklich ein bisschen auf Distanz zu gehen und sich zu fragen: Wie würden Sie reagieren, wenn Ihre Freundin woanders arbeiten würde? Wenn sie dort befördert worden wäre, obwohl eine andere Kollegin länger im Unternehmen ist und glaubt, es eher verdient zu haben? Würden Sie ihr dann nicht raten, das schlechte Gewissen auszublenden und sich einfach nur über die Beförderung zu freuen?

Na also! Und natürlich würden Sie sich uneingeschränkt mit Ihrer Freundin mitfreuen.

Schaffen Sie das auch, obwohl Sie diejenige sind, die benachteiligt wurde? Dann ist Ihre Freundschaft wirklich etwas ganz Besonderes!

Mal angenommen, man bietet Ihnen woanders einen Traumjob an – aber Sie zögern, weil Sie dann von Ihrer Freundin getrennt würden.

Das ist natürlich eine verzwickte Lage. Denn Ihre Freundschaft basiert ja zum Großteil auf Ihrem täglichen Miteinander. Wollen Sie das wirklich aufgeben? Aber das ist die falsche Frage.

Würden Sie von Ihrer Freundin erwarten, dass Sie so eine Chance vergibt? Das wäre schon ziemlich egoistisch. Würde sie es freiwillig tun, ohne dass Sie sie darum bitten? Sind Sie sicher?

Ein anderes Gedankenspiel: Stellen Sie sich vor, Sie lehnen diesen Traumjob ab – und wenige Monate später kündigt Ihre Freundin, weil nun sie von der Konkurrenz ein Jobangebot bekommen hat, das sie nicht ablehnen kann. Wie würden Sie sich dann fühlen?

Die Krux liegt ganz woanders: Sollte Ihre Freundschaft wirklich nur auf dem täglichen Miteinander am Arbeitsplatz basieren, ist es vielleicht gar keine richtige. Denn eine echte Freundschaft würde so etwas überstehen. Und mehr als das: daran wachsen!

Mal angenommen, Ihrer Freundin wird die Leitung eines spannenden Projekts übertragen, das auch Sie interessiert hätte – wie reagieren Sie?
Tödlich für Ihre Freundschaft wäre, wenn Sie Ihren Ärger in sich hineinfressen und am Ende das Projekt womöglich sogar torpedieren.

Würden Sie nie tun? Unterschätzen Sie nicht, zu welchen Handlungen Menschen aus verletztem Stolz fähig sind!

Es muss ja nicht gleich die gelöschte Präsentation sein. Doch was, wenn Sie darin zufällig einen peinlichen Schreibfehler finden, Ihre Entdeckung aber für sich behalten, weil das ja schließlich nicht Ihr Projekt ist?

Das mag vielleicht nur eine Kleinigkeit sein, doch sie genügt, um Ihre Freundschaft zu vergiften.

Aber Sie haben doch gar nicht angefangen …

Moment – womit angefangen? Ihre Freundin hat nichts weiter getan, als das Projekt zu leiten. Wusste sie überhaupt, dass Sie ebenfalls an dieser Aufgabe interessiert waren? Weiß es Ihr Chef oder Ihre Chefin? Traut er bzw. sie es Ihnen zu und weiß, dass Sie selbst es tun? Haben Sie diese Dinge offen angespro-

chen? Haben Sie darum gebeten, beim nächsten Projekt berücksichtigt zu werden?

Falls nicht, haben Sie eventuell Unmögliches von
allen Beteiligten erwartet. Nämlich dass sie Gedanken lesen können. Denn das schafft selbst eine beste
Freundin nur in Ausnahmefällen.

Alles in allem sind Frauenfreundschaften etwas
Wunderbares, auch im Job – sie machen den Arbeits-
alltag schöner, harmonischer, vielfältiger.

Die Behauptung, wo viele Frauen miteinander zu
tun haben, seien Zickenkriege vorprogrammiert,
sollte kritisch hinterfragt werden. Vielmehr ist es
doch so, dass Konflikte überall entstehen, wo Menschen zusammenarbeiten, unabhängig von ihrem
Geschlecht. Auch Männer streiten nicht immer rein
sachlich, nur werden ihre Hahnenkämpfe anders bewertet.

Vielleicht sind wir Frauen emotionaler – bei Auseinandersetzungen ebenso wie in anderen zwischenmenschlichen Beziehungen. Und das ist gut
so. Denn es wäre doch schade, auf positive Emotionen zu verzichten, bloß weil es auch negative gibt.
Lernen wir lieber, mit Letzteren umzugehen, und
konzentrieren wir uns auf die schönen Seiten der
Freundschaft!

»Ich weiß, du kannst ihn nicht leiden, aber wirst du meine Trauzeugin?« – Wenn Freundinnen heiraten

Vor ein paar Jahren heiratete eine meiner besten Freundinnen, und es war so, wie man es aus Brautmagazinen kennt: eine romantische kleine Kirche und ein stimmungsvolles Hotel an der französischen Küste, handverlesene Gäste und ein wunderschönes, sich innig liebendes Brautpaar.

Als enge Freundin war ich schon vorab in die Planung involviert. Die Freude der Braut auf den großen Tag zu teilen, bedeutete mir viel. Bei jeder Anprobe in der Schneiderwerkstatt war ich zum Beispiel zur Stelle. Ich beriet Nora und fotografierte sie in den unterschiedlichen Stadien von zusammengehefteten Stoffstücken bis hin zur atemberaubenden cremeweißen Robe. Als das Brautkleid beinahe fertig war, kaufte ich einen kleinen azurfarbenen Glitzeranhänger und ließ ihn so vorne ins Dekolleté einnähen, dass ihn bei der Hochzeit nur Nora sehen würde. Ganz nach dem Motto, dass eine Braut etwas Altes, etwas Neues, etwas Geborgtes und etwas Blaues tragen soll, wünschte ich ihr damit viel Glück. Später – so stellte ich mir vor – konnte sie ihn abschneiden und an einer Kette um den Hals tragen.

Am Tag der Trauung in Frankreich verbrachten wir die letzten Stunden der Vorbereitung ebenfalls zusammen. Die Hochzeitssuite des Hotels war kurzerhand in einen Beautysalon umfunktioniert worden, in dem die Braut aufwendig frisiert und geschminkt wurde. Ihre Trauzeugin und ich leisteten ihr dabei Gesellschaft, reichten ab und zu eine Haarnadel, einen Ohrring oder eine Praline an und schlürften gemeinsam mit ihr zur Nervenberuhigung Sekt. Ein paar Mal schickte der Bräutigam eine Nachricht, die dann begeistert von uns dreien gelesen und kommentiert wurde. Dieses ganze Treiben hielt ein im Zimmer unauffällig hin- und herhuschender Fotograf fest, sodass wir uns später gut an diese spezielle Freundinnenzeit erinnern würden. Es entstanden wunderschöne Aufnahmen, die von einer Nähe und Vertrautheit sprechen, die es wohl auf diese Art nur zwischen Frauen gibt.

Danach posierte die Braut, fertig zurechtgemacht, auf dem Balkon der Hochzeitssuite für den Fotografen. Im Hintergrund das Meer, auf der Brüstung der Brautstrauß und dazu meine strahlende, bezaubernde Freundin. Dieses Bild rührte mich zu Tränen. Vermutlich wäre mein gesamtes Make-up zerronnen, wenn eine ungeschickte Bewegung nicht die Blumen hätte abstürzen lassen. Das holte uns alle aus der Gefühlsduselei. Erschrocken glotzten wir hinunter, wo das schöne Arrangement aus weißen Rosen auf einem Vordach liegen geblieben war. Ob vom Hotelpersonal jemand eine Leiter holen konnte, um den Strauß zu bergen?

Zum Glück war Noras Trauzeugin nicht nur ausgesprochen sportlich, sondern auch frei von Höhenangst und bot sich an, über das Balkongeländer auf das Vordach zu klettern, um die Blumen zu retten. Im Handumdrehen war sie aus ihrem Seidenkleidchen geschlüpft (um es zu schonen) und erklomm in Unterwäsche die Brüstung. Was der Fotograf beim Festhalten dieses Anblicks dachte, ließ er uns nicht wissen. Aber ich schaue nach wie vor gern die Bilder von diesen lustigen und intensiven Stunden an. Noras Vorbereitungen als Braut gehören zu den schönsten Erlebnissen, die ich bisher mit ihr teilen durfte.

Doch nicht immer ist die Phase rund um eine Hochzeit eine besonders gute für Frauenfreundschaften. Im Zuge meiner eigenen Vermählung zum Beispiel ging eine langjährige Bindung flöten. Durch einen Zufall kam es nämlich zu einer Terminkollision. Eine Freundin heiratete am selben Tag. Ich schrieb ihr, wie leid es mir täte, bei ihrem Hochzeitsfest nicht dabei sein zu können. Irgendwie muss ich in jenem Brief die falschen Worte gewählt haben, denn daraufhin brach sie den Kontakt ab.

Ähnliche Geschichten, die belegen, dass Hochzeiten in ihrer Gefühlsbetontheit durchaus Feuerproben für Freundschaften sein können, habe ich mehrere gehört.

Heike zum Beispiel verlobte sich mit ihrem Halaim, mit dem sie nun schon über drei Jahrzehnte glücklich verheiratet ist, bereits kurz nach dem Kennenlernen. Als sie Freundinnen bat, ihre Trauzeugin zu sein, lehnten sie ab. Diese Ehe sei doch viel zu überstürzt. Und dann auch noch mit einem Mann aus einem anderen Kulturkreis! Nein, also wirklich, das könnten sie mit ihrem Gewissen nicht vereinbaren.

So etwas kränkt natürlich. Eigentlich geht man ja davon aus, von Freundinnen uneingeschränkt unterstützt zu werden.

An Fällen wie diesen sieht man, dass Ehrlichkeit mitunter ein höchst aggressiver Akt sein kann. Ziemlich sicher hegten schon viele von uns einmal Bedenken bei der Partnerwahl einer Freundin. Diese jedoch lautstark kundzutun und eventuell sogar zu unken, wie lange man dieser Ehe gibt, wird immer Porzellan zerschlagen.

Thea hat Ähnliches erlebt. In ihrer Studentenzeit war sie Teil einer Frauenclique, die regelmäßig zusammen kochte. Ab und zu fuhren auch alle miteinander in Urlaub. Im Laufe der Jahre verwandelte sich das Ganze schließlich zunehmend in einen Pärchenfreundeskreis. Theas introvertierten Verlobten fand jedoch niemand so richtig gut.

»Als ich ihn dann heiratete, erklärten mir die Freundinnen, dass wir nicht mehr zur Gruppe passten!«, erzählt sie, noch immer tief enttäuscht.

»Sich von einer Freundin wegen ihres Bräutigams zu distanzieren, mag schrecklich hart klingen. Aber manchmal wird eine Freundschaft tatsächlich durch die Partnerwahl unmöglich«, berichtete mir Doro.

Die ganze Jugend hatte sie eng mit ihrer Freundin Helene verbracht und auch als Studentinnen blieben die beiden unzertrennlich. Doch dann trat Wolfram in Helenes Leben.

»Er war ein fürchterlicher Macho und nahm Einfluss auf alles. Nicht nur, dass er bestimmte, was sie tat und nicht tat, er ließ sich zusätzlich von ihr bedienen wie ein Pascha.«

Als Helene schwanger und der Hochzeitstermin festgelegt wurde, versuchte Doro vorsichtig mit der Freundin zu reden. War das wirklich der Alltag, den diese sich wünschte? Zur Antwort gab es nur ein brüskes Ja.

»Als ich an Helenes Geburtstag zusehen musste, wie Wolfram, der mit seinen Freunden im Garten Karten spielte, bei seiner hochschwangeren Braut in der Küche anrief, um noch eine Runde Bier zu bestellen, konnte ich einfach nicht mehr. Ich wollte meine Freundin nicht so devot sehen.«

Doro zog sich nach und nach zurück, bis die Freundschaft irgendwann einschlief. Damit verhielt sie sich ziemlich typisch, denn wie Fiona Rohde 2016 auf gofeminin.de analysierte, gehen viele (nicht alle!) Frauen Streitigkeiten gern aus dem Weg und stellen Harmonie über alles. Wie dieses Verhalten dann mitunter das Ende einer Freundschaft bedeutet, belegt Heike im nächsten Kapitel noch mit einigen Beispielen.

Zum Glück muss ein in den Augen der Freundin unpassender Bräutigam aber nicht immer zum Bruch führen.

Ein historisches Beispiel dafür liefern die Malerin Paula Becker und die Bildhauerin Clara Westhoff, die um 1900 als enge Freundinnen eine intensive Zeit im Pariser Künstlermilieu erlebten. Als Clara den Dichter Rainer Maria Rilke heiratete, ging es mit der Freundschaft bergab. Rilke lenkte das Leben seiner Frau nun völlig und die Freundinnen sahen sich kaum noch.

Fordert das denn die Liebe, dass man werde wie der andere?, schrieb Paula an ihre Freundin.

Antwort erhielt sie nicht von Clara, sondern von Rilke, der partout nicht wollte, dass Paula sich länger einmischte. Obwohl sie auf ihre weiteren Briefe keine Reaktion erhielt, blieb Paula hartnäckig und bemühte sich weiterhin um die Freundin, bis es irgendwann wieder Kontakt und sogar einen neuerlichen gemeinsamen Parisaufenthalt gab.

Caroline berichtet ebenfalls, dass manchmal bei einer Heirat Geduld in der Freundschaft nötig ist. Sie ahnte schon bei der Hochzeit ihrer besten Freundin, dass deren Ehe nicht allzu lange halten würde. Sie kannte sie einfach ganz genau und wusste, was diese eigentlich brauchte. Dass ihr der Auserwählte das nicht würde geben können, hielt sie für ziemlich wahrscheinlich. Aber sie schwieg und stand der Freundin bei, ohne auch nur ein einziges Mal »Habe ich es doch gewusst« zu sagen, als die Beziehung schließlich scheiterte.

Herta, Sie kennen sie schon von der Kleinkind-Geschichte mit den Cremes und Gesichtsmasken, erlebte in den Sechzigerjahren ebenso bedingungslosen Rückhalt bei ihrer Freundin. Als sie begann, mit ihrem zukünftigen Mann auszugehen, waren ihre Eltern mit der Verbindung nicht einverstanden. Ralf sei ein Choleriker, hieß es. Doch Herta war blind vor Liebe. Vor allem berührte seine Art zu sprechen ihr Herz. Er hatte nämlich denselben Dialekt wie ihr erster großer Schwarm, der bei einem Zugunglück ums Leben gekommen war.

Die Sturheit, mit der sie sich auf den jungen Mann versteifte, ließ ihre Eltern verzweifeln. Mit den verschiedensten Mitteln versuchten sie, die Verbindung zu boykottieren. Nach einem heftigen Streit warf ihr Vater Herta schließlich aus dem Elternhaus. Sie solle nur zurückkommen, wenn sie sich Ralf aus dem Kopf geschlagen hätte.

»Meine beste Freundin nahm mich bei sich auf. Bis zur Hochzeit durfte ich dort wohnen. Und auch später, als sich die Ehe in einen Albtraum verwandelte, stand sie mir zur Seite.«

Aus Trotz den Eltern gegenüber hielt Herta es viel zu lange in dieser von Gewalt geprägten Beziehung aus. Ihre einzige Stütze während dieser harten Jahre blieb die Freundin, die nie urteilte, sondern einfach nur da war.

Zum Glück lief es bei Kerstin nicht so dramatisch ab. Sie verliebte sich in ihren Kommilitonen und nach einiger Zeit wollten sie heiraten. Ihre beste Freundin Margo reagierte darauf mit Eifersucht.

»Margo und ich waren ein eingeschworenes Team. Wir wohnten, kochten, lernten zusammen und verbrachten all unsere Freizeit miteinander. Klar war das dann ein Rieseneinschnitt, als ich mit Jens zusammenkam«, erinnert sich Kerstin.

Margo fand Jens schrecklich und hielt damit auch nicht hinterm Berg. Ständig begann sie Streit mit dem jungen Mann. Für Kerstin war das gar nicht so einfach. Aber die drei standen den schwierigen Start durch und irgendwann hatten sich die Wogen so weit geglättet, dass sie sogar zu dritt in Urlaub fahren konnten.

Egal, was wir über den Bräutigam unserer besten Freundin denken, wir sollten uns immer daran erinnern, dass wir ja im Grunde mit *ihr* befreundet sind und dass sie eine eigenständige Person bleibt, die uns auch weiterhin als Vertraute braucht!

»Ich melde mich … irgendwann vielleicht« – Wenn man sich auseinanderentwickelt und die Freundschaft zu Ende geht

Haben Sie Lust auf eine Zeitreise? Okay! Wir beamen uns zurück in Ihre Grundschulzeit …

Erinnern Sie sich noch an Ihre Banknachbarin? Sicher waren Sie dick befreundet, haben Freud und Leid geteilt und auch außerhalb der Schule ganz viel Zeit miteinander verbracht. Waren ein Herz und eine Seele.

Hätten Sie sich damals vorstellen können, dass diese enge Freundschaft jemals vorbei sein könnte? Garantiert nicht. Sie waren sich bestimmt sicher, dass Sie für immer beste Freundinnen sein würden!

Doch jetzt mal Hand aufs Herz: Haben Sie noch Kontakt zu ihr? Falls ja, dürfen Sie sich glücklich schätzen – denn in der Kindheit geschlossene Freundschaften gelten als ausgesprochen stabil, wenn sie halten.

Vielleicht ist Ihnen aber einfach das Leben dazwischengekommen, Sie haben sich aus den Augen verloren und sogar ihren Namen vergessen – auch das kommt vor.

Die wenigsten Freundschaften halten bis ins hohe Alter, und nur einige ganz besondere überstehen den Übergang zu einer anderen Lebensphase: den Wechsel zur weiterführenden Schule, zu Ausbildung oder Studium, Umzüge usw.

Ich selbst habe mir aus jedem dieser Abschnitte einige wenige Freundschaften bewahrt. Man muss sie hegen und pflegen wie ein zartes Pflänzchen. Irgendwann, wenn die Bindung schon so etliche Höhen und Tiefen des Lebens mitgemacht hat, ist sie so stabil wie ein Baum. Dann übersteht sie vielleicht sogar eine längere Trennung, und wenn man nach Monaten einmal wieder telefoniert, ist sofort alles so vertraut, als hätte man sich am Tag zuvor zuletzt gesehen.

Doch nicht jeder Sprössling wächst zu einem starken Baum heran. Und genauso ist es mit der Freundschaft.

Klingt traurig? Ist es auch. Andererseits wieder nicht. Denn wenngleich jeder Mensch im Durchschnitt ungefähr hundertdreißig Facebook-Kontakte hat, wahre Freundschaft ist keine Massenware, sie funktioniert am besten wohldosiert. Der Berliner Psychologe und Freundschaftsforscher Wolfgang Krüger sagt sogar, wahre Herzensbindungen, die über zwanzig Jahre halten und auch bei räumlicher Distanz weiter bestehen, hat man im Durchschnitt nur drei. Er bezeichnet solche Freunde als »Diamanten unseres Lebens«. Man kann eben nur mit einer begrenzten Anzahl von Menschen gleichzeitig so vertraut sein, Zeit verbringen, sich intensiv austauschen und wirklich eng befreundet sein.

Insofern ist es im Grunde unausweichlich, dass Freundschaften vergehen und neue entstehen, wenn sich unsere Lebensumstände ändern. Man wechselt den Job und freundet sich mit neuen Kolleginnen an. Man wird Mutter und lernt Gleichgesinnte kennen. Dasselbe gilt für Hobbys, Vereine, Netzwerke – überall können Freundschaften geschlossen werden, wie wir in den vorigen Kapiteln ja schon beschrieben haben. Manchmal basieren sie nur auf dieser einen Gemeinsamkeit. Dann sind sie meist kurzlebig und enden, sobald dieser kleinste gemeinsame Nenner nicht mehr da ist.

Doch wie endet eine Freundschaft?

Ich kann mich eigentlich nur an drei Situationen erinnern, in denen es eine echte Trennung gab, auch wenn die als solche nie thematisiert wurde:

Eine Freundin teilte mir eines Tages mit, dass sie keinen Kontakt mehr mit mir wollte. Einen Grund nannte sie nicht und ich habe das Ganze nie verstanden, zumal sie diejenige war, die bis dahin immer betont hatte, wie wertvoll ihr unsere Freundschaft sei. Vielleicht war ich ihr auf den Schlips getreten und hatte sie verärgert? Aber dann hätte sie das doch ansprechen können. Eine echte Freundschaft verträgt schließlich auch Auseinandersetzungen.

Mir hat dieses abrupte Ende wirklich leidgetan, doch gleichzeitig war ich verwirrt und auch ein bisschen sauer darüber, dass sie mir keine Chance gab, sie zu verstehen.

Das zweite Beispiel war noch deutlich unschöner. Heißt es nicht immer, man soll Geschäftliches und Privates keinesfalls vermischen? Ich hatte das nicht glauben wollen und bislang auch noch keine schlechten Erfahrungen damit gemacht, doch dann musste ich feststellen, dass mich eine Freundin (bis dahin hatte ich sie jedenfalls für eine gehalten) hintergangen hatte. Der finanzielle Schaden ging in die Tausende, der emotionale entzog sich jeder Messung. Die Tatsache, dass sie mein Vertrauen missbraucht hatte, setzte mir ganz schön zu.

Erst Jahre später begegneten wir uns wieder. Sie war in

der Zwischenzeit schwer krank gewesen und freute sich sehr über unser Wiedersehen. Wir haben uns seither ab und an verabredet, doch obwohl wir den Konflikt von damals nicht thematisierten, steht er weiterhin zwischen uns wie eine unsichtbare Wand und sorgt dafür, dass diese Freundschaft nie mehr so eng wird, wie sie früher vielleicht einmal war.

Weitere Anlässe für ein unschönes Ende der Freundschaft sind – ähnlich wie bei Liebesbeziehungen – Eifersucht oder der Freiheitswunsch einer der beiden.

Das kostbarste Gut in einer Freundschaft ist Zeit. Wie viel widme ich meiner Freundin? Wie viel fordert sie ein? Wie reagiert sie, wenn ich meine knapp bemessene Zeit mit jemand anderem verbringe? Erwartet sie, dass ich jede freie Minute zu ihrer Verfügung stehe? Gönnt sie mir weitere Freundschaften oder will sie mich exklusiv?

Die Vorstellungen darüber, wie sich eine »richtige Freundin« zu verhalten hat, sind höchst unterschiedlich. Anders als bei Liebesbeziehungen oder Ehen gibt es kaum gesellschaftlich vereinbarte Standards dazu, was diesbezüglich als »normal« gilt. Und anders als in Partnerschaften ist es auch weniger üblich, dass man an der Beziehung arbeitet, bei Krisen sogar zum Paartherapeuten geht und Probleme in Gesprächen aufarbeitet. Unter Freundinnen erwartet man einfach, dass es entweder gar keine Probleme gibt oder dass diese sich von selbst in Luft auflösen. Wenn die Meinungsverschiedenheiten unüberwindbar werden, kommt es dann zum Bruch.

Und so war es auch bei meinem dritten Beispiel für das abrupte Ende einer Freundschaft: Meine damalige Freundin wollte mich ganz für sich vereinnahmen. Wir hatten uns in einem Berufsnetzwerk kennengelernt und angefreundet. Anfänglich hatten wir uns hin und wieder gemailt und noch seltener gesehen. Irgendwann war es so weit, dass die tägliche E-Mail zum Muss wurde, und wehe, ich hatte am Nachmittag noch nicht auf ihre Morgennachricht geantwortet, dann rief sie an und fragte, was los sei. Hinzu kamen diverse Missverständnisse, Vorwürfe und Grenzüberschreitungen, sodass ich richtig froh war, als wir eines Tages vereinbarten, den Kontakt komplett abzubrechen. Von ihrer Seite war der Vorschlag wohl als Strafe für mein »Fehlverhalten« gedacht gewesen, doch ich empfand ihn als regelrechte Befreiung. Tja, das hätte ich früher haben können, wenn ich nur das Gefühl, dass mir alles zu eng wurde, angesprochen hätte. Aber vor lauter Harmoniesucht war ich diesem Konflikt aus dem Weg gegangen, bis er unausweichlich geworden war.

Die meisten Freundschaften enden jedoch nicht mit einem Knall, sondern sie schleichen sich vielmehr aus. Und selbst wenn sie, wie in meinen Beispielen, Knall auf Fall kommen, gibt es kein Trennungsgespräch und kein definiertes Ende. Dass sie vorbei sind, registriert man erst viel später.

Häufig kommt es vor, dass sich beide Freundinnen gleichzeitig zurückziehen – manchmal sogar unbewusst. In anderen Fällen vollzieht sich das Ganze eher einseitig.

Woran Sie erkennen, dass Ihre Freundschaft in Gefahr ist

Machen Sie jetzt den Test: Ist Ihre Freundin gerade dabei, sich von Ihnen zu lösen? Oder sind vielleicht sogar Sie diejenige, die die Freundschaft langsam ausschleichen lässt?

Frage 1: Was empfinden Sie, wenn Ihre Freundin ein geplantes Treffen absagt?
A: Ich bin wahnsinnig enttäuscht und schlage sofort einen Ersatztermin vor. Oder noch besser: drei zur Auswahl.
B: Schade, dass ihr was dazwischengekommen ist. Ich hatte mich so gefreut. Na gut, nächstes Mal dann eben.
C: Ein bisschen erleichtert bin ich schon – am liebsten hätte ich selbst abgesagt, mir wird gerade alles zu viel.

Frage 2: Sie sind mitten in einer anstrengenden Arbeit, die allerhand Konzentration fordert, als das Telefon klingelt. Es ist Ihre Freundin. Was tun?
A: Endlich ruft sie zurück, ich warte schon ewig darauf! Natürlich lasse ich sofort den Griffel fallen und gehe ran.
B: Eigentlich passt es momentan nicht so gut, aber eine kurze Pause kann sicher nicht schaden. Zumal sie mich immer zum Lachen bringt.

C: Och nö, echt jetzt? Das ist wirklich denkbar un-
günstig. Sie kann ja auf den AB sprechen, ich rufe
zurück.

Frage 3: Ihre Freundin hat Ihren Geburtstag vergessen.
Wie reagieren Sie?
A: Ich rufe sie an, um zu fragen, ob alles okay ist. Bestimmt ist sie schwer krank, sonst würde ihr so was
nie passieren.
B: Das meint sie sicher nicht böse. Jeder vergisst
doch mal was, oder? Ich will auf keinen Fall, dass sie
deswegen ein schlechtes Gewissen bekommt!
C: Ich wollte dieses Jahr sowieso nicht feiern, höchstens mit ihr einen Mädelsabend verbringen. Dann
eben nicht.

Frage 4: Sie haben Ihre Freundin schon länger nicht mehr
gesehen und begegnen ihr zufällig in der Stadt. »Wir soll-
ten uns dringend mal wieder treffen«, sagt sie. Und jetzt?
A: Ich melde mich gleich am nächsten Tag per
WhatsApp und schicke ihr einen Screenshot meines
Kalenders, damit sie sieht, wann ich Zeit habe.
B: Wir sollten unbedingt, das stimmt. Aber wann
soll ich dafür noch Zeit finden? Vielleicht ergibt sich
ja spontan etwas. Wenn nicht, sollten wir demnächst
mal telefonieren.
C: Ich warte ab, bis sie sich mit einem konkreten
Vorschlag meldet.

Frage 5: Auf Instagram stoßen Sie auf ein Foto, das Ihre Freundin auf einer Party zeigt. Sie scheint sich im Kreise ihrer Kolleginnen bestens zu amüsieren. Wie finden Sie das?

A: Ach, deshalb hat sie mir neulich abgesagt? Sie wollte also lieber mit anderen feiern. Ganz ehrlich: Das hat mich ziemlich verletzt. Warum muss sie so was auch noch posten?

B: Wie schön für sie! Freut mich, dass sie Spaß hatte. Sieht nach einem tollen Abend aus.

C: Wunderbar – dann brauche ich demnächst kein schlechtes Gewissen mehr zu haben, wenn ich mit anderen was unternehme.

Auswertung

Sie haben überwiegend Antwort A gewählt:
Sind Sie sicher, dass Sie nicht ein bisschen arg klammern? Vielleicht zieht sich Ihre Freundin deshalb gerade zurück. Gönnen Sie ihr etwas mehr Freiraum, bestimmt kommt sie dann von sich aus öfter auf Sie zu.

Sie haben überwiegend Antwort B gewählt:
Herzlichen Glückwunsch, Sie sind herrlich entspannt und das Verhältnis zu Ihrer Freundin ist es ebenfalls. Sie mögen und respektieren einander und engen sich nicht gegenseitig ein. Das hat Potenzial für eine lange, wunderbare Freundschaft.

Sie haben überwiegend Antwort C gewählt:
Seien Sie ehrlich: Wie viel liegt Ihnen noch an dieser Freundin? Fühlen Sie sich von ihr genervt oder eingeengt? Vielleicht sollten Sie das einmal offen ansprechen, dann könnte Ihre Freundschaft eine Chance haben.

Wie würde wohl Ihre Freundin antworten? Vielleicht zeigen Sie ihr diesen Test ja mal. Wenn Sie beide Typ B sind, ist alles wunderbar. Wenn Typ A und Typ C aufeinandertreffen, wird es dagegen deutlich schwieriger …

»Hast du Lust auf einen Kaffee, während die beiden spielen?« – Sandkastenfreundschaft, Teil 2

Mit dem Gründen einer Familie beginnt ein komplett neuer Abschnitt. Bis in den letzten Winkel der Existenz ist plötzlich alles anders und diese Wellen schlagen natürlich auch bis hinein in die Frauenfreundschaften.

Greta Lührs schreibt im Philosophie-Magazin *Hohe Luft*, dass es wohl zu unserer gegenwärtigen Freundschaftskultur gehört, verschiedene Freundschaften für diverse Lebensbereiche zu haben. Die Freundin vom Job ist nicht unbedingt dieselbe wie die, mit der wir ins Museum gehen, über Filme, unsere Herzensangelegenheiten oder nun eben übers Baby sprechen. Die Berührungspunkte mit den einzelnen Frauen, die uns nahestehen, sind unterschiedlich und daraus ergibt sich nicht zwingendermaßen eine Wertung. Der Alltag ist heutzutage einfach so vielschichtig – das kann eine einzige Freundin gar nicht alles abdecken.

So entstehen im Zuge der Elternschaft zum Beispiel viele neue Frauenfreundschaften:

Die zweckgebundene Freundschaft

Als mein erster Sohn zur Welt kam, zog ich mich zunächst für einige Zeit komplett zurück. Mein Universum bestand exklusiv aus unserer kleinen Familie. Freundinnen fanden darin kaum Platz. Ab und zu kam eine von ihnen vorbei, um den Nachwuchs zu begutachten, aber da sie selbst noch keine Kinder hatten, erschöpfte sich unser Gesprächsstoff erstaunlich schnell. Ich wollte über Windeln und Stillen reden, hören, wie es bei anderen in meiner Situation so lief und was sie für Erfahrungen machten.

Bei einem Kinderarztbesuch kam ich schließlich mit einer Mutter ins Gespräch. Sie war mir auf Anhieb sehr sympathisch. Ohne dass wir uns je zuvor begegnet waren, schien sie zu verstehen, wie es mir ging. Das Gefühl, mit dem man nachts nach dem Baby sieht, weil man sichergehen will, ob es noch atmet, kannte sie nur zu gut. Leider war sie nach der Untersuchung meines Sohnes schon weg. Beim Rausgehen sagte die Sprechstundenhilfe aber zu mir: »Frau Breidenbach, da war vorhin eine Mutter, die mich gebeten hat, Ihnen ihre Telefonnummer zu geben!«

Gleich am selben Tag rief ich Johanna an und entwickelte mit ihr zusammen die Idee, eine »Babyrunde« zu gründen. So konnten die Kleinen erste soziale Kontakte knüpfen und wir durften uns über Gesprächspartnerinnen freuen. Binnen einiger Wochen scharten wir vier andere Frauen um uns: Katrin kannte ich aus dem Geburtsvorbereitungskurs, Antonia hatte Johanna beim Feuchttücherkauf kennengelernt, Maria war Katrins Nachbarin und diese brachte Betti mit.

Wir trafen uns alle bei mir zu Hause, aßen Kuchen, tranken Fencheltee oder koffeinfreien Kaffee, ließen die Babys nebeneinander auf einer großen Decke liegen und redeten. Dass dauernd eine von uns mitten im Satz abbrechen musste, weil ihr Kleines plärrte oder in die Windel donnerte, störte niemanden. Blitzschnell fühlte ich mich mit den Frauen sehr vertraut. Kein Wunder! Wenn man über Dammnähte und empfindliche Brustwarzen spricht, schrumpft jegliche Distanz automatisch auf ein Minimum.

Wir sechs trafen uns von da an regelmäßig – reihum immer bei einer anderen. Geburtstage feierten wir genauso wie wir Entwicklungsphasen, Kinderkrankheiten und Schlafprobleme miteinander durchstanden.

Erst als der Nachwuchs in den Kindergarten kam, erlebte jede von uns erstmals wieder kinderfreie Stunden. Damit bekam auch das Mutterleben ein paar neue Aspekte. Zaghaft kehrte die eine oder andere von uns ins Berufsleben zurück. Ich gönnte mir manchmal einen Kinoabend mit einer Freundin von früher oder fuhr sogar auf ein Mädelswochenende. Die »Babytreffen« wurden seltener. Mit Eintritt der Kinder ins Schulalter löste sich der Freundeskreis nach und nach komplett auf. Nicht weil wir uns plötzlich weniger mochten, sondern weil wir einander irgendwie kaum mehr brauchten. Unser Leben drehte sich nicht mehr nur um die Kleinen, die Interessen drifteten auseinander und die unverplante Zeit wurde knapper.

Wenn ich jetzt, mehr als ein Jahrzehnt später, einer von ihnen auf der Straße begegne, freue ich mich, und wir sagen jedes Mal, dass wir uns unbedingt einmal alle wieder treffen sollten. Ohne Kinder, versteht sich, denn die fänden eine »Babyrunde« ausgesprochen uncool.

Die verhinderte Freundschaft

Michaela, Sie kennen sie schon aus der Gesprächsrunde übers Verliebtsein, lernte Tanja bei einem Kinderfest direkt neben einer Hüpfburg kennen. Die beiden Mütter waren sofort auf einer Wellenlänge. Michaela spricht von tiefen Freundschaftsgefühlen auf den ersten Blick. Gierig, sich endlich wieder mit einer Erwachsenen unterhalten zu können, telefonierten die zwei jeden Tag miteinander. Selten hatte Michaela es erlebt, dass jemand derart ähnlich dachte wie sie selbst. Egal, ob es um die Kleinen ging, die Ehe, Politik oder Kultur – Tanja schien dieselben Anschauungen und Interessen zu haben. Und darüber hinaus war sie auch noch unfassbar lieb.

Glücklich verabredeten sie ein Treffen auf dem Spielplatz. Da könnten sie sich aus dem nahen Café Espresso und Kuchen holen und sich dann auf der Bank sitzend miteinander unterhalten, während die Kinder im Sandkasten und an der Wasserpumpe spielten. Michaelas Sohn Sven war vier Jahre alt, Tanjas Tochter Kati dreieinhalb, und sie liebten es beide, im Sand zu buddeln. Alles schien also ideal zusammenzupassen.

Die Mütter hatten sich eben einen Platz in der Sonne mit gutem Blick auf die Kleinen gesucht und genüsslich den ersten Schluck Kaffee getrunken, da ertönte von Sven ohrenbetäubendes Geschrei: Er hatte Kati den Eimer weggenommen und eins mit der Schaufel übergezogen bekommen. Auch dafür, wie entspannt Tanja mit dem Konflikt umging, liebte Michaela sie. Oft genug hatte sie es erlebt, wie andere Mütter zu Kampfhennen wurden, wenn es darum ging, Streit zwischen den Kindern zu schlichten. Lachend ließen sich die Frauen wieder nieder, da rempelte Sven Kati um. Und so aggressionsgeladen blieb es den restlichen Nachmittag: Es wurde mit Sand geworfen, an den Haaren gezogen, Spielzeug weggenommen und auf jede von zwei Kleinkindern nur erdenkliche Art gestritten. Erschöpft brachen die beiden Mütter das Treffen nach eineinhalb Stunden ab.

Egal, wie sie danach probierten, ihre Kinder aneinander heranzuführen, das Vorhaben, sie zu Freunden oder zumindest zu halbwegs kompatiblen Spielkameraden zu machen, scheiterte. Kati und Sven konnten einfach nicht miteinander. Und das änderte sich auch nicht, als sie etwas größer wurden und in dieselbe Klasse kamen.

Michaela und Tanja versuchten, ihre Freundschaft auf Telefonaten und sporadischen Abendverabredungen aufzubauen. Leider waren beide mit Männern verheiratet, die oft spät heimkamen, sodass Freizeit ohne Kind für die Mütter rares Gut war. Und so scheiterte der von ihnen ersehnte engere Kontakt an den äußeren Umständen.

»Wenn man sich gerade erst kennenlernt, ist es trotz aller Sympathie einfach unmöglich, eine Beziehung zu entwickeln, wenn man sich kaum sieht«, bedauert Michaela. »Na ja, vielleicht irgendwann einmal ...«

Die notgedrungene Freundschaft

Conny erlebte genau den umgekehrten Fall. Ihre Tochter freundete sich mit einem Mädchen an, deren Mutter sie auf den ersten Blick unmöglich fand: Der ein wenig verhaltensauffälligen Kleinen ließ sie einfach alles durchgehen. Zusätzlich achtete sie null auf ihr Äußeres, sah meistens aus wie gerade aufgestanden und trug Oma-Klamotten. Das war Conny, die gern shoppen ging und Modemagazine las, von vornherein eher suspekt. Insgesamt hatte sie nicht das Bedürfnis, sich mit dieser Frau abzugeben.

Aber ihre Tochter ließ nicht locker: Ständig fragte sie, wann die kleine Freundin zu ihr kommen dürfe, und auf dem Spielplatz suchte sie immer deren Nähe. Conny saß ein wenig sauertöpfisch neben der anderen Mutter und verdrehte innerlich die Augen, wenn diese wieder einmal keinen Piep von sich gab, sobald ihr Mädchen sich im Sandkasten aufführte wie die Axt im Wald.

Irgendwann, als das Drängen ihres Kindes unerträglich wurde, gab Conny schließlich nach und lud das Kind samt Mutter ein. Ihrem Mann erteilte sie den Auftrag, nach einer Stunde mit einem erfundenen Notfall anzurufen: dass sie ihm dringend eine Krawatte ins Büro bringen müsse oder irgend so einen Blödsinn.

Ein bisschen steif setzte sie sich mit Manuela an den gedeckten Kaffeetisch, während sich die Mädchen ins Kinderzimmer verzogen. Und dann passierte etwas Erstaunliches: Manuela begann total locker zu plaudern, redete über allerlei Interessantes und äußerte höchst sympathische Meinungen. Wie hatte Conny sich so täuschen können? Ja, Manuela interessierte sich nicht für Mode und hatte einen antiautoritären Erziehungsstil, den Conny nicht teilte. Aber darüber hinaus war sie doch eine angenehme, nette Frau, mit der man sich gut unterhalten konnte.

Als Jörg dann anrief, sagte Conny zu ihm: »Ach, borg dir doch von einem Kollegen einen Schlips. Ich habe Besuch!«

Die ausgesetzte Freundschaft

Wie wir alle wissen, führt kaum etwas zu so vielen Kontroversen wie Kindererziehung. Harmoniebedürftige wie ich werden zum Beispiel auf Facebook-Postings zu diesem Thema niemals kommentieren. Hat eine Diskussion mit den lieben Kleinen zu tun, hängen da einfach zu intensive (zum Teil völlig unreflektierte oder archaisch-biologische) Emotionen dran. So werden auch Frauenfreundschaften in hohem Maße von unserem Nachwuchs beeinflusst, wie die wiedergegebenen Geschichten ja gut belegen.

Von meiner Schwiegermutter hörte ich eine Episode, die davon erzählt, dass Freundschaften manchmal sogar aufgrund der Kinder pausieren müssen. Als Jungverheiratete hatte die Mutter meines Mannes nämlich eine Freundin, mit der sie sich ausgezeichnet verstand. Als dann der Nachwuchs kam, klafften die Vorstellungen plötzlich total auseinander. Die andere Frau störte sich so an dieser Ungleichheit in Erziehungsfragen, dass sie auf Distanz ging. Erst als die Kinder längst aus dem Haus waren, näherten sie sich einander wieder an und setzten schließlich ihre Freundschaft fort.

Die überdauernde Freundschaft

Auch meine Mutter lernte, als meine großen Schwestern Kleinkinder waren, andere Mütter kennen. Auf dem Spielplatz kam sie ins Gespräch und freundete sich mit zwei anderen Müttern an.

»Im Grunde waren das ja Arbeitskolleginnen«, erklärt sie mir. »Und im Job bilden sich oft Zweckgemeinschaften, die dann manchmal in Freundschaft übergehen.«

Die Treffen fanden oft bei uns zu Hause im Garten statt. Es gibt aus den Siebzigern und frühen Achtzigern Fotos von einem Haufen unterschiedlich großer, Frotteeunterhosen tragender Kinder in unserem zur Matschgrube verwandelten Sandkasten. Und von drei Müttern mit groß geblümten Kleidern, riesigen Brillen und am Hinterkopf toupierten Frisuren, die auf der Terrasse sitzen und Filterkaffee trinken.

Ich grabe tiefer in der Fotokiste und fördere Bilder von

den Freundinnen zutage, wie sie in einer Reihe auf Gartenstühlen hocken und dem Nachwuchs bei einer Theateraufführung zusehen, von gemeinsamen Spaziergängen im Wald und Ausflügen ins Schwimmbad. Auch von einem Nachmittag in der Wohnung einer der anderen Mütter finde ich eine Aufnahme. Wenn man bedenkt, wie rar Fotografien vor vierzig Jahren noch waren, kann man darauf schließen, dass sich die drei Frauen samt Sprösslingen wirklich oft trafen.

»In den Siebzigern war es modern, nicht zu stillen. Also haben wir über Fläschchennahrung gesprochen. Oder darüber, wie man mit Windelsoor umgeht – bei Stoffwindeln waren einfach alle Popos dauernd wund. Pampers setzten sich da erst langsam durch.« Etwas später ging es dann darum, was die Kinder konnten, welches Essen bei den Kleinen gut ankam und eben andere Mütterthemen. Weil meine Schwestern und ich eher groß und kräftig waren, wurden unsere abgelegten Sachen an die anderen weitergegeben. Im Gegenzug kann ich mich daran erinnern, dass wir ab und zu Spielzeug ausborgen durften. Im Freundeskreis herrschte also insgesamt ein reger geistiger wie materieller Austausch.

So wie bei meiner eigenen »Babyrunde« waren auch meine Schwestern (ich war etwas jünger als die anderen Kinder) automatisch mit den Söhnen und Töchtern der anderen Frauen befreundet. In der Grundschule gab es innigen Kontakt, dann lebte sich die Jugend jedoch ein wenig auseinander. Nicht so die Mütter – die trafen sich zwar nicht mehr ganz so häufig, aber weiterhin regelmäßig.

Mittlerweile ist meine Mutter achtzig. Und ihre beiden Freundinnen von damals gehören nach wie vor zu ihren Wegbegleiterinnen.

»Wenn wir uns treffen, reden wir noch immer über die Kinder. Und die Enkelkinder. Das ist halt unser gemeinsames Thema.«

Wir schaffen uns ein »soziales Dorf«:
Das Netz an Freundschaften, das man sich im Alltag aufbaut, wird auch »soziales Dorf« genannt. Oft sind diese Verbindungen nicht besonders intensiv und ähneln einer Zweckgemeinschaft. Das können Nachbarn sein, mit denen man freundschaftlich verbunden ist, Arbeitskollegen, Sportpartner oder Leute, mit denen man ein gemeinsames Hobby ausübt. Ein Paradebeispiel sind Eltern, die sich der Kinder wegen zusammenschließen. Wenn der Grund für die Kontaktaufnahme wegfällt, schläft mitunter auch die Freundschaft rasch wieder ein – das ist völlig normal.

»Ist doch okay, wenn ich meine Kinder mitbringe?« – Wenn die nächste Generation eine Freundschaft auf die Probe stellt

Langjährige Freundschaft lebt oft auch von der Erinnerung an die unbeschwerteste Zeit im Leben: die Jugend. Was hat man zusammen für Dramen durchgestanden, für Unsinn gemacht, für Träume gehabt und Pläne geschmiedet! Und das Schöne ist: Solange man befreundet bleibt, bleibt ein Stück dieser Lebensphase lebendig.

Bis eine der Freundinnen heiratet. Das ändert manchmal so einiges, wie wir gehört haben.

»Wir können im Allgemeinen davon ausgehen, dass die Heirat einer Freundin das Begräbnis einer Freundschaft ist«, schrieb die walisische Dichterin und Übersetzerin Katherine Philips bereits im Jahr 1662.

Nun, im 21. Jahrhundert gilt das zum Glück nicht mehr in diesem Maße. Allerdings gibt es eine weitere Hürde, die eine Freundschaft noch viel stärker auf die Probe stellt als die Ehe: nämlich wenn eine von beiden Kinder bekommt! Zwar ergeben sich dann, wie Ursi beschreibt, neue Freundschaften, aber was ist mit den bestehenden?

Meine Freundin Steffi, die ich übrigens kennenlernte, als unsere Söhne in die fünfte Klasse kamen (was inzwischen rund fünfzehn Jahre her ist), erlebte das folgendermaßen:

»Meine Jugendfreundinnen waren allesamt kinderlos, als ich zum ersten Mal schwanger wurde. Eigentlich hatte ich erwartet, dass sie sich gemeinsam mit mir auf das Baby freuen, doch das Gegenteil war der Fall: Sie haben sich fast alle von mir abgewendet, und das sogar schon während der Schwangerschaft«, erzählt sie. »Damals verstand ich die Welt nicht mehr. Inzwischen begreife ich besser, was in ihnen vorgegangen ist. Ich war früher eine richtige Partymaus. Meine Freundinnen und ich gingen bei jeder Gelegenheit zusammen aus und feierten ganze Nächte durch. Das war die Basis unserer Freundschaft, und die anderen begriffen wohl schon vor mir, dass das so natürlich nicht weitergehen konnte, wenn das Baby erst einmal da war.«

Von Steffis alter Clique blieb nach der Geburt ihrer Kinder nur noch eine Freundin übrig, doch auch diese Freundschaft hatte keinen Bestand. »Ständig hat sie meine Erziehung kritisiert. Ihrer Meinung nach machte ich im Grunde alles falsch. So was hört man als Mutter natürlich nicht besonders gern – und von einer kinderlosen Freundin nimmt man derartige Kritik schon gar nicht an.«

Ich selbst wurde erst mit einunddreißig Mutter. Viele meiner Freundinnen hatten schon vor mir Kinder, also war eher ich diejenige, die »nachzog«.

Bei meinen Studienfreundinnen (von denen Sie eine in der »Selber Schuld!«-Geschichte schon näher kennengelernt haben) war die Konstellation eine ganz besondere: Wir sind sechs Frauen und haben zusammen sechs Kinder – Beate drei (ein Zwillingspärchen und einen weiteren Sohn), Claudia zwei Töchter, ich einen Sohn – die anderen drei sind kinderlos. Man könnte also annehmen, die Verteilung 3-2-1-0-0-0 hätte früher oder später für Konflikte gesorgt, zumal wir ja an sich schon höchst unterschiedliche Charaktere sind. Doch das ist nie passiert. War das für die Nicht-Mütter eine besondere Herausforderung? Ich habe sie danach gefragt:

»Eure Kinder waren bei unseren Treffen nie ein so großes Thema«, findet Gisela. »Es wurde nur für eine Weile schwieriger, einen Termin zu finden, der für alle passte. Logischerweise können sich Mütter von Kleinkindern nicht so leicht Zeit freischaufeln. Aber das war eher ein organisatorisches Problem.«

Verena bestätigt das: »Ich habe euch nie so sehr als Mütter wahrgenommen. Natürlich habt ihr auch mal über eure Kinder gesprochen, was ja völlig normal ist, schließlich gehören sie zu eurem Leben, aber das hat nie den Rahmen gesprengt.«

»Wenn bei unseren Treffen nur noch über Windeln geredet worden wäre, hätte ich bestimmt die Flucht ergriffen«, sagt Friederike. »Doch das war nicht der Fall. Und ihr habt uns auch nie gefragt, warum wir keine Kinder haben oder haben wollen. Jede wurde einfach so akzeptiert, wie sie ist – als Mutter oder auch als Nicht-Mutter.«

Das deckt sich mit meinen Erinnerungen: Generell spielte das Kinderhaben oder Keinekinderhaben bei unseren Treffen eine eher untergeordnete Rolle. Wir erzählten einander natürlich auch von unserem Nachwuchs, genauso wie von jedem anderen Thema, das in unserem Leben wichtig war. Aber es war eben nur eines von vielen. So eine

Schwangerschaft hat zwar allerhand Nebenwirkungen, doch sie lässt das Gehirn keineswegs derart schrumpfen, dass darin nur noch für dieses eine Thema Platz wäre.

»Wie ist die denn drauf?«
Wie Freundinnen sich verändern,
wenn sie Mutter werden

So harmonisch wie bei mir und meinen Studienfreundinnen läuft es jedoch nicht immer, wenn aus Freundinnen Mütter werden. Denn natürlich bleibt frau mit Baby nicht zu hundert Prozent »die Alte«. Und das kann durchaus eine Herausforderung sein! Hier der Versuch einer Typologie:

Typ »Annabell«: die Perfektionistin
Selbstverständlich hat Annabell schon vor ihrer Schwangerschaft sämtliche Erziehungsratgeber inhaliert, die der Markt so hergibt. Sie kennt die ultimative Methode, ein Baby zum Einschlafen zu bringen, den am besten getesteten Autositz, die angesagtesten Frühfördermaßnahmen. Und sie spricht gern darüber – ausführlichst. Sehr zum Leidwesen ihrer Mitmenschen, vor allem ihrer Freundinnen, die das mit dem Kinderkriegen entweder entspannter sehen oder die es schlichtweg gar nicht betrifft.
Tipp: Geben Sie ihr bei jedem Treffen eine Viertelstunde Zeit für ihr neues Lieblingsthema. Dann lenken Sie sanft, aber bestimmt zu etwas über, was Sie mehr interessiert.

Sollte das nicht funktionieren, bleibt Ihnen nichts anderes übrig, als Annabell zu ertragen – oder sich zurückzuziehen. Zumindest für eine Weile. Sagen wir, bis die Kinder groß sind ...

Typ »Nancy«: die Supergechillte

Wenn Nancy mit ihren lieben Kleinen einen Besuch ankündigt, beschleunigt sich unwillkürlich Ihr Herzschlag? Kein Wunder: Schließlich darf der Nachwuchs Ihrer Freundin einfach ALLES, vor allem laut sein, angesabberte Kekskrümel in der ganzen Wohnung verteilen und mit dem guten Geschirr spielen.

Am liebsten würden Sie zwischendurch eingreifen und den verzogenen Gören ein bisschen Anstand beibringen. Aber das wäre ja eigentlich Nancys Aufgabe.

Tipp: Putzen Sie nicht vor, *sondern* nach *solchen Besuchen. Räumen Sie Gläser und Porzellan ins höchste Regalfach und dafür Plastikschüsseln nach unten. Sollen die kleinen Teufelchen doch mit Tupper spielen, darauf gibt es schließlich dreißig Jahre Garantie. Und kaufen Sie einen guten Wein. Sie werden ihn brauchen – anschließend.*

Typ »Saskia«: die Besserwisserin

Ihr Motto lautet »Leben und leben lassen«? Sehr gut. Deswegen ertragen Sie es sogar, mit einer Saskia befreundet zu sein, die es liebt, ungefragt Ratschläge zu allen erdenklichen Lebenslagen zu erteilen.

Doch Vorsicht: Die Mutterschaft potenziert Saskias anstrengendste Eigenschaften ins Unermessliche! Sollten Sie selbst Kinder haben, dürfen Sie sich auf zahllose Erziehungs-, Ernährungs- und sonstige Tipps einstellen. Sollten Sie dagegen kinderlos sein, wird sie Sie womöglich mit den schrägsten Methoden zur Steigerung der Fruchtbarkeit vertraut machen. Denn darauf, dass Sie das vielleicht gar nicht interessiert, kommt sie niemals. Jedenfalls nicht von allein.

Tipp: Geben Sie Saskia zu verstehen, dass Ratschläge nur willkommen sind, wenn Sie ausdrücklich darum bitten. Keine Sorge, das hält sie schon aus. Sie müssen da gar nicht sonderlich diplomatisch sein, sonst kommt die Botschaft womöglich nicht an. Kann sein, dass sie erst einmal beleidigt ist, aber das wird sich legen. Und falls nicht? Nun ja, »Leben und leben lassen« funktioniert natürlich nur, solange beide Seiten gleich tolerant sind.

Typ »Desirée«: die Überforderte

Wahrscheinlich hat sich Desirée die Sache mit dem Kinderkriegen und vor allem dem Kinderhaben viel einfacher vorgestellt. Als ließe sich so ein Würmchen irgendwie so nebenbei in das gewohnte Leben integrieren. Und jetzt wächst ihr einfach alles über den Kopf. Von morgens bis abends nur Windeln und Wäsche, Geschrei und Brei, Spielplatzbesuche und Mutter-Kind-Kreise.

Ja, sie jammert nun mal gern. Hat sie schon immer

getan. Aber seit sie Mutter ist, wird das zum Dauer-
zustand. Und das nervt!

*Tipp: Machen Sie Desirée klar, dass sie Ihre Treffen viel
besser nutzen könnte: indem sie sich ganz in Ruhe mit einer
Erwachsenen unterhält. Nämlich mit Ihnen. Und zwar
über andere Themen als über Kinder! Ist das nicht genau
das, was sie sich eigentlich wünscht?*

Typ »Wiebke«: die Überbesorgte

Das Leben ist lebensgefährlich. Das war Wiebke
schon immer klar. Doch seit sie Mutter ist, über-
schattet diese Erkenntnis einfach alles. Denn Risiken
lauern an jeder Ecke: Plötzlicher Kindstod. Straßen-
verkehr. Verschluckbare Kleinteile. Abflussreiniger.
Steckdosen. Schnapspralinen. Steile Treppen. Kin-
derschänder ...

Und dann ihre Blicke, wenn sie Sie zum ersten Mal
mit Nachwuchs besucht! Als hätten Sie den Tisch
mit den scharfen Kanten nur deshalb gekauft, um
ihr Baby in Gefahr zu bringen. Und warum haben
Sie eigentlich kein Treppengitter?

*Tipp: Sie machen sich selbst das Leben leichter, wenn
Ihre künftigen Treffen bei Wiebke stattfinden und Sie de-
ren überängstliche Art einfach stillschweigend akzeptieren.
Versuchen Sie gar nicht erst, sie zu beruhigen. Sätze wie
»Man kann nun mal nicht alles verhindern, was passieren
soll, passiert eben« werden sie nur gegen Sie aufbringen.
Bleiben Sie entspannt, auch wenn Ihre Freundin das leider
nicht schafft. Denn sie tickt nun mal so — und dass sie ihr*

Baby beschützen möchte, ist nur natürlich. Obwohl Wiebke wirklich ganz schön übertreibt.

Typ »Viktoria«: die Spätberufene

Jahrzehntelang hat Viktoria das Leben einer typischen Karrierefrau geführt. Ihr Alltag bestand aus Meetings und jeder Menge Arbeit, ihre Ziele waren Beförderungen und neue Herausforderungen, ihr größtes Problem die Steuerlast und hin und wieder mal ein Jetlag.

Dann wurde sie mit Ü40 Mutter, und das hat alles auf den Kopf gestellt. Das Einzige, was jetzt noch zählt, ist der kleine Schreihals und sein Wohlbefinden. Man kann keinen vernünftigen Satz mehr mit Viktoria wechseln, weil ihre Aufmerksamkeit nicht dem Gespräch mit Ihnen gilt, sondern ihrem Nachwuchs. Beim Telefonieren zeigt sie die typischen Symptome des Mutter-Tourette (»Ja klar, wir sollten uns mal wieder … JA, MEIN SCHATZ, HIER IST DEIN SCHNULLER … treffen«), und auf WhatsApp-Nachrichten reagiert sie nur in Ausnahmefällen. Hat sie jetzt vollkommen den Verstand verloren?

Tipp: Machen Sie sich bewusst, dass sich Viktoria im Grunde gar nicht so sehr verändert hat, wie Sie vielleicht annehmen. Denn eigentlich ist das Kind für sie einfach nur ein neues Projekt. Eins, das sie mehr herausfordert, als es ihr Job könnte. Dort hat sie ja schon (fast) alles erreicht. Nur dass es eben für hervorragende Leistungen in der Mutter-

schaft weder Prämien noch Beförderungen gibt. Also geben Sie sich einen Ruck und loben Sie Ihre Freundin. Sie kriegt das mit dem Baby schließlich super hin, oder? Bestimmt freut sie sich darüber dermaßen, dass sie Ihnen jetzt ihre volle Aufmerksamkeit schenkt. Wenigstens für eine Viertelstunde.

Übrigens – die Namen in dieser Typologie sind rein willkürlich gewählt, es gibt keine real existierenden Vorbilder. Wer sich oder andere darin wiedererkennt, hat eben Glück. Oder Pech, wie man's nimmt …

»Wir sollten uns unbedingt öfter treffen! Oder wenigstens telefonieren ...« – Wie wahre Freundschaft auch Durststrecken übersteht

Wenn ich nach einem Beispiel für eine wahre Frauenfreundschaft suche, die trotz Durststrecken wunderbar funktioniert, werde ich schnell fündig: Heike und ich.

Ich lernte Heike online kennen: Vor knapp zehn Jahren traten wir beide ungefähr zur selben Zeit der Vereinigung für deutschsprachige Liebesromanautorinnen und -autoren (DELIA) bei. Im Vereinsforum und auf Facebook war sie mir sofort sympathisch, denn sie hatte eine unterhaltsame, positive Art zu posten. Auch ich versuche, immer alles von der humorigen Seite zu sehen und einen entspannten Umgang mit den Leuten zu pflegen. Diese Einstellung fand ich bei ihr wieder und zur Meisterschaft entwickelt.

Zusätzlich war sie genauso wie ich ein totaler Frischling in der Branche. Da konnte man völlig ungeniert doofe Fragen stellen, wie zum Beispiel: »Hast du schon herausgefunden, was diese eigenartigen ›Schusterjungen und Hurenkinder‹ sind?« (Es sind Begriffe aus der Typografie.)

Einige Wochen nach unserer Kontaktaufnahme im Netz stand die Frankfurter Buchmesse 2012 auf dem Programm. Um möglichst viel über den Buchmarkt zu lernen, wollte ich unbedingt hin. Im Forum der Autorenvereinigung schrieb ich: »Ich kenne auf der Messe niemanden. Hat von euch jemand Lust, mich zu treffen?« Heike meldete sich sofort und wir verabredeten uns.

Von dieser ersten Zusammenkunft gibt es ein Bild: Ein bisschen verschreckt von der überwältigenden Größe der Hallen sitzen wir nebeneinander in einer Loungeecke und lächeln unsicher in die Kamera. Ich liebe das Foto, weil es den Beginn von etwas so Wunderbarem zeigt. Kurz danach tauschten wir unsere Debütromane und erzählten ein wenig voneinander. Ich registrierte zufrieden, dass mein Eindruck richtig gewesen war: Heike ist eine durch und durch Nette!

Daraufhin trafen wir uns, wann immer sich eine Gelegenheit auftat: Messen und Autorenkonferenzen. Wenn wir uns sahen, stellten wir noch mehr Parallelen fest: Wir führen beide binationale Ehen, haben Söhne, mögen die gleichen Bücher und Filme, schätzen gutes Essen, lachen über dieselben Witze, finden die gleichen Leute liebenswürdig und sind beim Arbeiten ähnlich strukturiert.

Bei so viel Sympathie lag es natürlich nahe, den Kontakt bald zu intensivieren: gemeinsame Lesereisen, gegenseitiges Vorablesen der Manuskripte und regelmäßiges Chatten.

Irgendwann empfahl mich Heike ihrer Literaturagentin, sodass sich die Berührungspunkte auch durch die gemeinsame Vertretung noch vervielfachten. Bei einem Autorentreffen sagte einmal eine Kollegin über uns: »Euch sieht man nur zusammen. Ihr seid fast wie Zwillinge.«

Und es stimmt: siebenhundertfünfzig Kilometer Entfernung stellen für uns keinen Hinderungsgrund dar. Wir sind trotzdem ein Herz und eine Seele. Heike erlebte mit, wie es mir ging, als meine Mutter krank wurde, und ich umgekehrt, als ihr Vater im Sterben lag. An den schlimmen Dingen in unserem Leben nehmen wir genauso Anteil wie an den schönen.

Als Heike für zwei Literaturpreise nominiert wurde, freute ich mich so sehr, als hätte ich selbst diese Bücher geschrieben. Und bei jedem meiner eigenen Karriereschritte spüre ich ebenso, wie involviert sie sich fühlt.

Mittlerweile, nach beinahe einem Jahrzehnt Freundschaft, arbeiten wir auch eng miteinander. Wir sind Co-Autorinnen, gegenseitige Testleserinnen, Verlags- und Agenturkolleginnen. Bei gemeinsamen Schreibaufenthalten funktionieren wir als erprobtes Team: Sie sorgt dafür, dass wir genug trinken (ich meine jetzt tatsächlich Wasser, Saft und Tee ...) und ich stelle im Gegenzug den Wecker, wann wir Dehnübungen einlegen sollten (der »herabschauende« ... und dabei verendende »Hund«). Mit ihrem nächtlichen Schnarchen (wie zehn Holzfäller mit Gaumensegellähmung!) komme ich genauso klar wie sie mit meinem Planungswahn. Wenn wir während dieser Schreibwochen gerade nicht nebeneinandersitzen und schreiben, reden wir. Über die Arbeit, die Familie, unsere Vergangenheit, die kühnsten Träume oder irgendwelche banalen Dinge, die wir beide spannend finden. Und falls wir zu müde zum Unterhalten werden, ziehen wir uns bis tief in die Nacht Netflix-Serien rein.

In den ersten Tagen nach gemeinsam verbrachter Zeit vermisse ich Heike immer sehr. Ich muss mich dann erst wieder daran gewöhnen, dass ich nicht sofort alles mit ihr bereden kann. Plötzlich kann ich nicht einfach vom Bildschirm hochsehen, um sie bei einer Formulierung um ihre Meinung zu fragen. Und niemand liest mir zwischendurch einen Absatz vor. Am meisten geht mir aber ihr unglaublich ansteckendes Lachen ab.

Nach und nach arrangiere ich mich damit, dass wir erneut für einen längeren Zeitraum getrennt sind. Manchmal überlege ich, wie es wäre, wenn wir in derselben Stadt wohnten. Oder zumindest im selben Land. Wäre die gemeinsame Zeit dann auch so etwas Besonderes, wenn wir uns einfach zum Kaffee treffen könnten? Ich kenne die Antwort darauf nicht.

Sind wir nicht zusammen (was den Löwenanteil des Jahres der Fall ist), stehen wir trotzdem in Kontakt. Meistens schreiben wir uns auf WhatsApp. Ab und zu telefonieren wir. Und neuerdings habe ich die schlechte Angewohnheit, sie mit endlos langen Sprachnachrichten von ihrem Alltag abzuhalten. So wissen wir eigentlich immer, was die andere gerade tut:

> Liebe Ursi, bin mit Birgit im Kino und dann: Oscar-Nacht! Morgen bin ich wohl nicht so leistungsfähig 😄

> Oh, viel Spaß dabei, liebe Heike!!!!
> 👍, ☺

> Danke 😁
> Grüße unbekannterweise von Birgit
> Und sag mal: Wie hieß dieser Schauspieler, den wir damals im Spa gesehen haben?

Liebe Grüße zurück! ☺
Das war Johannes Silberschneider.
Sag ihr, dass er nackt war! 😜

Das war natürlich das Erste, was ich
erwähnt habe!
☺

***

Hast du schon eine Kurzgeschichte
für die Zeitung?

Nein, aber ich werde eine schreiben.
Wollen wir gegenseitig lektorieren?

Sehr gern ♥
Ich sitze gerade daran.

Hä??? Sag mal, beim letzten Mal war
das irgendwie wesentlich kürzer, oder?
Ich erinnere mich, dass ich damals nur
einen kleinen Absatz geschrieben habe.
Diesmal sind es mehr als 2 Seiten.

Ernsthaft?

Ja

Shit!!!!!!!!!!!!!!!

Was ist los?

Zeichen, nicht Wörter!!!!!!!!!

650 Zeichen. Das ist quasi ein Absatz.

Ich Depp!!!!
Ich habe 650 Wörter geschrieben. 🕐
Man soll so etwas nach 22 h nicht
mehr anfangen 😀

Die Autorin Emily Coleman (1899–1974) hat zeit ihres Lebens einunddreißigtausend Briefseiten verfasst. Einen guten Teil davon an ihre Schriftstellerkollegin und Freundin Djuna Barnes (1892–1982). Wenn Heike und ich so weitermachen, können wir es irgendwann mit den beiden aufnehmen. Auch wenn unsere Inhalte vielleicht nicht ganz so wertvoll für die Nachwelt sein mögen wie die von Coleman und Barnes.

**»Öfter treffen? Gerne – bin schon unterwegs …«
(Heike)**

Ich erinnere mich noch sehr gut an unsere erste Begegnung auf der Frankfurter Buchmesse. Mein Debütroman war gerade erschienen, und ich fühlte mich stolz und demütig zugleich. So viele Bücher! Hatte die Welt wirklich auf meine Texte gewartet?

Wer definitiv auf mich gewartet hatte, war Ursi. Ihr

charmantes Lächeln war für mich das Highlight dieser Messe. Ursi strahlt so viel Warmherzigkeit, Humor und Klugheit aus, man muss sie einfach mögen!

Vermutlich war es bei uns tatsächlich Freundschaft auf den ersten Blick ...

Doch Freundschaften wollen gepflegt werden. Gar nicht so leicht, wenn man so weit voneinander entfernt lebt!

Sollte man jedenfalls glauben.

Tatsache ist, dass ich mit Freundinnen, die deutlich näher wohnen, viel seltener Kontakt habe als mit Ursi. Vielleicht liegt das daran, dass wir uns theoretisch dauernd treffen könnten? Allein schon diese Möglichkeit im Hinterkopf zu haben, führt zuweilen dazu, dass man eine Freundschaft schleifen lässt und sich weniger Mühe gibt.

Wenn dagegen einige Hundert Autobahnkilometer, mehrere Mittelgebirge und sogar die Alpen dazwischenliegen, ist klar: dass man sich zufällig über den Weg läuft, ist noch unwahrscheinlicher als ein Lottogewinn!

Hätten wir uns vor hundertfünfzig Jahren kennengelernt, wäre es wohl allerhöchstens bei einem Briefwechsel geblieben oder bei sehr seltenen Besuchen (mit der Kutsche über Stock und Stein).

So aber gibt es ja Telefon, E-Mail, WhatsApp und all die moderne Technik, die Entfernungen ganz unwichtig werden lässt.

Und es gibt noch etwas, das uns einander näherbringt: eine durchgehende Zugverbindung! Wer das Streckennetz der Bahn kennt, ahnt vielleicht, dass das so was wie ein Weltwunder ist. Ich muss einfach nur hier einsteigen, und neun Stunden später bin ich schon bei Ursi!

Klingt zu schön, um wahr zu sein?

Okay, ich gebe es zu, die Sache hat einen Haken. Und zwar die Abfahrtzeit. 6.23 Uhr. Quasi mitten in der Nacht! Das ist bitter – vor allem für eine Eule wie mich, die oft bis zehn oder elf Uhr abends schreibt und anschließend bis mindestens ein oder zwei Uhr wach bleibt.

Um fünf Uhr morgens aufzustehen, kostet mich echte Überwindung. So was tue ich mir nicht einfach so an.

Aber wenn eine Fahrt zu Ursi im Kalender steht, macht mir das frühe Weckerklingeln überhaupt nichts aus! Da siegt die Vorfreude über die Bettschwere.

In guten Jahren treffen wir uns übrigens mindestens dreimal: auf einer der Buchmessen, beim DELIA-Autorentreffen und bei einem privaten Besuch bei ihr beziehungsweise bei mir.

In sehr guten Jahren kommen noch gemeinsame Schreibklausuren, Workshops oder Verlagsbesuche dazu.

Ich glaube, dieses Jahr wird ein extrem gutes Jahr! Ich kann daher nur empfehlen, zusammen mit einer Freundin ein Buch zu schreiben, denn zusammen auf Lesereise zu gehen macht doppelt so viel Spaß.

Und das nicht etwa, weil wir uns so ähnlich sind. Es stimmt schon, wir haben so allerhand Gemeinsamkeiten, doch mindestens genauso viele Unterschiede. Und wenn die Übereinstimmungen das Fundament einer Freundschaft sind, dann könnte man die Gegensätze als ihre Stützpfeiler bezeichnen.

Sagt man eigentlich Stützpfeiler? Da müsste ich Ursi fragen. Sie kennt sich in solchen Dingen wesentlich besser aus. Denn während sie Kunsthistorikerin ist, kann ich nicht mal ein gotisches von einem romanischen Bauwerk unterscheiden – gerade mal mit Mühe gelingt es mir, Rembrandt und Picasso nicht zu verwechseln.

Und wie Ursi in den stressigsten Situationen so ruhig und liebenswürdig bleibt, bewundere ich wirklich! Ich bin da deutlich impulsiver, was nicht immer günstig ist.

Außerdem hat sie ein sehr gutes Gespür dafür, wie viel sie sich zumuten kann und wann sie lieber Stopp sagt. Auch davon könnte ich mir eine Scheibe abschneiden!

Heute sind es übrigens noch genau sechs Wochen bis zu unserer nächsten Begegnung. Diesmal beim DELIA-Treffen an der Ostsee. Im Doppelzimmer. Notiz an mich selbst: Ohropax für Ursi einpacken.

Eine kleine Auswahl an Frauenfreundschaften in Literatur, Film und Fernsehen

Freundschaft spielt nicht nur im wahren Leben eine wichtige Rolle, sondern ist auch ein zentrales Motiv in vielen fiktiven Geschichten – seien es Bücher, Filme oder TV-Serien. Hier stellen wir Ihnen einige Beispiele vor:

Serien

Sex and the City (USA 1998–2004)

Die Freundschaft der vier New Yorkerinnen Carrie, Samantha, Charlotte und Miranda hat vermutlich eine ganze Frauengeneration verändert. Durch sie haben wir gelernt, dass es in Ordnung ist, miteinander offen über Sexualität und Lust zu sprechen. Das hat unsere eigenen Frauenfreundschaften eindeutig bereichert.

Golden Girls (USA 1985–1992)

Diese amerikanische Sitcom hat uns zum ersten Mal mit der Idee einer WG von Frauen mittleren / späteren Alters vertraut gemacht. Die nächtlichen Küchengespräche im Schlafrock und bei Eiscreme zwischen den Freundinnen Blanche, Dorothy, Rose und Sophia waren legendär. Klingt dieses Konzept für das letzte Lebensdrittel nicht sehr vielversprechend? Darüber denken wir weiter hinten im Buch noch nach.

Vorstadtweiber (Ö seit 2015)

Im Mittelpunkt dieser österreichischen Serie stehen fünf wohlhabende Frauen aus der Wiener Vorstadt. Ihre eher oberflächliche Freundschaft wird durch Sex, Korruption und Intrigen erschüttert, sodass sie gezwungen sind, sich und ihre Position im Leben zu hinterfragen. Es ist spannend zu beobachten, wie sie am Ende dann doch immer irgendwie zusammenhalten.

Pretty Little Liars (USA 2010–2017)

In dieser Mysteryserie, die auf den Büchern von Sara Shepard basiert, dreht sich alles um die Highschoolfreundinnen Hanna, Aria, Spencer, Emily und die einstige Anführerin der Clique Alison, die eines Tages spurlos verschwindet. Ein Jahr später bekommen die verbliebenen vier Mädchen geheimnisvolle Nachrichten beziehungsweise anonyme Drohungen. Unterschrieben wurden sie mit »A«. Doch wer ist »A«? Und sind die Freundinnen in Gefahr? Eine extrem spannende Serie mit hohem Suchtfaktor, in der es um jede Menge Geheimnisse, aber vor allen Dingen um Freundschaft geht.

Gossip Girl (USA 2007–2012)

Auch in dieser Serie zieht sich das Rätsel um die Identität eines Absenders wie ein roter Faden durch sämtliche Staffeln. Hier geht es jedoch nicht um anonyme Briefe, sondern um ein Klatsch-Blog, das die junge High Society der New Yorker Upper Eastside kommentiert. Es handelt von Liebe und Hass, Alkohol und Drogen, Eifersucht und Intrigen. Im Zentrum der Handlung steht die Freundschaft zwischen dem It-Girl Serena und der ehrgeizigen, teilweise boshaften, im Grunde aber liebesbedürftigen Blair – eine Freundschaft, die immer wieder auf die Probe gestellt wird.

Younger (USA seit 2015)

Als die vierzigjährige Liza nach der Trennung von ihrem Ehemann einen Job sucht, muss sie feststellen, dass sie auf dem Arbeitsmarkt kaum Chancen hat – und im Verlagswesen schon gar nicht. Doch dann gibt sie sich als Sechsundzwanzigjährige aus, was die ganze Situation völlig verändert! Nur ihre Freundin Maggie weiß über den Schwindel Bescheid, im Gegensatz zu ihrer fast gleichaltrigen Chefin und ihrer neuen Kollegin Kelsey, mit der sie sich bald anfreundet. Auch Lizas erwachsene Tochter Caitlin ahnt nichts von der Karriere ihrer Mutter als junge Lektorin, ganz zu schweigen von ihrem jugendlichen Lover …

2 Broke Girls (USA 2012–2017)

In dieser Serie geht es um die Freundinnen Max und Caroline, die immer knapp bei Kasse sind, jedoch aus völlig unterschiedlichen Gründen: Max kommt aus schwierigen sozialen Verhältnissen und ist es von klein auf gewohnt, sich irgendwie durchzuschlagen, während Caroline aus einer reichen Familie stammt. Allerdings ist ihr Vater wegen Betrugs im Gefängnis gelandet, sodass Caroline zum ersten Mal im Leben selbst für ihren Unterhalt sorgen muss. Die sehr ungleichen jungen Frauen arbeiten als Kellnerinnen in einem Diner, wohnen zusammen und träumen von einem eigenen Cupcake-Laden. Dieser gemeinsame Traum und ihre allmählich immer stärkere Freundschaft lassen sie sämtliche Unterschiede vergessen.

Schwarze Witwen (Schweden 2016)

Rebecka, Kira und Johanne haben genug von ihren Männern, vor allem von deren Brutalität. Es reicht! Sie wollen nie wieder missbraucht werden. Also nehmen die Freundinnen einen gemeinsamen Wochenendtrip der drei Paare zum Anlass, ihre Peiniger loszuwerden. Eine Explosion macht sie zu Witwen und gleichzeitig auch zu Mörderinnen. Doch ihre Probleme sind damit noch nicht aus der Welt – im Gegenteil, sie fangen erst richtig an … Die Folgen der Tat stellen die Freundschaft der drei Frauen vor ganz neue Herausforderungen!

Die Serie ist übrigens ein Remake der finnischen Serie »Schwarze Witwen – Rache auf Finnisch« aus dem Jahr 2014.

Film

Thelma und Louise (USA 1991)

Die Hausfrau Thelma und ihre beste Freundin, die Kellnerin Louise, begeben sich gemeinsam auf einen Roadtrip. Was als netter Ausflug gedacht war, verwandelt sich bald in eine dramatische Flucht, nachdem Louise einen Mann erschießt, der Thelma zu vergewaltigen versucht. Gerade weil niemand an Notwehr glaubt, wachsen die Frauen noch enger zusammen. Am Ende stürzen sich die beiden mit dem Auto im Grand Canyon in den Tod.

Der Club der Teufelinnen (USA 1996)

Die Freundinnen Brenda, Elise und Annie sehen sich fünfundzwanzig Jahre nach dem College erstmals wieder. Im

Gespräch stellen sie fest, dass sie alle von ihren Männern für deren Karriere ausgenutzt und dann für eine Jüngere fallen gelassen wurden. Zusammen planen sie, sich an ihnen zu rächen. Geballte, bitterböse Frauenpower!

Duff (USA 2015)

In dieser Teenagerkomödie fängt Bianca an zu glauben, sie sei bloß die »Duff« (Designated Ugly Fat Friend = Betont hässliche, fette Freundin) ihrer beiden attraktiven besten Freundinnen Jess und Casey. Als sie sich deshalb von ihnen lossagt, beginnt ihr Leben so richtig schlecht zu laufen. Der Film greift auf höchst amüsante Weise auf, wie mangelndes Selbstbewusstsein Mädchen immer wieder dazu bringt, sich mit ihren Freundinnen zu vergleichen.

Bad Moms (USA 2016)

Der Leistungsdruck lastet schwer auf der zweifachen Mutter und erfolgreichen Karrierefrau Amy. Als sie auch noch herausfindet, dass ihr Mann sie betrügt, wird ihr alles zu viel. Nur mithilfe ihrer neuen Freundinnen Kiki und Carla schafft sie es, ihre Prioritäten neu zu setzen und wieder glücklich zu werden. Druck raus, Spaß rein – durchaus nachahmenswert!

Blondinen bevorzugt (USA 1953)

Die Freundinnen Lorelei und Dorothy sind völlig unterschiedlich: die eine blond, naiv und darauf versessen, einen wohlhabenden Mann zu finden, die andere dunkelhaarig, schlau und auf der Suche nach der wahren Liebe. Gemeinsam fahren sie mit dem Schiff nach Europa, weil Lorelei dort ihren reichen Verlobten heiraten will. Bei diversen

Verwicklungen an Bord und schließlich in Paris halten sie zusammen wie Pech und Schwefel. Eine Geschichte mit absolut antiquiertem Frauenbild, aber großem Unterhaltungswert!

Die Frauen (USA 1939)

In den frühen Jahren des Films spielten Frauenfreundschaften keine nennenswerte Rolle. Wenn sie dann doch einmal vorkamen, wurden Freundinnen eher als rivalisierend und einander wenig wohlwollend dargestellt. Es ging nur darum, wie die eine der anderen den Ehemann und ihre gesellschaftliche Stellung wegschnappen könnte. In *Die Frauen* spielen nur weibliche Darstellerinnen mit, der damals übliche Blickwinkel auf das »schwache Geschlecht« wurde aber beibehalten.

Die Schadenfreundinnen (USA 2014)

Als die Anwältin Carly herausfindet, dass ihr Freund Mark in Wahrheit verheiratet ist, ist sie außer sich. Dann lernt sie seine betrogene Ehefrau Kate kennen, und die beiden tun sich zusammen, um sich zu rächen. Die verführerische Amber, die ebenfalls eine Affäre mit Mark hat, ist die dritte im Bunde. Gemeinsam zahlen die drei neuen Freundinnen es dem Casanova heim und sind dabei so kreativ wie gnadenlos. Angefangen von einem heimlich verabreichten Abführmittel bis hin zum Plündern seiner illegalen Konten auf den Bahamas …

Im Himmel trägt man hohe Schuhe (GB 2015)

Zwei Freundinnen, eine wird bald an Krebs sterben, beide wissen das – aus so einem Stoff hätte leicht ein sentimentaler Kitschfilm werden können. Doch dieses berührende Drama hat durchaus auch komische Augenblicke und vor allem besticht es durch die schauspielerische Leistung der Hauptdarstellerinnen Toni Collette und Drew Barrymore. Sie verkörpern die kranke Milly und deren Freundin Jess, die ihr beisteht. Sehr bewegend.

Literatur

Hanni und Nanni (Enid Blyton 1941–1945)

Die Zwillinge Hanni und Nanni (Original: Pat und Isabel) leben im Mädcheninternat Lindenhof (Original: St. Claire's), wo sie mit ihren Freundinnen Abenteuer erleben. Auch wenn die Buchreihe aufgrund ihres Alters kein aktuelles Frauenbild zeichnet, werden allgemeingültige Themen rund um Mädchenfreundschaften (zum Beispiel Rivalität) aufgegriffen.

Stolz und Vorurteil (Jane Austen 1813)

Einer der Handlungsstränge des berühmten englischen Romans ist die Freundschaft zwischen Elizabeth und Charlotte. Obwohl Charlotte sich mit dem anstrengenden Mr. Collins verlobt, auf den Elizabeth herabschaut und den sie selbst zurückgewiesen hat, kommt es zwischen den jungen Frauen nicht zum Bruch, sondern sie bleiben beste Freundinnen, die füreinander da sind. Herzerwärmend!

Die Mütter-Mafia (Kerstin Gier 2005)

In diesem Buch ist auf wunderbar unterhaltende Weise erzählt, wie Frauen sich in schwierigen Situationen untereinander helfen, emotional stützen und anfreunden. Constanze und ihre neuen Freundinnen bestärken sich gegenseitig darin, nicht perfekt sein zu müssen, um glücklich zu werden.

Meine geniale Freundin (Elena Ferrante 2011)

In insgesamt vier Büchern wird die lebenslange Freundschaft zwischen zwei Neapolitanerinnen erzählt. Elena und Lila sind sehr verschieden und durchlaufen unterschiedliche Entwicklungen, stammen jedoch beide aus ärmlichen Verhältnissen, was sie von Anfang an miteinander verbindet. Im ersten Band nimmt die Konkurrenz zwischen den zwei heranwachsenden Mädchen eine zentrale Rolle ein.

Sula (Toni Morrison 1973)

Dieser kurze Roman spielt im Schwarzenviertel einer kleinen Stadt in den USA und handelt von Sula und ihrer gleichaltrigen Freundin Nel. Die Autorin selbst sagte einmal, vor ihrem Buch sei Frauenfreundschaft nie so schwerpunktmäßig literarisch behandelt worden.

Mein Leben voll daneben! (Sabine Zett 2014)

Die zehnjährige Polly kommt nach den Ferien in eine neue Schule. Ihr größter Wunsch ist es, neue beste Freundinnen zu finden. Am liebsten würde sie zu der angesagten Clique von Alissa, Mandy, Isabella und Victoria gehören, und sie tut so einiges, damit das klappt. Doch ihr Plan geht gründlich schief. Kein Wunder, sitzt sie doch zwischen Zahnspangen-Esther und Nerd-Mathilda, den uncoolen Streberinnen. Aber was ist eigentlich echte Freundschaft? Und wie cool sind die Coolen wirklich? Polly lernt in diesem Schuljahr wirklich so allerhand fürs Leben.

Niemand kennt mich so wie du (Anna McPartlin 2012)
Von Kindesbeinen an waren Eve und Lily beste Freundinnen, doch dann, als sie fast erwachsen sind, geschieht etwas, was diese Freundschaft scheinbar für immer zerstört. Erst zwanzig Jahre später begegnen sie einander wieder, und das unter ganz besonderen Vorzeichen: Eve, die nur knapp einen schweren Autounfall überlebt hat, wird im Krankenhaus ausgerechnet von Lily gepflegt. Obwohl Lily ausgerechnet mit dem Mann verheiratet ist, den Eve so sehr hasst, lebt die Freundschaft der beiden Frauen langsam wieder auf. Doch das, was in jenem Sommer passiert ist, beeinflusst ihrer beider Leben und ihre Freundschaft noch immer ...

Sommerfreundinnen (Åsa Hellberg 2014)
Susanne, Maggan, Rebecka und Sonja sind beste Freundinnen, und das über drei Jahrzehnte lang. Als Sonja überraschend stirbt, stürzt das die Clique nicht nur in tiefe Trauer, sondern stellt sie auch vor ungewöhnliche Herausforderungen. Denn Sonja, die wohlhabender war, als alle geahnt haben, hinterlässt jeder von ihnen eine Aufgabe: Sie alle sollen ihre Lebensträume erfüllen und glücklich werden. Doch das ist schwieriger als gedacht und erfordert sowohl viel Mut als auch ein starkes Band der Freundschaft.

Britt-Mari erleichtert ihr Herz (Astrid Lindgren 1944)
Noch bevor *Pippi Langstrumpf* erschien, gewann Astrid Lindgren mit *Britt-Mari erleichtert ihr Herz* den zweiten Preis

im Mädchenbuch-Wettbewerb des Verlags Rabén & Sjögren, wo die Geschichte wenig später veröffentlicht wurde. Als die fünfzehnjährige Britt-Mari eine ausrangierte Schreibmaschine geschenkt bekommt, fängt sie an, darauf Briefe an Kajsa zu schreiben – ein Mädchen aus Stockholm, das zufällig gerade eine Brieffreundin sucht. Britt-Maris Briefe sind so lebendig wie witzig, stecken voller Selbstironie und sind, obwohl sie schon vor über fünfundsiebzig Jahren geschrieben wurden, ausgesprochen modern. Freundschaft ist und bleibt eben zeitlos!

Kapitel 4

Beste Jahre sind noch besser mit einer Freundin

»Wenn wir allein sind, ist sie total anders!« – Freundinnen-Cliquen und Gruppendynamik

Kennen Sie das? Sie können sich mit einer Freundin stundenlang unterhalten, finden sie megasympathisch, liegen genau auf einer Wellenlänge mit ihr – doch sobald die anderen aus der Clique dabei sind, ist sie wie ausgewechselt. Und das auf eine Weise, die Ihnen eigentlich gar nicht gefällt.

Oder umgekehrt: Sie mögen im Grunde alle Freundinnen aus Ihrer Clique, und mit fast allen haben Sie auch schon mal etwas zu zweit unternommen – nur mit einer nicht. Sie ist zwar ein Teil der Gruppe und wirklich nett, aber wenn Sie mit ihr allein wären, wüssten Sie gar nicht recht, was Sie mit ihr anfangen sollten ...

Und dann ist da noch die eine Freundin, die sich immer so merkwürdig verhält, kaum dass ihr Partner dabei ist. Dann ist sie in Ihren Augen gar nicht sie selbst. Allein schon, wie sie redet! Fürchterlich.

Woran liegt das? Inwieweit verändert sich eine Beziehung, wenn man nicht zu zweit, sondern mit einer ganzen Clique zusammentrifft?

Interessanterweise richten Freundschaftsforscher ihr Augenmerk fast ausschließlich auf Zweierbeziehungen. Ab drei Personen kommt die Gruppendynamik ins Spiel und damit ein ganz eigener Forschungszweig.

Gruppendynamik, ist das nicht diese fürchterliche Sache, aus der Massenpanik, Lynchjustiz und Mobbing entstehen?

Nicht nur. Aus wissenschaftlicher Sicht beschreibt es einfach nur das Verhalten von Menschen in einer Gruppe, wobei diese Gruppe eine eigendynamische soziale Realität ist, also mehr als die Summe ihrer Teile beziehungsweise ihrer Individuen.

Geprägt wurde der Begriff vom Psychologen Kurt Lewin, während der Psychoanalytiker Raoul Schindler die Rollenverteilungen in einer Gruppe definiert hat: Überall gibt es eine Führungspersönlichkeit (Alpha-Position), einen Gegenpol dazu (Omega-Position) sowie einfache Gruppenmitglieder (Gamma-Positionen) – manchmal auch sogenannte »Experten« (Beta-Position), doch anders als bei Alpha, Omega und Gamma ist die Beta-Position nicht zwangsläufig besetzt.

Bestes Beispiel, das jede von uns kennt: eine Schulklasse. Da sind der Klassensprecher (Alpha), der Störenfried (Omega), ein paar Faulpelze oder Mitläufer (Gamma) und der Streber (Beta). Ob männlich oder weiblich macht in dem Zusammenhang keinen Unterschied.

Nach Schindlers Theorie funktioniert jede soziale Gruppe nach diesem Muster, ganz gleich ob Handballmannschaft, Familie, Arbeitsteam oder Freundeskreis.

Moment, werden Sie bestimmt sagen, in unserer Freundinnen-Clique ist das aber völlig anders! Wir sind gleichberechtigt, keine spielt Chefin, das ist alles absolut harmonisch.

Wirklich? Ist das so? Wessen Vorschläge für gemeinsame Unternehmungen werden denn meistens realisiert? Wer widerspricht grundsätzlich erst mal oder meldet Bedenken an? Wer stimmt fast immer zu? Und wer organisiert alles?

Sie sehen – auch Ihre Clique funktioniert wohl so, wie Schindler es beschreibt. Nur ist das unter Freundinnen selten so offensichtlich, weil es hier vorrangig um Harmonie geht und nicht um Machtausübung. Und in den meisten Gruppen gilt ohnehin, dass den Mitgliedern gar nicht bewusst ist, welche Positionen wie besetzt sind oder dass es sie überhaupt gibt.

Also: Vielleicht kommt Ihnen an den »Machtverhältnissen« in der folgenden – rein fiktiven – Freundinnengruppe das eine oder andere bekannt vor?

Die Clique – wer tickt wie und warum?

»Ariane« – die Alpha-Freundin

Ariane ist die Rudelführerin. Die Gruppe schart sich im Grunde um sie, und daher bestimmt sie auch, wo's langgeht. Wenn Ariane gerne verreist, werden wohl des Öfteren gemeinsame Städtetrips oder Kurzurlaube mit Wellness auf dem Freundinnen-Programm stehen. Ist sie Outdoorfanatikerin, kommen Sie ohne Wanderschuhe und Zelt garantiert nicht aus. Ist sie leidenschaftliche Köchin und Bäckerin, werden Ihre Zusammenkünfte vermutlich meistens in einer Küche stattfinden.

Dabei muss sie gar nicht besonders laut und dominant wirken. Sie hat einfach eine natürliche Autorität, sodass alle ihr automatisch zuhören, wenn sie das Wort ergreift.

Ist man zu zweit mit ihr unterwegs, ist davon wenig zu spüren, im Gegenteil, sie lässt andere durchaus gern ausreden und ist eine gute Zuhörerin.

Aber in der Gruppe bringt Ariane eben ihre Talente ein: Sie hat viele Ideen, ist entscheidungsfreudig und kann ihre Mitmenschen gut begeistern. Mit anderen Worten: Sie hat Charisma.

Als Alpha-Frau verteidigt sie natürlich auch ihr Rudel. Wie, da hat es eine Fehlbuchung gegeben und die Hotelzimmer stehen nun doch nicht zur Verfügung? Lieber Hotelier, jetzt dürfen Sie sich auf etwas gefasst machen! Geben Sie Ariane besser gleich die gewünschten Zimmer, denn darauf wird es am Ende ohnehin hinauslaufen …

»Olivia« – die Omega-Freundin

Olivia ist die Einzige, die Ariane offen widerspricht. Sie hat immer Gegenargumente parat, hinterfragt ihre Vorschläge und ist sozusagen ihr Gegenpol.

Die anderen stöhnen meist schon auf, wenn Olivia den Mund aufmacht. Sie wird in solchen Momenten als störend empfunden, verhindert sie doch eine schnelle und unkomplizierte Entscheidungsfindung. Aber es geht ihr nicht um Rechthaberei, sondern darum, die Dinge kritisch zu beleuchten. Damit ist sie für die Stabilität der Gruppe wichtiger, als es den

Anschein hat. Denn Arianes spontane Ideen könnten ja wirklich problematisch sein, und während ihr die anderen bedenkenlos folgen würden wie die Lemminge, sorgt Olivia dafür, dass alles bedacht und vernünftig durchgeplant wird.

Durch ihre Art ist Olivia zwar nicht gerade das unkomplizierteste Mitglied der Clique, aber ein unverzichtbares. Denn Tatsache ist: Würde sie die Gruppe verlassen, würde eine andere ihre Omega-Position einnehmen. So funktioniert Gruppendynamik nun mal.

»Gundula« – die Gamma-Freundin

Gundulas sind bei größeren Gruppen in der Mehrheit. Sie bilden die Gefolgschaft von Ariane und stimmen ihr fast ausnahmslos zu. Ein eigener Führungsanspruch ist ihnen vollkommen fremd. Dennoch ist Ariane ihr Vorbild – nicht selten kann man beobachten, dass sie deren Verhalten – bewusst oder unbewusst – regelrecht imitieren.

Auf Olivias Einwände dagegen reagieren Gundulas für gewöhnlich eher gelangweilt bis genervt.

Bei gemeinsamen Aktivitäten fungieren sie als Unterstützerinnen. Stellen bei Backaktionen ihre Küche zur Verfügung und räumen hinterher klaglos alles wieder auf. Bieten sich bei Ausflügen als Fahrerin an. Besorgen Konzerttickets für alle Freundinnen oder Gemeinschaftsgeschenke, wenn eine von ihnen Geburtstag hat.

Ohne eine Gundula gäbe es übrigens überhaupt keine Gruppe – schließlich blieben dann nur Ariane und Olivia – und das wäre eher ein kompliziertes Zweiergespann als eine Gruppe.

Gundulas sind häufig eher zurückhaltend. Das heißt jedoch nicht, dass sie langweilig wären, im Gegenteil. Sobald man ihnen zuhört, staunt man oft Bauklötze, was sie zu erzählen haben. Doch sie würden im Kreis der Freundinnen nie von sich aus das Wort an sich reißen. Es lohnt sich also, sie öfter mal gezielt anzusprechen: »Was gibt's denn bei dir so Neues, Gundula?« Vielleicht erfahren Sie bei dieser Gelegenheit dann von Gundulas Motorradführerschein, ihrem geplanten Sabbatjahr, ihrem Engagement für Flüchtlinge oder ihrem Fallschirmsprung. Wer weiß?

»Britta« – die Beta-Freundin

Nicht alle Cliquen haben eine Britta – aber wenn es sie gibt, kann sich die ganze Gruppe glücklich schätzen. Denn Britta ist eine echte Bereicherung.

Ganz einfach deshalb, weil sie so wahnsinnig viel weiß! Britta kennt sich in allen möglichen Bereichen unfassbar gut aus und fungiert quasi als wandelndes Wikipedia.

Eine Stadtführung müssen Sie nirgendwo buchen, solange Britta mit von der Partie ist.

Eine von Ihnen hat ein Problem? Britta kennt die Lösung – oder jedenfalls jemanden, der weiterhilft.

In der Gruppe gibt es Differenzen? Britta bleibt neutral und argumentiert rein faktenorientiert statt aus dem Bauch heraus.

Es kommt vor, dass sie sich bei Konflikten zwischen Ariane und Olivia auf die Omega-Seite schlägt, aber niemals aus emotionalen Beweggründen, sondern weil es tatsächlich sachliche Einwände gegen den Vorschlag der Alpha-Frau gibt.

Was die Positionen in der Gruppe betrifft, macht sie niemandem den Rang streitig. So was interessiert sie überhaupt nicht. Sollen doch Ariane und Olivia diese Konflikte austragen.

Dennoch – oder vielleicht auch gerade deshalb? – wird sie, sollte Ariane die Gruppe verlassen, zur natürlichen Kandidatin für deren Nachfolge auf der Alpha-Position. Denn Brittas Besonnenheit, ihr Wissen und ihre Ideen kommen bei den anderen einfach gut an.

Übrigens – Gruppendynamik ist nicht zu verwechseln mit Gruppenzwang. Sich ein Tattoo stechen lassen, Drogen nehmen, schwarzfahren oder nachts ins Schwimmbad einbrechen, weil es eben alle machen und man nicht uncool wirken will: Ja, so etwas gibt es. Aber doch überwiegend in der Jugend. Mit den Jahren werden die meisten von uns ja klüger und wissen, dass man nicht alles tun muss, um zu gefallen.

Dennoch gilt in jedem Lebensalter: Wir wollen keine Außenseiter sein, sondern dazugehören. Anerkannt werden. Und gemocht – dafür, dass wir genauso sind, wie wir nun mal sind.

Und genau das tun echte Freundinnen – sei es nun Ariane, Britta, Gundula oder Britta ...

Und was passiert, wenn – wie eingangs erwähnt – die Partner ins Spiel kommen? Warum verhalten sich dann einige Ihrer Freundinnen so anders als sonst? Nun, bei gemischtgeschlechtlichen Gruppen ist es häufig so, dass die Männer die entscheidenden Positionen Alpha und Omega besetzen. Dann kann man mitunter beobachten, wie die sonst so dominante Ariane auf einmal zur Mitläuferin wird.

Doch es gibt auch den umgekehrten Fall, dass eine der zurückhaltenden Gundulas ihrem Partner vorschreibt, wie viele Kuchenstücke er verputzen darf (»Denk an deinen Diätplan!«).

Spannend, finden Sie nicht?

»Er behält das Haus und das Auto – aber ich hab ja noch dich!« – Wie eine Freundin hilft, die Scheidung zu überstehen

In einem der Gespräche, die ich zur Vorbereitung dieses Buches führte, sagte eine Fünfundsiebzigjährige: »Probleme mit dem Mann gehören in die Ehe und nirgendwo anders hin. Darüber spricht man nicht mit Freundinnen!«

Das hat mich stutzig gemacht. Immerhin erzähle ich es meinen besten Freundinnen jedes Mal brühwarm, wenn mich mein Mann aufregt. Und in das Drama rund um die Scheidung einer Freundin war ich im letzten Jahr stark involviert. Das fand ich auch richtig so. Ist es nicht extrem hilfreich, mit der Freundin über Sorgen zu sprechen? Falls man eine Entscheidung bezüglich der Ehe treffen muss, nützt es doch, sich einer nahen Bezugsperson anzuvertrauen.

Auf der anderen Seite verstehe ich, was meine Gesprächspartnerin mit ihrer Aussage ausdrücken wollte: Es kann schon eine Gratwanderung sein, welche Details man über den Partner offenlegt: Philine, die vierunddreißigjährige Zahnärztin aus der Gesprächsrunde in einem der früheren Kapitel, zum Beispiel erzählt mir, dass ihr ihre Freundin Christine allerlei Intimes aus der Ehe berichtet hat. Wann immer Philine bei Partys nun auf Christines Mann trifft, findet sie es höchst anstrengend, beim Plaudern das

Hintergrundwissen (krummer Penis, stinkende Fürze, extrem sorgloser Umgang mit Geld usw.) auszublenden. Sie fühlt sich überhaupt nicht wohl dabei, all diese Dinge über ihn zu wissen.

Ratlos rufe ich den Psychiater an, der Heike und mir beim Schreiben zur Seite steht, wenn wir auf knifflige zwischenmenschliche Fragestellungen stoßen. Ich schildere ihm die beiden unterschiedlichen Sichtweisen. Was ist denn nun richtig? Sich der besten Freundin anvertrauen, wenn man Eheprobleme hat? Oder bloß nicht?

»Das ist eine ganz wichtige Überlegung!«, ruft er begeistert, und ich bin fast ein wenig stolz, welche interessanten Aspekte wir hier mit diesem Buch beleuchten. »Der Vorstellung, man dürfe aus der Partnerschaft nichts nach außen tragen, liegt eindeutig ein Loyalitätskonflikt zugrunde.«

Vor allem früher – so erfahre ich – galt die Ehe und die Beziehung einer Frau zu ihrem Mann als unantastbar. Die Frau hatte bedingungslos zu ihrem Partner zu stehen – sich ihm gegenüber also hundertprozentig loyal zu verhalten. Der Begriff Loyalität wurzelt im lateinischen Wort »lex«, was so viel heißt wie »Gesetz, Vorschrift, Gebot, Vertrag, Bedingung«. Wikipedia sagt dazu: »Loyalität bedeutet, im Interesse eines gemeinsamen höheren Zieles, die Werte (und Ideologie) des anderen zu teilen und zu vertreten bzw. diese auch dann zu vertreten, wenn man sie nicht vollumfänglich teilt, solange dies der Bewahrung des gemeinsam vertretenen höheren Zieles dient.« Diese Prämisse galt in früheren Generationen für die Ehe. Ausgestorben ist diese Auffassung jedoch beileibe nicht.

»Ich erlebe das auch in psychiatrischen Settings«, fährt

der Fachmann fort. »Aus Loyalitätsgründen dem Partner gegenüber verschweigen Frauen sogar Gewalterfahrungen. Das sind dann natürlich extreme Beispiele. Aber insgesamt ist für mich das alles ein falsches Verständnis des Loyalitätsbegriffs.«

»Heißt das also, dass es legitim ist, das Herz bei der Freundin auszuschütten, wenn man Probleme mit dem Partner hat?«, frage ich.

»Selbstverständlich! Sogar im Geheimdienst gilt heute, dass Agenten – Staatsgeheimnisse hin oder her – zumindest einen Menschen haben müssen, dem sie sich anvertrauen können. Man ist sich mittlerweile einfach bewusst, dass man die Last ohne diese Möglichkeit nicht erträgt.«

Aber was ist dann mit dem Beispiel von Christine und Michaela? Tatsächlich mutet es ja nicht unbedingt richtig an, dass Christine sich unwohl fühlt, weil sie all diese Details über Michaelas Mann weiß.

»Ich empfehle, genau das zu thematisieren. ›Ist es für dich okay, wenn wir darüber reden?‹ zu fragen, schadet nie.«

Zum Schluss unseres Gespräches hält der Psychiater noch fest, dass es wohl das Hauptwesen der Freundschaft ist, dass man sich vertraut und Geheimnisse erzählt.

Beruhigt lehne ich mich zurück. Es ist also völlig in Ordnung, wenn ich mit einer Herzensfreundin über meinen Mann spreche. Jetzt war ich doch echt einen Augenblick lang verunsichert.

Die Scheidungsgeschichte von Isabel ist ein wunderbares Beispiel, um zu zeigen, welche Rolle eine Freundin als Vertraute spielen kann. Erzählt hat mir davon ihre beste Freundin:

»Wir lernten Isabel und Attila gemeinsam auf einer Party kennen. Mein Mann und ich mochten die beiden auf Anhieb, denn sie hatten dieselben Interessen wie wir. Binnen kurzer Zeit wurde aus uns ein nettes Vierergespann. Und Isabel wuchs mir so sehr ans Herz, dass sie bald meine allerbeste Freundin war. Sie ist einfach lustig, hat einen wunderbaren Stil und wir können über jedes Thema sprechen. Zumindest empfand ich das meinerseits so.

Vor etwa zwei Jahren kam mir erstmals der Gedanke, dass Isabel umgekehrt vielleicht nicht immer alles von sich preisgegeben hatte. Denn wie aus dem Nichts heraus gestand sie mir, dass sie unglücklich sei und sich verändern müsse. Deshalb wolle sie kündigen und eine Ausbildung in Berlin, also rund zweihundert Kilometer von unserem Heimatort entfernt, beginnen. Das verunsicherte mich. Sollte man nicht eigentlich merken, wenn es der Freundin schlecht geht? Ich beschloss, mich als ihre Vertraute noch mehr anzustrengen. Selbst wenn ich die Umorientierung nicht richtig verstand, stärkte ich ihr den Rücken. Klar musste sie alles dafür tun, zufrieden zu sein! Ja, das hieß für sie und ihren Mann, ab sofort eine Wochenendehe zu führen. Aber ich vertrete die Meinung, dass man sich in einer Partnerschaft frei genug fühlen soll, die eigenen Träume zu leben. In zahllosen Gesprächen feuerte ich sie an, diesen Schritt zu wagen, den sie sich so sehr wünschte. Ich glaubte fest daran, dass sie selbst weiß, was das Beste für sie ist.

Und so kam es auch: Isabel nahm sich ein WG-Zimmer in Berlin und ließ Attila und den gemeinsamen siebzehnjährigen Sohn zu Hause zurück. Ich bewunderte sie für ihren Mut und ihre Emanzipiertheit. Immerhin würden Männer so etwas jederzeit machen. Nur wir Frauen fühlen uns in solchen Situationen schlecht. Gut fand ich auch Attila, der wirklich versuchte, Isabel zu unterstützen und ihr jeden nur erdenklichen Freiraum zu lassen.

Einige Monate später berichtete mir Isabel, dass es ihr in Berlin erstmals wieder seit vielen Jahren richtig gut gehe und dass sie darüber nachdenke, sich von Attila zu trennen. Diese Offenbarung schockierte mich, denn ich hatte Isabel und Attila als Einheit kennengelernt und immer nur so wahrgenommen. Wann hatte diese sich aufzulösen begonnen? Und warum hatte ich das nicht bemerkt?

Ich bemühte mich, meine eigenen Gefühle außer Acht zu lassen und Isabel einfach eine gute Freundin zu sein. Das hieß, dass ich ihr in unendlich vielen Gesprächen meine Aufmerksamkeit schenkte, sie darin bekräftigte, ihren Weg zu gehen, aber gleichzeitig auch versuchte, ihren Ärger auf Attila zu neutralisieren. Ich wollte, dass sie Entscheidungen nur mit klarem Kopf traf. Diese Diskussionen fühlten sich oft an wie Schwerstarbeit und hinterließen mich ausgelaugt.

Zusätzlich hatten mein Mann und ich immer wieder Attila bei uns im Wohnzimmer sitzen, der seinen Kummer bei uns ablud und Trost suchte. Einige Male fragte ich mich, wie ich selbst aus der Sache heil herauskommen sollte. Ich mochte beide und wünschte mir, dass sie mit- oder ohneeinander glücklich wurden. Aber mittendrin zu stehen, behagte mir auch nicht gerade. Ich fand, dass der Weg der Freundschaft plötzlich mit Fallstricken ausgelegt war. Das Risiko, mich falsch zu verhalten, schien enorm hoch und ich brauchte meinerseits unendlich viele Gespräche mit meinem Mann und einer unbeteiligten Freundin, um alles zu reflektieren und zu verdauen.

Ich bemühte mich um absolute Psychohygiene: Wann immer wir mit Attila zusammengesessen hatten, teilte ich das Isabel mit. Und umgekehrt. Nie redete ich darüber, was gesprochen wurde. Ich gab nicht einmal einen winzigen Hinweis, wenn ich auf Missverständnisse zwischen den beiden gestoßen war. Es war ihre Aufgabe, die Probleme zu bewältigen. Nicht meine. Ich war schließlich eine Freundin und keine Paartherapeutin. Das versuchte ich mir immer wieder zu vergegenwärtigen. Und doch fühlte ich mich oft genug zerrissen, unzulänglich oder illoyal. Als es mir irgendwann emotional zu schwierig wurde, sagte ich zu meinem Mann: ›Ich kann nicht mehr! Nimm du Attila und ich nehme Isabel, bis die ganze Sache ausgestanden ist!‹

Anschließend wurde es etwas einfacher für mich, ohne Wenn und Aber für meine Freundin da zu sein. Ich setzte mich nicht mehr dauernd einem Gewissenskonflikt aus.

Schließlich kam es, wie es kommen musste: Isabel lernte in Berlin jemanden kennen und somit fiel ihr die Entscheidung, ob sie sich von Attila trennen sollte oder nicht, wesentlich leichter. Natürlich hörte sie deswegen aus ihrem familiären Umfeld massive Vorwürfe – auch wegen des gemeinsamen Sohnes. Aber ich versuchte, sie weiterhin darin zu bestärken, ihren eigenen Weg zu gehen. Nicht weil ich Scheidungen so toll finde, sondern weil ich denke, dass kein anderer in Isabels Inneres schauen kann und dass nur sie selbst Expertin für ihr Lebensglück ist. Selbstverständlich fragte ich mich oft, ob Isabel vielleicht in so etwas wie einer Midlife-Crisis steckte und am falschen Ende des Problems herumdokterte. Doch schließlich dachte ich: Wenn sie sich irrt, ist es eben so. Dann muss ohnehin sie selbst mit den Konsequenzen klarkommen. Als Freundin sah ich meine

Aufgabe also darin, sie nicht in die eine oder andere Richtung zu drängen, sondern sie immer wieder zu fragen, was sie sich wünschte und erträumte. Welches Leben sie führen wollte. Und womit sie zumindest im Augenblick glücklich sein konnte.

Vor einigen Monaten wurde Isabels und Attilas Ehe dann tatsächlich geschieden.

Ich muss zugeben, dass ich mich nach diesem langen Prozess ein wenig ausgebrannt fühlte. Es war kein Zuckerschlecken, meine Freundin durch diese Phase ihres Lebens zu begleiten. Da will ich gar nichts beschönigen. Und eigentlich ist der Abschnitt ja gar nicht vorüber. Richtig ›angekommen‹ ist Isabel noch nicht.

Manchmal würde ich mir wünschen, dass es jetzt schön langsam in unseren Gesprächen auch mal wieder um mich geht. Zumindest ein paar Augenblicke. Oder dass wir etwas machen, wofür ich mich interessiere – als Abwechslung zu den Unternehmungen, die allesamt zum Ziel haben, Isabel zu trösten oder abzulenken. Ich denke nicht, dass in einer Frauenfreundschaft immer gleich viel gegeben wie genommen werden muss. Aber irgendwie spiele ich schon zu lange gar keine Rolle mehr. Demnächst thematisiere ich das Isabel gegenüber – nicht als Vorwurf, sondern einfach als vorsichtige Wunschformulierung. Egal, wie sie darauf reagiert und ob es noch ewig mit Wie-geht-es-Isabel-Gesprächen weitergeht. Ich hab sie lieb und sie wird stets meine beste Freundin bleiben!«

»Könntest du mich eventuell zur Chemo fahren?« – Wahre Freundschaften bewähren sich in der Krise

Es passierte während einer Lesung in einer Grundschule. Mir war urplötzlich so elend zumute, dass sie abgebrochen werden musste. Der Schulleiter rief den Rettungswagen, ich wurde mit Tatütata ins nächstgelegene Krankenhaus gebracht und dort notoperiert. Man informierte meinen Mann, der sich sofort ins Auto setzte und zu mir raste. Ich will gar nicht wissen, in welcher Zeit er die zweihundert Kilometer geschafft hat. Sein besorgtes Gesicht war das Letzte, was ich sah, bevor man mich unter Narkose setzte – und das Erste, was ich wahrnahm, als ich nach zwei Tagen künstlichem Koma auf der Intensivstation zu mir kam. Und daneben ein weiteres – das meiner Freundin Steffi. In dieser kritischen Situation (wie lebensbedrohlich das Ganze war, wurde mir erst viel später klar) wollte sie einfach bei mir sein. Unbedingt. Für mich ein Freundschaftsbeweis, wie er eindeutiger nicht sein kann. In Krisensituationen zeigt sich eben, wer eine wahre Freundin ist.

Andererseits ist es gar nicht so leicht, sich in Zeiten, in denen es der anderen extrem schlecht geht, als wahre Freundin zu erweisen. Man will helfen, bloß wie? Tja, wenn man magische Kräfte hätte und fiese Krankheiten im Handumdrehen verschwinden lassen könnte …

Manchmal genügt es, einfach da zu sein. Zuzuhören. Die

Hand zu halten. Manchmal ist aber auch konkrete Unterstützung gefragt wie die krebskranke Freundin zur Chemobehandlung zu fahren, zum Arztgespräch zu begleiten, ihr eine Suppe zu kochen oder für sie einkaufen zu gehen.

Am besten sprechen Sie in solchen Fällen Ihre Unsicherheit offen an. Oder – wenn Sie diejenige mit der Krankheit sind – formulieren klar, welche Art von Unterstützung Sie sich wünschen.

Aber Freundschaften können sich bei schweren Krankheiten nicht nur bewähren, sie können auch kaputtgehen. In jedem Fall werden sie in Krisen auf die Probe gestellt. Wer wüsste das besser als meine Freundin Anja! Ich habe sie zu ihren Erfahrungen befragt.

Heike: Liebe Anja, wir kennen uns nun schon seit rund zehn Jahren. In dieser Zeit haben wir miteinander gearbeitet, gelacht, gefeiert, uns über Gott und die Welt ausgetauscht – und unsere Krankheiten gemeinsam durchgestanden. Vor allem du musstest durch tiefe Täler gehen.

Anja: Als ich 2016 schwer erkrankte, teilte sich in meinem Freundeskreis die Spreu vom Weizen. Krebs ist noch immer ein Tabuthema. Nicht nur in der Gesellschaft, auch im persönlichen Umfeld ruft dieses Krankheitsbild so viel Schrecken hervor, dass viele nicht wissen, wie sie damit umgehen sollen, wenn jemand Nahestehendes betroffen ist. Zusätzlich hat die allgemeine soziale und finanzielle Sicherheit oftmals fehlende Empathie zur Folge – der Zusammenhalt, der in der Armut überlebenswichtig ist, geht ein Stück weit verloren. Alle leben gern in einer heilen Scheinwelt. Aber

Zusammenhalt und Solidarität sind in schweren Zeiten überlebenswichtig für die betroffene Person. Freundschaft ist quasi ein Strohhalm, an dem man sich festhalten kann.

Heike: Wir haben uns in den Jahren deiner Krankheit nicht oft gesehen, dafür aber umso öfter miteinander telefoniert. Manchmal hörtest du dich schwach an, doch selbst wenn dich heftige Schmerzen quälten, hast du niemals gejammert. Zumindest aus der Entfernung hatte ich das Gefühl, dass dich der Krebs nur noch stärker gemacht hat. Nicht umsonst hast du gemeinsam mit Mina Teichert ein Buch mit dem Titel *Krebskriegerinnen* geschrieben. Was hat dir diese Kraft gegeben?

Anja: Ich bin von Natur aus ein sehr positiver Mensch und glaube fest daran, dass sich am Ende immer alles zum Guten wenden wird.

Während meiner Krankheit habe ich in erster Linie versucht zu funktionieren und den Fokus nur auf mich gerichtet. Einen Schritt nach dem anderen getan. Was ist wirklich jetzt genau in diesem Moment wichtig?, war mein Leitsatz.

Zeit zum Jammern blieb da nicht. Im Nachhinein verstehe ich auch, dass die Krankheit ein Wegweiser war, weil sich damit mein Blick auf das Wesentliche geschärft hat.

Klar habe ich oft geweint vor Schmerzen, aber diese schlimmsten Stunden durchlebte ich am liebsten allein.

Wahre Freundinnen haben verstanden, warum ich genauso viel Unterstützung wie Freiraum brauchte.

Das Buch mit Mina Teichert zu schreiben, war letztendlich auch wie eine Psychotherapie. Ein Loslassen. Das Schreiben war emotional nicht immer einfach, weil viele

Bilder noch sehr lebendig in meinem Kopf sind. Die Erlebnisse im Krankenhaus und die Gefühle, die ich damals hatte, sind noch immer sehr präsent.

Heike: Als ich hörte, dass du nicht nur Darmpolypen hattest, sondern Darmkrebs, war ich total schockiert. Du sicher noch viel mehr! Wie wichtig waren deine Freundinnen in dieser Situation für dich?

Anja: Ich habe tatsächlich viel mit mir selbst ausgemacht. Zeitweise war es wie ein Leben im Kloster mit Schweigegelübde. Etliche Themen, vor allem, wenn es um die Darmfunktionen geht, kannst und willst du eben nicht so schnell jemandem anvertrauen. Meiner Mutter gegenüber gab es diese Hemmschwelle nicht. Und Mina konnte ich mich auch gut öffnen, weil sie das Gespenst Krebs erfolgreich überstanden hatte.

In Freundschaften geht es ja auch darum, genau zu überlegen, was eine Freundin wirklich erträgt. Ich wollte niemanden überfordern und war deshalb sehr vorsichtig mit dem, was ich wem zugemutet habe.

Trost gaben mir Freundinnen wie du, die, ohne Druck zu machen, abgewartet haben und da waren, wann immer ich bereit dazu war. Und von jeder bekam ich dann etwas anderes: von der einen Ermunterung, von der anderen Mitgefühl, von der dritten Bestärkung oder Tipps, wie man Schwierigkeiten überwindet.

Heike: Als du nach deiner ersten großen OP aufgewacht bist, hatte sich deine schlimmste Befürchtung bewahrheitet: Man hatte dir ein Stoma gelegt, also einen künstlichen Darmausgang. Du bist damit wahnsinnig souverän umgegangen, wie ich finde. Statt dir leidzutun, sagtest du nur: »Besser, als tot zu sein.« Inzwischen sprichst – beziehungsweise schreibst – du ganz offen über diese Lebensphase. Damals hast du dich natürlich – wie du ja auch selbst gerade schon erzählt hast – nur ausgewählten Menschen anvertraut. Wie hast du entschieden, wem du davon erzählst und wem nicht? Ging das nach Bauchgefühl?

Anja: Meine Freundinnen sind sehr unterschiedlich. Ich wusste einfach, mit wem ich über den Beutelinhalt und mit wem über mein Seelenleben sprechen konnte. Ich kann meine Mädels gut einschätzen. Rücksichtnahme wollte ich nicht nur in Anspruch nehmen, sondern auch geben.

Das beste Mittel für den Überlebenskampf ist für mich übrigens Selbstironie. Ein Witz auf eigene Kosten ist wunderbar! Nach der Rücklegung des Stomas zum Beispiel habe ich einige dieser hautfarbenen Beutelchen, die noch unbenutzt übriggeblieben waren, mit Teelichtern bestückt in meinen Garten gehängt. Darüber konnte ich mit meinen Freundinnen herzlich lachen.

Heike: Hast du in diesen schwierigen Zeiten eigentlich nur positive Erfahrungen mit deinen Freundinnen gemacht? Oder gab es auch welche, die sich in dieser Phase nicht eben mit Ruhm bekleckert, sich vielleicht sogar von dir abgewendet haben?

Anja: Tatsächlich hatte sich eine meiner engsten Gefährtinnen bereit erklärt, mich in den Tagen nach dem Krankenhaus zu pflegen. Ich war nach der Operation ja leider nicht sofort in der Lage, mich um mein Haus, meine Tiere oder um mich selbst zu kümmern.

Nach drei Tagen sagte sie zu mir, dass sie zum Arzt müsse und anschließend wiederkommen würde. Seit sie das Haus verlassen hat, sind nun zwei Jahre vergangen. Keine Erklärung – einfach verschwunden. Meine Anrufe hat sie blockiert.

Ich werde ihr nie verzeihen können, dass sie mich in höchster Not im Stich gelassen hat.

Vermutlich war meine Krankheit einfach zu viel für sie. Zuzusehen, wie eine Freundin mit dem Tod ringt, schwach im Bett liegt, vom Sterben redet, führte sie bestimmt an ihre eigenen Grenzen. Aber einfach abzuhauen, ohne einen Ton zu sagen, hat nichts mit Freundschaft, Loyalität oder Füreinanderdasein zu tun.

Heike: Als nach einem guten Jahr das Stoma zurückverlegt wurde, was ja eigentlich eine Routinesache sein sollte, ist bei der OP so einiges schiefgelaufen. Es war wirklich kritisch und wir hatten große Angst um dich. Hast du das überhaupt mitbekommen – oder, wie ich damals bei meiner eigenen Not-OP, erst hinterher?

Anja: Ich hatte eine Vorahnung, dass etwas passieren würde. Deshalb rief ich im Vorfeld alle Liebsten an und teilte ihnen meine Befürchtung mit.

Tatsächlich ist während der OP meine Lunge kollabiert und nach dieser Katastrophe brauchte ich wieder eine Zeit des Rückzugs. Ich musste das Grenzerlebnis erst verarbeiten. Ich wollte nur meine Familie, mein Kind – mehr war mir nicht wichtig. Im Nachhinein war ich aber schon extrem gerührt, wer alles an mich gedacht hat und mir aus der Ferne in Gedanken beistand.

Heike: Abschließend vielleicht ein paar Tipps von dir als Betroffene: Wenn eine gute Freundin schwer erkrankt, ist man oft sehr verunsichert. Was kann man tun, um ihr wirklich zu helfen? Man will ja nicht nerven oder neugierig wirken. Und nichts, was man tut, wird die Krankheit wegzaubern. Wie soll man sich also verhalten? Was hat dir gutgetan? Was hättest du dir gewünscht? Und was würdest du nach deiner Erfahrung im umgekehrten Fall tun?

Anja: Einfach nur einigermaßen gelassen für sie da sein. Es nützt nichts, wenn man sich mit ergoogeltem Wissen aufdrängt. Oder eine Stimmung der Panik verbreitet und dauernd zu weinen anfängt.

Mir war es sehr wichtig, dass ich in der wohl schwersten Zeit meines Lebens frei und ohne schlechtes Gewissen entscheiden konnte, wann ich wen anrufe. Oft war ich einfach nur schlapp und müde oder wollte allein sein.

Auf der anderen Seite würde ich empfehlen, Überforderung ruhig zu thematisieren. Nichts ist schlimmer als ein unseliger Eiertanz, bei dem du als Kranke dann auch noch unsicher sein musst, was vielleicht nicht in Ordnung ist.

Heike: Danke für deine Offenheit – und für deine Freundschaft!

Anja: Ich danke dir auch von Herzen für deine Freundschaft!

»Ich dachte, wir erzählen uns alles!« – Wenn Freundinnen plötzlich Geheimnisse voreinander haben

Wir haben gerade erfahren, dass es für Anja durchaus ein Thema war, welcher Freundin sie welchen Aspekt ihrer Erkrankung mitteilen konnte. Und dass sie oft genug allein sein und gar nicht reden wollte.

Aber wie verhält es sich mit der Überlegung »Sich der Freundin anvertrauen – ja oder nein« in anderen Situationen?

Ich habe in meinen eigenen Erinnerungen gekramt, welche Erfahrungen ich selbst gemacht habe:

Als ich damals endlich schwanger wurde, war ich überglücklich. Zuvor hatte es eine Zeit lang mit dem Babywunsch nicht geklappt, also kam das blaue Zeichen auf dem Schwangerschaftstest einem Geschenk des Himmels gleich. Mir war schon klar, dass es sich eigentlich empfiehlt, in den ersten Wochen über so eine Neuigkeit Stillschweigen zu bewahren. Aber ich war so von den Socken, dass ich mein kleines Geheimnis meiner Freundin Katrin schnell offenbarte. Wir erzählten uns ja auch sonst alles und sie hatte mir davor – während der Monate des Wartens, Hoffens und der immer wiederkehrenden Enttäuschung – ja ebenfalls beigestanden.

Die Wochen vergingen, mir war übel, mein Bäuchlein begann überraschend rasch zu wachsen und ich freute mich. Was für eine spannende Zeit! Es gab so viel zu füh-len, zu bedenken und neu zu erfahren. Natürlich redete ich mit Katrin darüber. Und sie gab mir nie auch nur eine Se-kunde das Gefühl, dass irgendetwas an der Situation für sie nicht passte.

Als ich den vierten Schwangerschaftsmonat erreicht hat-te, ließ Katrin plötzlich die Bombe platzen: Sie war bereits vierzehn Tage vor mir schwanger geworden.

Ich fühlte mich in dem Moment total vor den Kopf ge-stoßen. Zwar wusste ich, dass viele in den ersten Wochen nicht über ihre Schwangerschaft reden. Aber dass sie mich als enge Freundin ausgeschlossen hatte, kränkte mich – zu-mal wir uns ja exakt in derselben Situation befanden. Zu-sätzlich kam ich mir so dumm vor, über alle Details meines eigenen Zustands schwadroniert zu haben, während sie zu ihrem geschwiegen hatte.

Wenn ich jetzt diese Erlebnisse rekapituliere, stelle ich mir die Frage, wie es sich allgemein mit Geheimnissen in Frauenfreundschaften verhält. Wie viel davon ist normal? Welche Heimlichtuerei schadet der Freundschaft? Welche ist verständlich?

Höchste Zeit, mich mit Frauen zusammenzusetzen und sie über ihre Erfahrungen zu interviewen!

Johanna erzählt mir, dass ihre engste Freundin die Neigung hat, abzutauchen, wenn es ihr nicht gut geht. Immer wie-der rutscht sie in Lebenskrisen und dann ist sie für Johanna unerreichbar – alle Anrufe und Nachrichten bleiben unbe-antwortet. Mittlerweile weiß sie, dass sie dieses Abkapseln der Freundin einfach akzeptieren muss. Aber als diese ge-heiratet und Johanna erst Monate danach davon berichtet hat, war das doch sehr verletzend. »Irgendwo in mir ist das bis heute nicht ganz verziehen«, gibt meine Gesprächspartnerin zu.

Die beste Freundin von Theresa traf sich heimlich über mehrere Wochen außerehelich mit einem Kerl. Erst wesentlich später erzählte sie der Freundin von diesem Seitensprung.

»Ich kann schon nachvollziehen, warum sie das damals nicht nur ihrem Mann, sondern auch mir verheimlicht hat«, berichtet Theresa. »In dem Augenblick, in dem du über so etwas sprichst, wird die ganze Sache ja noch einmal viel realer. Und das wollte sie einfach nicht. Sie war da reingerutscht, im Taumel der Gefühle, und wusste selbst noch nicht so richtig, wie sie darüber denken sollte.« Theresa war der Freundin nie böse und versteht, warum sie dieses Geheimnis sehr lange für sich behielt.

Die siebzehnjährige Caro geht schon seit einigen Jahren gemeinsam mit ihrer Freundin ins Jugendzentrum. Sie erzählt mir, dass es da nicht so zugeht, wie die Eltern sich das bestimmt vorstellen. Der Streetworker, der die Jugendlichen dort betreut, kifft und hat nichts dagegen, wenn jemand harten Alkohol mitbringt. Bei den Übernachtungspartys gibt es ständig wilde Knutschereien, die Hälfte der Jugendlichen ist völlig besoffen und die andere zieht spätnachts noch um die Häuser. Caro hat sich aus alldem immer herausgehalten und war eher als Beobachterin dabei. Aber sie vermutet, dass ihre Freundin da in Berührung mit Drogen gekommen und bereits abhängig geworden ist. Gesprochen haben sie darüber nie und Caro ahnt, dass die Freundin ihr

Abrutschen vor ihr geheim halten will. »Ich bin froh, dass sie das alles nicht mit mir bespricht, denn ich wüsste nicht, was ich dann tun sollte. Vielleicht doch mit meinen Eltern drüber reden?«

»Ich werde Ariane nie verzeihen, dass sie kein einziges Wort zu mir gesagt hat«, sagt Rosalinde. Als ihre beste Freundin sich vor über zehn Jahren das Leben nahm, brach für Rosalinde eine Welt zusammen. Natürlich hatte sie gewusst, dass Ariane zur Melancholie neigte, aber wie weit ihre Depressionen tatsächlich gingen, hatte jene gekonnt überspielt. Es fällt Rosalinde sehr schwer zu akzeptieren, dass sie nicht die Möglichkeit bekam, für Ariane da zu sein.

»Und wenn es auch nichts bewirkt hätte«, sagt sie. »Zumindest versuchen hätte sie es mich doch lassen können.«

Wie es manchmal so ist, verlor Gina nach der Schule ihre liebste Jugendfreundin aus den Augen. Abgesehen von einem sporadischen Austausch auf Social Media gab es keine Berührungspunkte mehr. Nach einigen Jahren brach sogar dieser Kontakt ab und die andere schien wie vom Erdboden verschluckt. Als Gina schließlich versuchte, sich über die Eltern der Freundin wieder anzunähern, wartete eine böse Überraschung auf sie: Die Freundin saß wegen Betrugs im Gefängnis. »Von ihrer Familie erfuhr ich, dass sie sich schrecklich schämt und deshalb nicht will, dass irgendjemand davon erfährt. Zuerst dachte ich, es wäre das Beste, ihrem Wunsch zu entsprechen, aber dann schrieb ich ihr doch einen Brief.« Seitdem korrespondieren die Frauen und Gina hat ihre Freundin schon zweimal besucht.

Geheimnisse scheinen ein Bereich von Freundschaften zu sein, der unkontrollierbar ist. Man kann einfach keine Regeln dafür aufstellen, worüber »gesprochen werden muss«. So bleibt es ein Leben lang ein situationsbedingtes Ausloten, welches Thema man lieber für sich behalten will. Frauen neigen dazu, in Freundschaften sehr vertraut miteinander umzugehen, sich gegenseitig emotional stützen zu wollen und in engem persönlichen Austausch zu stehen. Da kann es also schon vorkommen, dass Geheimniskrämerei weh-tut. Eine gute Freundin wird mit den gesteckten Grenzen aber sicher irgendwie umgehen können, auch wenn sie die Heimlichtuerei vielleicht nicht verstehen kann.

Wie immer empfehlen sich in solchen Fällen ausführ-liche Gespräche zur Klärung. Vermutlich neigen wir häu-fig dazu, Verletzungen unter den Tisch zu kehren, weil wir denken, wir hätten kein Recht, uns zu beschweren. Doch wohldosierte, liebevolle Worte vermögen so manches zu klären, was langfristig die Freundschaft belasten könnte.

Genauso problematisch kann es jedoch werden, wenn eine Frau ihre Freundin in ein Geheimnis einweiht und es ihr damit aufbürdet:

Martinas Beziehung zu ihrer früheren besten Freun-din kippte, als sie Martina zur Mitwisserin von illegalen Machenschaften werden ließ. Die junge Frau arbeitete in einem Technikmarkt und fühlte sich unterbezahlt. Also be-gann sie »als Ausgleich«, wie sie es nannte, Sachen mitgehen zu lassen. Zuerst waren es Stifte und anderes Material aus dem Büro, etwas später sogar Produkte wie CDs und klei-ne elektronische Geräte. »Das war alles nichts wahnsinnig Teures«, erinnert sich Martina. »Aber mich hat das Wissen, dass meine Freundin stiehlt, sehr belastet.« Irgendwann bekam Martina von ihr einen Funkwecker zu Weihnachten und ahnte, dass für dieses Geschenk auch nicht bezahlt worden war. Da platzte ihr der Kragen und sie stellte die Freundin zur Rede. »Ich sagte ihr, dass ich es nicht richtig fand, was sie da tat und dass ich in so etwas nicht hineingezogen werden wollte. Bald darauf riss unser Kontakt dann ab.«

Kristen erzählt mir, dass sie die Einzige aus dem Freundeskreis war, die eingeweiht wurde, als Moni mit sechzig schwer erkrankte. Sie begleitete die Freundin zur Chemo, hielt am Krankenbett ihre Hand und teilte all ihre Sorgen. Die Freundin so zu unterstützen war eine Selbstverständlichkeit, kostete aber enorm viel Kraft. »Ich hätte mir gewünscht, mich meinerseits jemandem anvertrauen zu dürfen, der Moni ebenfalls kennt. Doch das wollte sie partout nicht.« Irgendwann knickte Kristen ein und holte sich in dieser schweren Zeit Trost bei einer gemeinsamen Freundin. Noch eine Mitwisserin ins Boot zu holen, half ihr. Sie hatte zwar der Kranken gegenüber ein schlechtes Gewissen, hätte die Situation aber anders nicht ertragen.

Warum haben wir Geheimnisse?

»Das Geheimnis ist eine der größten geistigen Errungenschaften der Menschheit«, formulierte der Soziologe Georg Simmel Anfang des 20. Jahrhunderts, doch genauer beleuchtete man diesen Aspekt der zwischenmenschlichen Beziehungen erst viel später. Der Psychologe Michael Slepian von der Columbia University in New York beschäftigt sich intensiv mit der Erforschung von Geheimnissen. Sein Ergebnis: Jeder von uns verbirgt im Durchschnitt dreizehn kleine und große Fakten vor seiner Umwelt. Fünf davon haben wir noch nie jemandem anvertraut, und gehütet wird ein Geheimnis im Schnitt zweieinhalb Jahre.

Er fand heraus, dass es Menschen belastet, Geheimnisse zu haben – sowohl körperlich als auch emotional. Schuldgefühle, Grübeln und manchmal sogar Selbstbestrafung sind die Konsequenz. Sich in solchen Situationen einer Person anzuvertrauen, fördert das Wohlbefinden und reduziert das Brüten.

Der amerikanische Psychologe James Pennebaker analysierte die E-Mails von Leuten, die einander Geheimnisse anvertrauten. Die Frequenz, in der sie sich schrieben, erhöhte sich danach merklich. Geheimnisse scheinen also auch Bindungen zu stärken und ein Grundstein für Freundschaft zu sein.

Auf der anderen Seite bedeutet es Autonomie und Selbstbestimmung, Geheimnisse zu haben. Wir alle kennen das aus unseren Jugendjahren, in denen es Teil des Abnabelungsprozesses war, unseren Eltern nicht mehr jedes Detail zu erzählen.

»Sich selbst oder andere zu schützen, ist allerdings der wichtigste Grund für Geheimniskrämerei«, sagt Andreas Wismeijer von der Freien Universität Amsterdam. Die meisten Geheimnisse haben moralisch geächtete Inhalte und würden zu sozialen Nachteilen oder sogar Bestrafung führen. Es mag daher nicht überraschen, dass in erster Linie jene Freunde hinzugezogen werden, von denen man weiß, dass sie dem Thema liberaler gegenüberstehen. Eine Bekannte, die eine offene Ehe führt, wird also eher bezüglich eines Seitensprungs eingeweiht als die beste Freundin, die Treue über alles stellt.

Wissenschaftler sagen: Jemandem nach gründlichem Abwägen, ob die Person dafür geeignet ist, Geheimnisse anzuvertrauen, ist ein guter Weg, die Bürde zu erleichtern. Es ist in jedem Fall gut für die Psyche, mit jemandem zu sprechen. Selbstverständlich muss das aber nicht immer die beste Freundin sein. Manchmal bieten sich völlig Unbeteiligte wie ein Therapeut oder Leidensgenossen (Selbsthilfegruppen) wesentlich besser an.

»Aber wir bleiben auf jeden Fall in Verbindung!« – Wie man herausfindet, ob man nur gut bekannt oder eine echte Freundin ist

Hand aufs Herz: Wie viele Freundinnen haben Sie? Und damit meine ich wahre Freundinnen, nicht nette Bekannte oder Lieblingskolleginnen. Also, wie viele sind es? Eine? Zwei? Fünf? Viel mehr dürften da nicht zusammenkommen – denn was wir hier unter Freundschaft verstehen, hat mit dem verwässerten Freunde-Status auf Social Media nichts zu tun.

Eine enge, tiefe Freundschaft ist etwas Wunderbares, eben weil sie so selten ist.

Doch offenbar ist es überhaupt nicht so leicht, richtig einzuschätzen, was echte Freunde sind – das jedenfalls fanden Wissenschaftler des Massachusetts Institute of Technology und der Universität Tel Aviv heraus, als sie Studierende im Alter von dreiundzwanzig bis achtunddreißig Jahren baten, ihre Beziehung zu Kommilitonen zu bewerten, und das auf einer Skala von null (»Ich kenne diese Person nicht«) bis fünf (»Einer meiner besten Freunde«). Erstaunlicherweise beruhte rund die Hälfte der Angaben nicht auf Gegenseitigkeit!

Nun, wir sind zwar keine Freundschaftsforscherinnen, aber zusammen verfügen Ursi und ich nahezu über ein Jahrhundert Erfahrung mit Freundinnen. Lassen Sie uns einfach gemeinsam herausfinden, ob Frau X wirklich Ihre Freundin ist oder nicht! Ach, nennen wir sie doch lieber »Ruth« – schließlich bedeutet dieser hebräische Vorname nichts anderes als Freundin.

Also: Wie eng ist Ihre Freundschaft zu Ruth tatsächlich? Viel Spaß bei diesem vollkommen unwissenschaftlichen, aber hoffentlich dennoch erhellenden und ein bisschen augenzwinkernden Test:

Frage 1: Stichwort Umzugshilfe

Angenommen, bei Ihnen stünde ein Umzug an. Was für eine Arbeit! Kisten packen und schleppen, Möbel ab- und aufbauen, unendlich viel Kram sortieren und mindestens ein Drittel davon entsorgen … Was würde Ruth sagen, wenn Sie sie um Hilfe bitten?

A: Ich müsste sie gar nicht bitten – Ruth würde ihre Hilfe von sich aus anbieten und ich würde sie dankend annehmen.

B: Wie ich Ruth kenne, hätte sie gaaaaanz zufällig an diesem Wochenende schon irgendetwas anderes vor …

Und umgekehrt? Was, wenn Ruth Sie bitten würde?

A: Natürlich würde ich zusagen, ist doch Ehrensache.

B: Also ich hab ja wahnsinnige Probleme mit der Wirbelsäule. Und einen Leistenbruch. Und überhaupt – so was sollte man Profis überlassen.

Frage 2: Stichwort Inspiration

Ruth hat gewiss ganz andere Stärken als Sie. Bestimmt können Sie von ihr auch so einiges lernen, oder?

A: Absolut – sie ist eine echte Inspiration und bereichert mein Leben total.

B: Wie – lernen? Okay, sie kann besser häkeln und bügeln als ich, aber das ist alles. Das will ich gar nicht können.

Und umgekehrt? Inwiefern kann Ruth von Ihnen lernen?

A: Ich würde sagen, das hält sich die Waage. Das ist ja gerade das Schöne an unserer Freundschaft.

B: Manchmal habe ich das Gefühl, sie imitiert mich regelrecht. Ich glaube, ich bin ihr Vorbild.

Frage 3: Stichwort Urlaub

Sind Sie schon mal miteinander verreist? Oder planen Sie einen gemeinsamen Urlaub?

A: Wir machen das regelmäßig. Ruth ist für mich die perfekte Reisebegleiterin. Das läuft vollkommen stressfrei.

B: Um Himmels willen! Ich glaube, nach einem Urlaub wären wir nicht mehr befreundet …

Und umgekehrt? Wie denkt Ruth wohl darüber?

A: Genauso. Ruth kann unseren nächsten Trip kaum erwarten.

B: Die würde mir wohl den Vogel zeigen, wenn ich etwas Derartiges vorschlagen würde. Ein Wellnesstag zu zweit ist das Höchste der Gefühle.

Frage 4: Stichwort Macken

Alle haben so ihre Macken, Sie sind da sicher keine Ausnahme. Genauso wenig wie Ruth. Wie kommen Sie damit klar?

A: Ihre Macken gehören zu Ruth wie ihre
   Sommersprossen und ihr typisches Lachen. Ist doch
   menschlich.
B: Zählt chronisches Zuspätkommen noch als Macke?
   Und dass sie mich ständig unterbricht? Ehrlich – das
   nervt schon manchmal.

Und umgekehrt? Wie geht Ruth mit Ihren Macken um?

A: Genau wie ich mit ihren: Sie zieht mich damit auf.
   Das gehört zu unseren Running Gags.
B: Macken? ICH hab doch keine Macken! Also echt …

Frage 5: Stichwort Zuhören

Freundschaft besteht nicht nur aus Geben und Nehmen,
sondern auch aus Reden und Zuhören. Sind Sie eine gute
Zuhörerin für Ruth?

A: Ich denke schon. Natürlich bin ich nicht gerade ein
   schweigsamer Mensch, aber ich interessiere mich
   nun mal sehr für Ruths Leben, also höre ich ihr
   selbstverständlich zu.
B: Eigentlich langweilt mich das, was Ruth zu erzählen
   hat, meistens, deshalb sehe ich zu, dass ich das Thema
   auf etwas Spannenderes lenke.

Und umgekehrt? Wie gut hört Ruth Ihnen zu?

A: Sie ist die beste Zuhörerin, die ich kenne. Und
   sie bringt mich dazu, dass ich ihr mein Herz
   ausschütte.
B: Ruth hat leider ein übersteigertes Redebedürfnis,
   da kann ich schon froh sein, selbst mal zu Wort zu
   kommen.

Frage 6: Stichwort Humor

Gibt es etwas Schöneres, als miteinander zu lachen? Gute Freundinnen haben oft auch einen sehr ähnlichen Humor. Wie ist das in Ihrem Fall: Lacht Ruth über Ihre Witze?

A: Und wie! Wir haben so viele Running Gags – manchmal genügt ein Blick von mir, und sie prustet los …

B: Also ich finde mich ja, offen gestanden, irrsinnig witzig. Seltsam, dass Ruth über meine Gags nur verhalten lacht.

Und umgekehrt? Lachen Sie über Ruths Späße?

A: Und wie, sie hat einfach einen herrlich trockenen Humor, mit dem sie mich regelmäßig zum Lachen bringt.

B: Ehrlich gesagt lache ich eher mal über Ruth selbst – sie ist manchmal so ein Tollpatsch …

Frage 7: Stichwort Komplimente

Wen man mag oder gar liebt, den findet man auch schön. Machen Sie Ruth eigentlich hin und wieder ein Kompliment?

A: Ständig! Ich liebe ihren guten Geschmack, ihre strahlenden Augen, ihr tolles Lachen … einfach alles.

B: Ich finde, Ruth leidet nicht gerade unter Minderwertigkeitskomplexen. Ich will nicht, dass sie noch eingebildeter wird.

Und umgekehrt? Ist Ruth eine gute Komplimentemacherin?

A: Oh ja, und das fühlt sich einfach super an. Wie eine Wohlfühldusche! Komplimente heben die Laune. Ich liebe das!

B: Eher im Gegenteil – sie sagt mir immer, wenn ich müde, krank oder überarbeitet aussehe.

Frage 8: Stichwort Ehrlichkeit

Gute Freundinnen dürfen auch mal gnadenlos ehrlich zueinander sein, der anderen die Meinung geigen oder sie zurechtstutzen, wenn sie wirklich Mist gebaut hat. Dürfen Sie das auch bei Ruth tun?

A: Unbedingt! Sie vertraut voll auf meine Offenheit und nimmt meine Kritik auch ernst.

B: Na ja, da bin ich eher vorsichtig. Ruth ist echt eine Drama-Queen, bei der geringsten Kritik heult sie los …

Und umgekehrt? Wäscht Ihnen Ruth hin und wieder mal den Kopf?

A: Ja, und das ist gut so. Dabei ist sie nicht nur offen und ehrlich, sondern auch liebevoll und wohlwollend, niemals verletzend!

B: Das hat sie einmal versucht – und wird es sicher nie wieder tun, denn das habe ich mir verboten.

Frage 9: Stichwort »gönnen können«

Vielen fällt es schwer, sich über Glück und Erfolg anderer zu freuen, während man selbst gerade eine Pechsträhne hat und beruflich auf der Stelle tritt. Aber Ruth können Sie es doch gönnen, oder?

A: Wenn Ruth sich über etwas freut, muss ich mich einfach mitfreuen. Neidisch zu sein würde mir im Traum nicht einfallen.

B: Jedenfalls bemühe ich mich, so zu tun, als ob. Aber wenn sie weiß, wie mies es mir gerade geht – muss sie

mir dann ihr Glück so unter die Nase reiben? Das ist
doch fies.

Und umgekehrt? Kann sich Ruth mit Ihnen mitfreuen?

A: Manchmal habe ich sogar das Gefühl, sie freut sich
über meine Erfolge mehr als ich mich selbst.

B: Ich glaube, sie erträgt es kaum, wenn es mir besser
geht als ihr. Ruth neigt eh zu Neid.

Frage 10: Stichwort Haltbarkeit

Mal angenommen, es würde Sie beruflich in die Nachbar-
stadt verschlagen – oder ans andere Ende der Republik.
Würden Sie versuchen, die Freundschaft zu Ruth aufrecht-
zuerhalten?

A: Auf jeden Fall! Wozu gibt's schließlich Skype,
Facebook und Telefon-Flatrates? Es wäre hart, aber
wir würden das schon schaffen.

B: Man muss nach vorne schauen. Neue Stadt, neue
Kollegen, neue Freunde … Ich würde Ruth nie
vergessen, aber unsere Freundschaft würde wohl
früher oder später auseinandergehen.

Und umgekehrt? Wenn Ruth wegziehen würde?

A: Dasselbe in Grün. Unsere Freundschaft ist einfach
unkaputtbar, auch eine räumliche Trennung würde
uns nicht auseinanderbringen.

B: Na ja, mein Leben müsste eben irgendwie
weitergehen, nur ohne Ruth. Obwohl ich sie
natürlich vermissen würde.

Unsere vorgegebenen Antworten passen überhaupt nicht
zu Ihnen und Ihrer Freundin? Macht gar nichts. Dann fin-

den Sie doch einfach eigene zu unseren Fragen. Und entscheiden Sie anschließend selbst, welche Aussage für Sie
zutrifft:

»Ich bin mit Ruth ganz gut bekannt.«

»Ruth ist meine Freundin.«

Ja, das ist ein himmelweiter Unterschied ...

»Sag mal, steht mir das?« – Freundinnen und die Tücken absoluter Ehrlichkeit

Dieses Jahr hatte ich zuerst großspurig angekündigt, meinen Geburtstag nicht feiern zu wollen. Irgendwie verspürte ich keine Lust dazu. Am Ehrentag fühlte ich mich dann allerdings komisch: Meine Teenagerkinder kränkelten, und der liebe Ehemann war im Ausland – der Tag verstrich also tatsächlich gänzlich ohne Extravaganz. Gegen Abend wurde mir bewusst, dass ich das neue Lebensjahr doch nicht so ganz ohne Glamour beginnen wollte. Daher schrieb ich eine SMS an meine Freundin: *Akute Geburtstagskrise! Gehen wir was trinken?*

Natürlich reagierte sie sofort und wenig später saßen wir mit Cocktails an der Bar unseres Lieblingslokals.

»Hier. Ein kleines Genusspaket, damit du es dir auch noch an den Tagen nach deinem Geburtstag gut gehen lassen kannst«, sagte meine Freundin und übergab mir eine Geschenktasche.

Ich war gerührt. Nicht nur, dass sie sich so spontan für mich Zeit genommen hatte! Sie hatte sogar ein Präsent vorbereitet.

Später am Abend besah ich mir zu Hause meine Geschenke genauer: schwarzer Johannisbeersirup. Hm, okay. Nicht unbedingt mein Lieblingssaft, aber vermutlich sehr gesund. Als ich mir ein Glas Saft einschenken wollte, fiel mir auf, dass die Flasche bereits geöffnet worden war und ihr schon ein wenig Inhalt fehlte. Und beim Kosten bemerkte ich, dass er total vergoren war. Zweites Produkt: Eine riesige Packung mit drei verschiedenen Kekssorten – seit acht Monaten abgelaufen. Und schließlich: eine völlig eingestaubte Kerze der Duftnote »Britische Teerose« – bestimmt eine olfaktorische Sensation, wenn man nicht wie ich geruchsblind ist.

Belustigt bestaunte ich mein Geschenkpotpourri. Ganz eindeutig hatte meine Freundin in Windeseile Sachen aus dem Fundus zusammengesucht, und da sie mittlerweile ziemlich weitsichtig ist, entgehen ihr ab und zu einige optische Details.

Ja, in einer Freundschaft empfiehlt sich absolute Ehrlichkeit. Und ja, ich bin ein wahrheitsliebender, aufrichtiger Mensch. Aber sagen Sie selbst, hätten Sie Ihre Freundin darüber informiert, dass die Geschenke im Müll landeten? Oder hätten Sie wie ich geflunkert, als sie sich beim nächsten Treffen danach erkundigte, wie mir der Saft und die Kekse geschmeckt hätten? Die Wahrheit wäre ihr total peinlich gewesen, und das wollte ich nicht. Also antwortete ich vage: »War am Tag drauf schon nichts mehr davon da!«

Das mit den verdorbenen Geschenken finde ich übrigens witzig. Auch ich war natürlich schon einmal in der Verlegenheit, auf die Superschnelle ein Geschenk zu brauchen. Eigentlich blöd (siehe Liste »Die besten Geschenke für Ihre Freundin«), denn eigentlich ist gemeinsame Freundinnenzeit ja ohnehin Geschenk genug.

Der amerikanische Psychotherapeut Brad Blanton propagiert *Radical Honesty* (radikale Ehrlichkeit). Er hält nichts von den kleinen Notlügen und Schutzschwindeleien oder Schmeicheleien, die unser aller Leben durchweben, sondern sagt, dass wir nur befreit und glücklich sein können, wenn wir immer und ohne Rücksicht auf Verluste ehrlich sind. Taktgefühl hält er für überholt.

Das stimmt mich nachdenklich. Hat Jim Carrey Ende der Neunzigerjahre mit dem Film *Der Dummschwätzer* nicht längst bewiesen, dass es schreckliche Konsequenzen haben kann, stets die Wahrheit zu sagen? Was er durchmacht, als er durch einen Zauber nur noch rigoros offen sein kann, ist markerschütternd.

Und im Film *Lügen macht erfinderisch* leben die Protagonisten in einer lügenfreien Welt. Flirten, Werbung, Small Talk, Fiktion, Euphemismen – ist dort komplett unmöglich! Eine Seniorenresidenz trägt zum Beispiel keinen beschönigenden Namen wie »Villa Sonnenschein«, sondern heißt »Ein trauriger Ort für alte Leute ohne Hoffnung« – sagt das nicht schon alles? Eine Existenz mit radikaler Ehrlichkeit erscheint mir knallhart!

Ein bisschen ratlos entschließe ich mich zu einem Selbstversuch und rufe meine Freundin Josefine an. Sie ist Berlinerin und nicht sonderlich zartbesaitet, also denke ich, bei ihr kann ich den Versuch wagen, einen Tag konsequent aufrichtig zu sein: kein Bemänteln, keine Ironie, kein Flunkern. Radikale Ehrlichkeit.

Da ich glaube, dass es eine Freundinnenbeschäftigung gibt, die ein besonderes Hoheitsgebiet der Notlüge ist, verabrede ich mich mit ihr genau dazu: zum gemeinsamen Shoppen.

Josi und ich treffen uns im Einkaufszentrum. »Wow, wie gut du wieder aussiehst!«, ruft sie schon von Weitem.

In allen anderen Fällen hätte ich mit »Du auch!« geantwortet. Einfach, weil Josi mir gefällt. Als Person, als Freundin, als Frau – da ist es völlig egal, ob sie gängigen Idealen entspricht oder öfter mal mit etwas strähnigen Haaren herumläuft. Ich finde sie großartig!

Aber heute sehe ich sie mir genauer an, bevor ich antworte, um keine Unwahrheit abzusondern: Sie ist klein, pummelig, ein wenig verschwitzt und ihre Jacke passt nicht zur Hose.

Ich schlucke und nehme sie zur Begrüßung wortlos in den Arm.

»Alles okay?«, fragt sie und mustert mich prüfend.

Was ist die ehrliche Erwiderung auf diese Frage, überlege ich gestresst. Ist alles okay? Keine Ahnung. Eigentlich schon.

»Mir geht die Arbeit durch den Kopf«, erwidere ich wahrheitsgemäß.

»Na, da werden wir dich jetzt mal ablenken!«, kündigt sie an und schiebt mich in den ersten Modeladen.

Kurze Zeit später stehen wir mit jeweils einigen Teilen ausgerüstet in benachbarten Umkleidekabinen und probieren an. Ich merke, dass ich nervös bin, und als ich höre, wie sie den Vorhang zurückzieht, um sich draußen im großen Spiegel zu begutachten, traue ich mich nicht gleich hinaus. Was, wenn sie grauenvoll aussieht, und ich ihr das wegen meines dummen, dummen Selbstversuchs geradeheraus ins Gesicht sagen muss? Heute ist kein in Watte gepacktes gekonntes Umschiffen einer eventuell kränkenden Wahrheit erlaubt.

»Aha. Nun ja. Ursi? Wie findest du das?«, fragt sie da auch schon und lugt in meine Kabine.

Sie trägt ein weißes, riesig geschnittenes Seidenkleid, das kreuz und quer mit Kordeln benäht ist, und wirkt darin extrem massig.

»Du siehst aus …«, ich räuspere mich unbehaglich, »… wie ein Heißluftballon …«

Der Moment, in dem ich nicht weiß, wie dieses ehrliche Statement bei ihr ankommt, ist zum Glück nur kurz. Dann prustet sie los. »Ha-ha-ha. Du hast recht! Was hat sich denn der Designer dabei gedacht? Diese Schnüre hier überall!«

Kichernd verschwindet sie in der Umkleidekabine.

Ich spüre, wie ich schwitze. Kann es eventuell sein, dass ich immer nur denke, ich würde meine Umwelt mit der Wahrheit verletzen? Dass ich mir darüber viel zu viele Gedanken mache und die anderen eigentlich mehr aushalten als vermutet?

Beim nächsten Kleidungsstück bin ich daher schon etwas mutiger. Josi trägt wieder ein Hängerchen. Diesmal ist der Schnitt gar nicht so schlecht. Aber ich finde, dass ihr Weiß allgemein nicht steht. Sie wirkt blass darin, was ich ihr nie gesagt habe, weil sie weiße Blusen, Kleider und Hosen wirklich liebt.

»Nein, das ist nichts für dich. Nimm wärmere Farben. Du bist doch eher so ein Herbst-Typ«, rate ich und komme mir vor wie Guido Maria Kretschmer, der den Damen in seiner Show ja auch immer ganz unverblümt mitteilt, ob ihnen etwas steht oder nicht. Als ich wieder in der Kabine bin und mich umziehe, fällt mir aber auf, dass Guido den Frauen eigentlich nie direkt sagt, wenn sie unmöglich aussehen. Er kommentiert das vielmehr im Interview, wenn sie nicht dabei sind.

Als Josi mir in einer orangefarbenen Dreiviertelhose die Frage stellt, ob ihr Hintern darin nicht groß wirke, antworte ich rundheraus: »Ja. Riesig.«

Da blitzt ganz kurz so etwas wie Verwunderung in ihrem Gesicht auf. Es ist ziemlich eindeutig, dass sie solche Sachen von mir nicht gewohnt ist. An jedem anderen Tag hätte ich höchstens von einem »nicht optimalen Schnitt« gesprochen – und ich fühle mich in meiner radikal ehrlichen Haut eher unwohl.

Als ich an diesem Abend heimkomme, bin ich fix und fertig. Wo war nun der hochgelobte befreiende Effekt der Wahrheit? Ich fand das extrem anstrengend. Geradezu emotional auslaugend. Gefahr zu laufen, andere sehenden Auges zu verletzen, finde ich ganz und gar nicht befreiend. Das ist schlicht und ergreifend aggressiv und gemein!

Erneut gebe ich den Suchbegriff *Radical Honesty* bei Google ein und lese diesmal noch genauer nach, was es damit auf sich hat. Schnell merke ich, dass ich da etwas falsch verstanden hatte: Bei der radikalen Ehrlichkeit als Lebenskonzept geht es nicht darum, wie bei geistiger Diarrhö alles rauszulassen, was einem durch den Kopf spukt. Eine Beleidigung bleibt eine Beleidigung.

»Du bist ganz schön rund geworden« zu sagen, hat weder für die eigene Person noch für das Gegenüber irgendeinen Wert. Doch unumwunden zuzugeben, dass man sich zum Beispiel in einer Situation unwohl fühlt, auch wenn diese Wahrheit auf den ersten Blick unpassend erscheint, ist radikal ehrlich.

Ich beginne zu verstehen: Gerade wir Frauen sind in unseren Beziehungen und Freundschaften so auf Harmonie

bedacht und wollen unsere Lieben vor jeder Unannehm-
lichkeit schützen, dass wir manchmal unsere eigenen Be-
dürfnisse total vergessen. Wir spielen vor uns und den anderen herunter, was wir wirklich brauchen und … lügen!
Wir schwindeln, dass die Welt für uns in Ordnung sei. Wir
machen den Menschen, die wir am meisten mögen, alles
Erdenkliche vor. Wir wiegeln ab und loben hoch. Dabei
lächeln wir.

Langsam wird mir klar, dass ich meinen Selbstversuch
wiederholen muss.

Diesmal treffe ich mich mit zwei langjährigen Freundinnen
in einem netten Straßencafé. Ich habe die beiden eine Zeit
lang nicht gesehen und freue mich riesig, dass wir es endlich schaffen, uns zumindest auf eine Stunde zusammenzusetzen. Maria und Sophie begegnen einander öfter, weil
ihre Firmen ab und zu gemeinsame Projekte betreuen. Und
genau darüber sprechen die zwei nun auch.

Eine Weile höre ich zu. Dann merke ich, dass tief in meinem Bauch ein merkwürdiges Gefühl aufzieht.

Warum reden sie so ausgedehnt über ein Thema, das
mich völlig ausschließt, wenn wir uns so selten sehen?, denke ich irritiert. Mein erster Impuls ist, den Gedanken zu-
rückzudrängen, mich selbst nicht derart wichtig zu nehmen und die Freundinnen so zu akzeptieren, wie sie nun
mal sind – und das ist eben arbeitsfixiert. Doch dann erinnere ich mich daran, dass meine Mission heute ja eine andere ist und ich ehrlich zu mir und meinen Gefühlen stehen
wollte.

In eine kurze Atempause der beiden sage ich also hinein: »Meine Lieben, ich habe euch ewig nicht gesehen und

brenne darauf, mit euch zu plaudern. Jetzt kann ich aber gerade mit dem Gespräch nicht viel anfangen, weil mir das Insiderwissen zu diesem Projekt fehlt. Darum beginne ich, mich zu langweilen.« Ich gebe zu, es ist extrem ungewohnt, so etwas auszusprechen. Ich muss dafür definitiv meine Komfortzone verlassen.

Meine Freundinnen entschuldigen sich überschwänglich bei mir, stellen kopfschüttelnd fest, dass sie es oft gar nicht merken, wenn sie in den Themenkreis Arbeit abdriften, und dann sprechen wir über etwas anderes. Angelegenheiten, die uns alle drei betreffen und interessieren, wie die Kinder, unsere Pläne für den Sommer und gemeinsame Bekannte.

Später, als ich wieder an meinem Schreibtisch sitze, ziehe ich Bilanz: Ja, meinen Gefühlen und Gedanken ehrlich Ausdruck zu verleihen, hat ein bisschen mehr Kraft gekostet, als zu schweigen und mich mit der Situation abzufinden. Auf längere Sicht hat es mir aber ganz bestimmt gutgetan, denn ab sofort wird es mir wohl nicht mehr so leicht passieren, dass ich mich ausgeschlossen fühle oder mich sogar im Stillen ein wenig über meine Freundinnen ärgere. Ich habe ein klitzekleines Problem in meinem Leben aus der Welt geschafft und damit an meiner Freundschaft zu Maria und Sophie gearbeitet.

Die Wahrheit war definitiv eine wohltuende Sache!

Ich denke, konsequentere Ehrlichkeit im Umgang mit Freundinnen hilft, die Beziehung zu pflegen und sie noch besser und unbelasteter zu machen.

Tipps für eine richtig gute Frauenfreundschaft

Wahre Freundschaft ist Glückssache? Nicht ganz. Ja, sie macht glücklich. Aber es hat nicht nur mit Glück oder Zufall zu tun, ob man so etwas erleben darf. Denn für das Gelingen einer Freundschaft kann man selbst richtig viel tun:

Sorgen Sie zumindest ab und zu für ein persönliches Treffen!
Unser Zeitalter vereinfacht es, mit einer Freundin in Kontakt zu bleiben, die nicht in der Nähe lebt oder deren Tagesablauf sich kaum mit unserem überschneidet. Wir können beim Warten an der Kasse eben mal schnell eine Zeile an sie tippen oder vom Klo aus eine Sprachnachricht schicken. Wir sind auch in der Lage, sie mit Bildern von dem, was wir erleben, zu verwöhnen. Da die nonverbale Komponente laut Experten aber sechzig bis fünfundsechzig Prozent der zwischenmenschlichen Kommunikation ausmacht, fehlt dieser Teil der Interaktion dann aber. Das tiefe Gefühl, das wir empfinden, sobald wir der Freundin gegenübersitzen, geht verloren.

Erfinden Sie Freundschaftsrituale!
Wenn man analysiert, warum manche Freundschaften einschlafen, merkt man, dass es oft gar keinen speziellen Grund dafür gibt. Trifft man sich zufällig auf der Straße, sagt man: »Ach, wie nett! Lass uns bald einmal ein Treffen

organisieren!« Aber dann kommt es wieder nicht dazu. Was ist da los?

Diese Freundschaften haben schlicht keinen festen Platz in unserem Leben. So ausgefüllt, wie der Alltag ist, scheint es einfach notwendig, fixe Freundschaftsrituale zu etablieren. Das kann alles sein, was für Sie und Ihre Freundin passt. Denken Sie an die Freundinnen in *Sex and the City* – da gehen die Frauen jeden Samstag gemeinsam frühstücken. Jährliche Städtetrips, Telefonate an jedem Ersten des Monats, gemeinsame Kinobesuche bei jedem Film mit Florian David Fitz – so etwas in der Art. Damit schaffen Sie zudem unvergessliche Erinnerungen – und die sind, wie wir wissen, der stärkste Klebstoff für eine Freundschaft. Und sobald sie dann so richtig schön stabil ist, hält sie auch einmal eine Durststrecke aus – wenn diese sich nicht vermeiden lässt …

Schweigen Sie sich über Ihre Freundin aus!
Ein wenig Klatsch auszutauschen, macht uns allen Spaß. Solange er nicht bösartig wird, ist das nicht allzu problematisch. Wir Menschen sind wohl einfach so: Wir denken über andere nach und besprechen das dann auch ab und zu gern. Über richtig gute Freundinnen sollte man allerdings nicht tratschen. Wir wissen einfach zu viel Vertrauliches, das ganz bestimmt nicht die Runde machen soll. Da man in der Hitze der Gerüchteküche nicht ausreichend schnell entscheiden kann, was erzählt werden darf, gilt lieber grundsätzlich: Mund zu! Sonst platzt man womöglich aus Versehen mit einem Geheimnis heraus.

Runter mit der Maske!

Oft genug im Leben haben wir das Gefühl, uns verstellen zu müssen: Ob im Berufsleben, bei einem gesellschaftlichen Anlass oder auf Social Media – wer zeigt sich schon gern mit all seinen kleinen (vermeintlichen) Unzulänglichkeiten?! Aber das kann ganz schön anstrengend werden, und genau das soll eine gute Freundschaft nun wirklich nicht sein. Also seien Sie in Gegenwart Ihrer Freundin Sie selbst und haben Sie keine Angst davor! Eine Frau, die Sie nicht mit allen Ecken und Kanten liebt, gehört ohnehin nicht in Ihren engsten Kreis.

Überschütten Sie Ihre Freundin mit Komplimenten!

Mögen Sie, wie Ihre Freundin lacht? Finden Sie den neuen Pulli schick? Bewundern Sie ihren Mut? Dann teilen Sie ihr dies alles bitte mit! Irgendetwas in unserer mitteleuropäischen Mentalität lässt uns zu oft vor Lob zurückschrecken. Wir denken, aufdringlich oder einschleimend rüberzukommen. Aber warum eigentlich? Kann es etwas Logischeres geben, als einer lieben Freundin etwas Nettes zu sagen?

Beurteilen oder werten Sie nicht!

Die beste Freundin kündigt einen großartigen Job, um mit dem Einrad um die Welt zu fahren? Oder sie holt sich die zehnte müffelnde Straßenkatze in die Vierzigquadratmeterwohnung? Zugegeben, es gibt schon Lebenskonzepte, die man nicht uneingeschränkt toll findet. Aber ein Teil von Freundschaft soll ja immer auch Toleranz und Akzeptanz sein. Also nehmen Sie Ihre Freundin mit ihren Ideen einfach so an, wie sie ist. Sie müssen ihr nicht Ihre eigenen Maßstäbe überstülpen.

Seien Sie ehrlich – aber nicht zu sehr!

Ihre Freundin verlässt sich darauf, dass Sie wirklich meinen, was Sie sagen. Ehrlichkeit ist unglaublich wichtig in einer Freundschaft – deshalb haben wir diesem Thema ja sogar ein eigenes Kapitel gewidmet. Aber Vorsicht: Wenn es verletzend würde, ist Schweigen tatsächlich Gold. Wägen Sie unbedingt ab, ob gnadenlose Offenheit Ihre Freundin weiterbringt. Im Zweifel stellen Sie sich folgende zwei Fragen: Hat sie mich nach meiner Meinung gefragt? Und lade ich ihr mit meinem Geständnis womöglich zu viel Verantwortung auf? Entscheidend ist das Motiv: Sind Sie Ihrer Freundin zuliebe ehrlich oder vielleicht aus Egoismus?

Hören Sie Ihrer Freundin zu!

Wenn wir Frauen ein Problem haben, suchen wir nicht sofort den optimalen Lösungsweg. Zuerst wollen wir uns erst einmal die gesamte Last von der Seele reden, das Drama von allen Seiten beleuchten und in unserem Elend verstanden werden. Und falls uns etwas Gutes widerfährt, geht es uns ähnlich. Hierfür brauchen wir unsere Freundin. Wenn sie uns aufmerksam zuhört, tut sie so viel für uns. Umgekehrt gehört es auch dazu, dass wir uns für die Themen interessieren, die sie bewegen. Ganz gleich, ob wir selbst mit Sockenstricken, Bilanzbuchhaltung oder Trennkost etwas am Hut haben. Wir haben mit ihr was am Hut – das ist das Entscheidende!

Wertschätzen Sie Ihre Freundin so, wie sie ist!

Dass Sie sich nicht verstellen sollen, haben wir bereits erwähnt. Dasselbe gilt natürlich auch für Ihre Freundin: Sie wird sich in Ihrer Gegenwart nur dann so richtig wohlfühlen, wenn sie ganz sie selbst bleiben darf. Versuchen Sie nie, sie zu verändern, lassen Sie ihr Freiräume und treten Sie nie in Konkurrenz zu ihr. Man kann diesen Tipp übrigens mit einem Wort zusammenfassen: Respekt!

Seien Sie dankbar!

In einer Überflussgesellschaft wie unserer empfinden wir rasch alles als gegeben. Mitunter sogar Zwischenmenschliches. Aber wäre es nicht sinnvoll, regelmäßig einen Schritt zurückzutreten? Dann sähen wir nämlich schnell, dass es eben nicht so selbstverständlich ist, wie die Freundin uns unterstützt und mit Zuneigung überschüttet. Eine gute Freundin ist etwas, wofür wir sehr dankbar sein können!

Kapitel 5

Alter schützt vor Freundschaft nicht

»War sie eigentlich schon immer so seltsam?« – Wenn sich Eigenarten im Alter verstärken oder verändern

Wenn Frauen ihre beste Freundin mit drei Stichworten charakterisieren sollen, haben sie meistens kein Problem damit: Die eine ist spontan, extrovertiert, großzügig, die nächste gastfreundlich, humorvoll, loyal, die dritte hilfsbereit, verträumt und kreativ.

Dasselbe gilt für die individuellen Schwächen: Haben wir nicht alle diese eine Freundin, die grundsätzlich immer zu spät kommt? Und eine, die bei jeder Gelegenheit ihren Schlüssel, ihre Geldbörse, ihre Brille (oder alles zusammen) verliert? Oder eine, die erst dann aufblüht, sobald sie im Mittelpunkt steht?

Sie wissen, was ich meine … Wir kennen unsere Pappenheimerinnen, oder?

Die meisten Wesensmerkmale sind bereits in der Jugend angelegt und verfestigen sich im Laufe des Erwachsenenalters. Wenn man viele Jahre oder sogar Jahrzehnte miteinander befreundet ist, weiß man ganz genau, wie die andere tickt, wo ihre Stärken und Schwächen liegen und wie man sie zu nehmen hat.

Der ewigen Zuspätkommerin nennt man sicherheitshalber einen deutlich früheren Termin als den eigentlich angepeilten, damit sie halbwegs pünktlich eintrudelt. Bei der Sachenverliererin hat man immer ein Auge darauf, dass sie nichts liegen lässt (allein aus Selbstschutz – wer will schon ständig zurücklaufen und suchen helfen?). Und der Freundin mit dem Geltungsdrang gönnt man die Viertelstunde Ruhm gleich zu Anfang eines Treffens, damit sie zufrieden ist – um dann aber auch die anderen, weniger forschen Persönlichkeiten zu Wort kommen zu lassen.

Doch wie ist das, wenn man älter wird?

»Die Spleens und Macken werden schlimmer«, erwidert Inge, eine flotte Siebzigjährige, die ich zu diesem Thema befrage. Sie trifft sich regelmäßig mit ehemaligen Schulfreundinnen und beobachtet amüsiert, wie sie sich mit den Jahren verändern. »Bei manchen habe ich das Gefühl, sie werden zu Parodien ihrer selbst«, schmunzelt sie und gibt uns drei typische Beispiele:

Eva – als Rentnerin ausgebuchter denn je

Früher war Eva selbstständige Beraterin und Coachin. Sie bot Seminare und Workshops an, hielt Vorträge, begleitete Unternehmen bei Umstrukturierungen und betreute Menschen, die sich beruflich verändern wollten. Wenn unser Freundinnenkreis ein Treffen vereinbarte, richteten wir anderen uns erst mal nach ihr, denn ihr Kalender war der vollste von allen.

Inzwischen ist sie seit einigen Jahren im Ruhestand, doch damit hat sich das Problem keineswegs von selbst gelöst – im Gegenteil, es hat sich eher noch verschärft. Eva ist permanent auf Achse, besucht ihre Kinder, unternimmt Reisen, rennt zwischendurch zu Ärzten und macht andauernd Wellness. Einen Termin mit ihr zu finden, ist wie ein Sechser im Lotto – einen Tag ohne zumindest einen Fußpflegetermin gibt es bei ihr nämlich selten. Nun ja, als ihre Freundinnen sind wir es ja nicht anders von ihr gewohnt ...

Iris – fließender Übergang von systematisch zu verschroben

Früher war Iris immer diejenige, die unsere Ausflüge organisiert und die Reisekasse verwaltet hat. Denn dann konnten wir davon ausgehen, dass alles perfekt durchdacht war und wie am Schnürchen funktionierte. Als Steuerberaterin war sie es gewohnt, strukturiert zu arbeiten, mit Zahlen zu jonglieren und angesichts komplizierter Formulare nicht zu verzweifeln. Und am Ende stimmte die Abrechnung stets auf den Pfennig genau!

Auch sie ist schon seit einigen Jahren nicht mehr im Beruf, ihre systematische Arbeitsweise ist ihr jedoch so in Fleisch und Blut übergegangen, dass das Ganze inzwischen seltsame Blüten treibt. Zum Beispiel stellt sie ihr Auto grundsätzlich auf demselben Parkplatz ab. Wenn dort keine Lücke frei ist, gerät sie schon ins Schwitzen. In unserem Stammlokal hängt sie ihre Jacke immer an den gleichen Haken, sitzt auf »ihrem« Platz und bestellt nie etwas anderes als Cannelloni al forno. Sogar die Art und Weise, wie sie beim Bezahlen umständlich in ihrer Börse herumwühlt, beschert uns jedes Mal wieder ein Déjà-vu. Sie kapiert vermutlich nicht einmal, warum wir dann immer grinsen.

Lene – kreist nur noch um sich selbst

Schon immer hatte Lene von uns allen die spannendsten Geschichten zu berichten. Als Fotokünstlerin hat sie den halben Globus bereist, interessante Persönlichkeiten kennengelernt und aufregende Dinge erlebt.

Heute ist ihr Alltag deutlich eintöniger. Was sie jedoch nicht davon abhält, die Unterhaltung sofort an sich zu reißen – meistens

eingeleitet mit den Worten »Oh, das muss ich euch unbedingt er-
zählen …« Was dann folgt, ist entweder ein ausführlicher Bericht
über irgendein Golfturnier (keine von uns anderen spielt Golf) oder
die wortwörtliche Wiedergabe des Gesprächs mit einer Nachbarin
(die keine von uns kennt) oder die hundertste Wiederholung einer
Uralt-Geschichte, die wir schon auswendig mitsprechen könnten.
Vermutlich fehlt Lene ihr Abenteuerleben – und die Möglichkeit,
mit ihren Erlebnissen im Mittelpunkt zu stehen. Na ja, wir wissen
ja, wie sie tickt, und stoppen sie früher oder später, damit wir ande-
ren auch noch zu Wort kommen.

Ich kann mir nicht verkneifen, Inge nach ihren eigenen
»Altersspleens« zu fragen. Verblüfft hält sie inne und sagt,
ihr auffälligster Spleen sei vermutlich, dass sie sich komplett geändert habe. »So wie in dem alten Udo-Jürgens-
Lied *Mit sechsundsechzig Jahren, da fängt das Leben an.* Genauso ist es mir ergangen. Und wenn ich es mir recht überlege,
bin ich nicht die Einzige, die zwischen sechzig und siebzig
noch mal richtig neu durchgestartet ist.«

Das klingt in meinen Ohren spannend und ich hake sofort nach: »Was heißt hier geändert und durchgestartet?«

»Bei einigen von uns haben sich alte Macken verstärkt,
bei anderen kamen ganz neue dazu«, erklärt Inge augen-
zwinkernd und nennt mir auch hierzu drei Beispiele aus ihrem Freundinnenkreis – sich selbst allen voran:

Inge – vom Hausmütterchen zur Frau von Welt
Ich habe früh geheiratet und Kinder bekommen. Damals war es
noch selbstverständlich, dass die Mutter zu Hause blieb und sich
um die Familie kümmerte, während der Mann Geld verdiente und
Karriere machte.

Als schließlich auch unser Jüngster erwachsen war, fehlte mir eine Lebensaufgabe. Doch dann dachte ich mir: Warum sich immer um andere sorgen? Meine neue Berufung ist, mich um mich selbst zu kümmern. Ich habe angefangen, Sprachen zu studieren. Heute organisiere und betreue ich Seniorenreisen nach Spanien und Südamerika. Für mich ist das Hobby, Job und Erfüllung zugleich. Ich kann mir gar nicht vorstellen, zu Hause herumzusitzen.

Übrigens habe ich mit Ü-60 nicht nur endlich schwimmen gelernt, sondern auch den Führerschein gemacht.

Katrin – von der Rebellin zur Mediatorin

Früher war mit Katrin nicht gut Kirschen essen. Sie war zwar schon immer eine sehr loyale Freundin, aber wehe, man war anderer Meinung als sie! Sie diskutierte für ihr Leben gern, manche nannten sie auch streitsüchtig. Das konnte ganz schön anstrengend sein.

Doch je älter sie wird, desto verträglicher und nachsichtiger ist sie. Vielleicht ist es das, was man gemeinhin »altersmilde« nennt?

Darüber hinaus hat Katrin nach ihrer Pensionierung als Lehrerin noch eine Ausbildung zur Mediatorin gemacht und arbeitet ehrenamtlich in einem Verein, der Menschen dabei unterstützt, Krisen und Auseinandersetzungen außergerichtlich zu bewältigen. Vor fünfzehn Jahren hätte man ihr so etwas niemals zugetraut!

Sabine – von der Sittenwächterin zur Aktmalerin

Früher haben wir uns immer ein bisschen lustig gemacht, weil Sabine so übertrieben prüde war. Wenn wir anderen über schlüpfrige Witze kicherten, verzog sie das Gesicht. Während wir in kurzen Röcken und mit tiefem Dekolleté herumliefen, trug sie hochge-

schlossene Maxikleider. Irgendwie passte es wie die Faust aufs Auge, dass sie in ihrer Freizeit Blumenbilder in Öl malte.

Neulich allerdings haute sie uns alle vom Hocker, als sie uns zu ihrer Ausstellung einlud. Akt-Aquarelle! Wir konnten es kaum fassen. Die prüde Sabine hatte nackte Männer gemalt. Über unsere Verwunderung lächelte sie nur. »Nun stellt euch mal nicht so an«, sagte sie. »Der menschliche Körper ist schließlich etwas völlig Natürliches.« Als ob sie uns das erklären müsste!

Von wegen »abgeschlossene Persönlichkeitsentwicklung«

Inges Erfahrungen sind keine Einzelfälle – und doch ist die Erkenntnis, dass sich Persönlichkeitsmerkmale im Alter noch verändern können, relativ neu.

Früher glaubten Wissenschaftler, dass sich der menschliche Charakter immer weiter verfestigt und ungefähr in der Mitte des Lebens stabilisiert. Man ging einfach davon aus, dass sich die Persönlichkeit danach nicht mehr weiterentwickelt. Man hielt sie also für abgeschlossen und kam gar nicht auf die Idee, dass nach den mittleren Lebensjahren eine Phase folgen könnte, in der Veränderungen wieder häufiger vorkommen. Doch genau darauf weisen neuere Forschungsergebnisse hin: Jule Specht, Professorin für Persönlichkeitspsychologie an der Humboldt-Universität zu Berlin, hat gemeinsam mit ihren Kollegen Maike Luhmann (Universität Köln) und Christian Geiser (Utah State University) Daten aus großen Bevölkerungsstudien ausgewertet, bei denen über dreiundzwanzigtausend Probanden zwischen sechzehn und zweiundachtzig Jahren aus Deutschland und Australien befragt wurden. Mit erfasst wurden auch die fünf prägendsten Charaktereigenschaften eines Menschen: emotionale Stabilität, Offenheit für neue Erfahrungen, Verträglichkeit im Umgang mit anderen, Gewissenhaftigkeit und der Grad an Intro- bzw. Extraversion.

Dabei kamen die Forscher zu der Erkenntnis, dass fünfundzwanzig Prozent aller Menschen im Alter noch einmal neue Persönlichkeitszüge annehmen. Einige werden impulsiver, selbstsicherer, andere ruhiger oder zurückgezogener als zuvor.

Was diese Veränderungen genau auslöst, ist bisher unklar. Konkrete Anlässe wie der Eintritt ins Rentenalter, der Tod des Lebenspartners oder eine schwere Erkrankung sind dabei nicht so ausschlaggebend, wie man als Laie spontan vermuten würde. Eventuell ist das Phänomen zumindest teilweise genetisch bedingt. Eine weitere Theorie geht davon aus, dass man in höherem Alter, wenn einem die Endlichkeit des eigenen Lebens bewusster wird, die verbleibende Zeit neu bewertet und intensiver nutzen will.

Möglicherweise spielt es auch eine Rolle, dass man bis zur Lebensmitte größtenteils fremdbestimmt ist: Man kümmert sich um Karriere und Kinder – da bleibt nicht viel Zeit für Selbstreflexion. Es gilt zu funktionieren. Im Alter fallen diese Aufgaben weg und man hat wieder Muße, an sich zu arbeiten.

Über die Gründe können wir also nur spekulieren. Viel interessanter finde ich übrigens eine andere Frage: Wie wirkt sich die Tatsache, dass die Persönlichkeitsentwicklung niemals ganz abgeschlossen ist und sich manche Senioren genauso stark wandeln wie Teenager, auf unser Thema aus?

Wenn Freundinnen sich verändern, was passiert dann mit der Freundschaft?

Diese Frage stellt sich für die meisten zum ersten Mal beim Übergang von der Kindheit zum Teeniealter. Viele Freundschaften gehen in dieser Lebensphase auseinander, weil man sich völlig unterschiedlich entwickelt, plötzlich ganz andere Interessen und Eigenschaften hat und einfach nicht mehr zueinanderpasst.

Doch selbst wenn die Entwicklung noch so verschieden ist – einige Freundschaften überstehen selbst diese Hürde und halten bis ins Erwachsenenalter. Man ist befreundet, weil man es eben schon immer war – Punkt.

Hat eine Freundschaft diese Stabilität erreicht, kann sie so schnell nichts mehr bedrohen – in den meisten Fällen auch keine neue Charakterveränderung im Alter. Und womöglich wird diese Veränderung die Freundschaft ja sogar bereichern, ihr neue Impulse geben und neue Möglichkeiten für gemeinsame Unternehmungen auftun.

Doch natürlich kann es genauso gut passieren, dass eine stark veränderte Persönlichkeit die Freundschaft überstrapaziert und diese auseinanderbricht. Vielleicht allein schon aus rein praktischen Gründen – wenn eine der Freundinnen zum Beispiel ständig auf Reisen ist und die andere, wie immer, zu Hause bleibt und auf Treffen beim Stammitaliener hofft, wie seit Jahr und Tag ... Waren regelmäßige Begegnungen die Basis einer Freundschaft, so kann sie durchaus ins Wanken geraten, sobald diese Verabredungen entfallen.

Ich persönlich habe keine Angst davor, meine Freundinnen zu verlieren, nur weil sie sich mit sechzig oder siebzig verändern. Vielleicht bin ich es ja auch, die auf einmal nicht wiederzuerkennen ist?

Im Leben halten ohnehin nicht alle Freundschaften. Manche Freundinnen begleiten einen nur in einer bestimmten Phase. Andere Freundschaften jedoch, die beständiger sind, müssten es auch verkraften, wenn eine Freundin quasi eine zweite Sturm-und-Drang-Zeit erlebt, was die persönlichen Eigenschaften betrifft.

Ob Ursi womöglich auf einmal zum Krimi- und Horrorfan wird und Schäferhunde züchtet? Womöglich mutiere ich irgendwann zur Bastelqueen, die ihre Urlaube in einem Schweigekloster verbringt?

Beides höchst unwahrscheinlich. Aber ist es nicht wahnsinnig spannend, dass im Grunde alles möglich ist?

Ja, eines Tages werden wir alte Schachteln (oder sagen wir lieber: Golden Girls) sein. Hoffentlich sind wir dann immer noch Freundinnen. Und eins ist sicher – langweilig wird es uns miteinander garantiert nie!

»Sie ist aber ganz schön alt geworden!« – Wiedersehen nach all den Jahren

Letztes Jahr fand unser fünfundzwanzigjähriges Maturajubiläum (Matura = Österreichisch für Abitur) statt. Ich muss sagen, ich war vorher ein wenig nervös. Etliche Mitschülerinnen und Mitschüler hatte ich ewig nicht mehr gesehen. Während bei den ersten Klassentreffen nach dem Schulabschluss sowie zu meiner Hochzeit noch sehr viele kamen und ich von allen ziemlich genau wusste, was sie wo machten, sah es mittlerweile anders aus. Zu den meisten war der Kontakt irgendwann abgerissen. Und nun, fünfundzwanzig Jahre später, fragte ich mich, wie es sein würde: Würde ich mich ähnlich fühlen wie damals in der Schule (ein wenig unzulänglich)? Vor meinem geistigen Auge sah ich mich als Dreiundvierzigjährige mit Krähenfüßchen inmitten lauter strahlender Achtzehnjähriger. Klar war diese Vision totaler Quatsch, aber ich bekam in meinem Kopf kein anderes Bild zustande. Warum waren mir so viele der Menschen, die mich meine gesamte Jugend begleitet hatten, völlig fremd geworden?

Der niederländische Sozialforscher Matthijs Kalmijn wertete Interviewdaten von ungefähr dreitausend Probanden in verschiedenen Lebensabschnitten aus. Dabei kristallisierten sich einige Zahlen heraus: Singlefrauen pflegen im Durchschnitt dreizehn freundschaftliche Kontakte pro

Monat. Diese reduzieren sich auf rund sechs, sobald sie eine Familie gründen.

Dass wir spätestens ab dem Zeitpunkt, an dem wir eine feste Partnerschaft eingehen und Kinder bekommen, auf dem Lebensweg Freundinnen zurücklassen, ist also völlig normal. Unsere soziale Energie reicht einfach nicht dafür aus, wesentlich mehr als drei (diese Zahl ergab sich bei den Befragungen des Wissenschaftlers) enge Freundschaften zu pflegen. Dass ich viele Wegbegleiterinnen aus der Schulzeit aus den Augen verloren habe, scheint also nicht weiter außergewöhnlich.

Das Klassentreffen hielt dann keine Überraschungen für mich bereit – alle schienen dieselben geblieben zu sein: Der superschlaue Einserschüler war Universitätsprofessor geworden. Die, die uns während des Unterrichts immer mit frechen Kommentaren unterhalten hatte, sonderte solche auch jetzt bei der Führung durch unser ehemaliges Schulgebäude ab. Die Stille blieb fünfundzwanzig Jahre später genauso ruhig. Und als wir um zehn müde wurden, reagierte die Partynudel von damals enttäuscht.

»Was?«, fragt meine über siebzigjährige Bekannte Margot (Erinnern Sie sich an das über den Hof gespannte Dosentelefon und die Armenklasse? Dieselbe Margot!) erstaunt, als ich ihr von der unvorhergesehenen Vorhersehbarkeit des Klassentreffens erzähle. »Das ist nur, weil ihr kleine, flauschige Küken seid! Warte bis zum fünfzigsten Maturajubiläum – da wirst du bei manchen denken, es seien andere Menschen!«

Ein Wiedersehen nach so vielen Jahren? Neugierig, bitte ich sie, mir ihre Erfahrungen genauer zu schildern.

»Ich hatte eine Schulfreundin, die extrem schüchtern war und kaum jemals gegenüber Erwachsenen den Mund aufmachte. Auch in der Gegenwart von uns Freundinnen verhielt Edeltraud sich immer extrem zurückhaltend. Aber ich mochte sie irgendwie und verbrachte gern Zeit mir ihr. Am Wochenende gingen wir manchmal ins Kino. Vor allem, wenn es einen Film mit Gregory Peck gab. So ein schöner Mann! Für den schwärmten wir beide.

Damals im Gymnasium litten wir sehr unter unserer Lateinlehrerin. Sie mochte einfach keine jungen Leute, verstand keinen Spaß und glaubte, es wäre ihre Aufgabe, uns zu drillen. Niemand galt an der Schule als so unsympathisch und ungerecht wie sie. In meiner Brust schlummerte eine Revolutionärin, also versuchte ich aufzubegehren. Aber das hatte keinen besonderen Erfolg. Die Lehrerin machte uns weiter die Hölle heiß. Meine Güte, sind damals wegen der oft Tränen geflossen!

Nach dem Abschluss verlor ich meine Freundin Edeltraud schnell aus den Augen, weil ich in eine andere Stadt ging. Um in Kontakt zu bleiben, war ich viel zu beschäftigt und sie einfach zu zurückhaltend. Bei unserem Klassentreffen sah ich sie nach fünfzig Jahren zum allerersten Mal wieder. Natürlich ist man da zuerst einmal schockiert, weil man die ganze Zeit über das Bild eines jungen Mädchens im Kopf hatte. Aber nach wenigen Sätzen entdeckte ich in dem faltigen Gesicht meine Edeltraud. Sie hatte noch immer dieselbe ruhige Art zu sprechen, dasselbe Lächeln und sogar ihre Stimme klang unverändert.

Als sich der erste Begrüßungstumult gelegt und die Gruppe Platz genommen hatte, öffnete sich plötzlich die Tür und unsere Lateinlehrerin betrat das Restaurant. Unglaublich, wie das Auftauchen dieser mittlerweile klapprigen, über neunzigjährigen Person die Stimmung gefrieren ließ. Die Atmosphäre war im Handumdrehen so wie damals im Lateinunterricht.

›Wer hat die denn eingeladen?‹ ging als Raunen durch den Raum.

Ich weiß nicht genau, wie die alte Schabracke von unserem Treffen erfahren hat. Das muss irgendwie über die Schule zu ihr durchgedrungen sein. Auf jeden Fall war sie jetzt da. Und ich sage dir, auch sie hatte sich nur wenig verändert: Mit lauter, schneidender Stimme bestimmte sie, dass wir reihum aufstehen, uns vorstellen und kurz berichten sollten, was wir in den letzten fünfzig Jahren so getrieben hatten.

Du weißt ja, wie das läuft: Kaum ist eine ehemalige Lehrerin anwesend, wirst du wieder zur Schülerin. Du rutschst ganz automatisch in diese Rolle zurück. Und so stand tatsächlich eine nach der anderen auf und berichtete. Die Lateinlehrerin hörte regungslos zu. Niemand lachte mehr, jeder schien unter ihrem Bann zu stehen.

Nach etwa fünf Lebensläufen war Edeltraud an der Reihe. Zu meiner Überraschung blieb sie sitzen. Sie räusperte sich nur und sagte dann ruhig, aber in einem für sie erstaunlich aggressiven Tonfall: ›Nicht nur, dass Sie uns allen damals den Schulalltag vermiest haben, jetzt tauchen Sie auch noch uneingeladen auf und verderben uns die Stimmung. Ich werde ganz bestimmt nicht aufstehen und Ihnen schon gar nichts aus meinem Leben erzählen. Sie waren eine schreckliche Lehrerin und ich habe es nicht nötig, mir das jetzt auch noch anzutun.‹

Einen Augenblick lang herrschte Stille. Keine sagte etwas. Niemand machte mit den Berichten weiter. Alle Augen waren auf die Lateinlehrerin gerichtet. Nach ein paar Momenten erhob sich diese, so schnell eine Greisin das eben zustande bringt, dann nahm sie ihren Mantel und verließ das Lokal.

Ich kann dir nicht sagen, ob es richtig war, eine uralte Frau derart brüsk vor den Kopf zu stoßen. Vielleicht hätte man sie eleganter hinauskomplimentieren können. Und dennoch feierten wir Edeltraud an diesem Abend als Heldin! Sie hat uns quasi gerächt.«

Während Margot mir das erzählt, kommt ihre Nachbarin hinzu. Von ihr erfahre ich dann noch folgende Geschichte:

»In der Schule wollte ein Mädchen namens Marieluise immer neben mir sitzen. Sie heftete sich an meine Fersen und himmelte mich richtiggehend an. Ich fand das gar nicht so toll, denn sie hatte – wahrscheinlich pubertätsbedingt – einen unglaublich strengen Körpergeruch.

Eines Tages – ich hatte gerade einen wirklich schlechten Tag und mich schon frühmorgens vor dem Unterricht zu Hause mit meinen Eltern gestritten – sagte ich: ›Marieluise, jetzt rutsch doch nicht immer so nah an mich heran! Du stinkst!‹

Meine Güte, mir wird noch heute ganz eng ums Herz, wenn ich daran denke. Wie konnte ich nur so gemein zu dem armen Mädel sein. Die gesamte Schulstunde über weinte sie bitterlich in ihren Ärmel. Es tat mir schrecklich leid, ich entschuldigte mich und bemühte mich anschließend auch ein bisschen mehr um sie. Wir waren die restlichen Schuljahre über befreundet, aber der Motor für diese Verbindung blieb eindeutig sie.

Nach sechzig Jahren Funkstille habe ich Marieluise bei einem Klassentreffen wiedergesehen. Sie hat sich nicht groß verändert. Mich verblüfft immer wieder, wie die Menschen sogar nach Jahrzehnten komplett gleich wirken. Und wie man mit Freundinnen aus der Schulzeit nach ewiger Zeit noch nahtlos anknüpfen kann. Es fühlt sich beinahe so an, als hätte es das lange Leben dazwischen nicht gegeben.

Da wir beide jetzt Witwen sind, haben wir beschlossen, in Kontakt zu bleiben. Sie wohnt auch nur gute dreißig Kilometer von mir entfernt. Und als ich nach einer Rückenoperation in eine Rehaklinik musste, war es ausgerechnet Marieluise, die mich am häufigsten besucht hat. Ja, sie ist immer noch anhänglich. Aber mittlerweile finde ich das sogar schön.«

Aber erzählt haben mir meine Gesprächspartnerinnen noch so viel mehr! Hier ein paar Highlights:

»Dreiunddreißig Jahre nach meinem Austauschjahr in Frankreich habe ich meine Gastfreundin auf Facebook wiedergefunden. Sie wohnt jetzt weit im Süden, aber wir haben uns auf halber Wegstrecke in Paris getroffen. Es war interessant, sie zu sehen, aber im Grunde wussten wir die ganzen zwei Stunden unseres Treffens nicht recht, worüber wir reden sollten. Immer wieder entstand eine unangenehme Stille. Ich glaube, das Sprachproblem – mein Schulfranzösisch hatte ich mittlerweile vergessen und sie kann kaum Englisch – stand da einfach zwischen uns.«

»Als Studentin wohnte ich mit vier Freundinnen zusammen in einer WG. Eine war etwas älter und sagte uns dauernd, was wir tun und lassen sollten. Ich denke, sie dachte, sie sei verantwortlich für uns Jüngere. In meiner Erinnerung war sie zu einer riesigen Person herangewachsen. Als ich sie dann mit etwa siebzig wiedersah, traute ich meinen Augen nicht: Sie ist fast einen Kopf kleiner als ich und hat eine ganz leise Stimme.«

»Freundinnen von damals nach vielen Jahrzehnten wiederzusehen, tut mir tief in meiner Seele ein bisschen weh. Du siehst die Spuren der Zeit, in der du getrennt warst, in ihren Gesichtern. Und es sind nur noch so schrecklich wenige Lebensjahre übrig.«

»Meine beste Freundin aus Grundschulzeiten ist mit ihren Eltern nach Australien gezogen, als wir ungefähr zwölf waren. Nun sah ich sie wieder – zum ersten Mal nach fünfundsechzig Jahren. Wir sind uns um den Hals gefallen und haben geweint.«

Ganz egal, wie viel Zeit vergangen ist – einen lieben Menschen von früher wiederzutreffen, berührt immer das Herz. Auch wenn man sich in der Zwischenzeit auseinanderentwickelt hat, kann einem die gemeinsame Zeit der Freundschaft niemand mehr nehmen.

»Weißt du noch, damals?« – Wie gemeinsame Erinnerungen die Jahrzehnte überdauern

Wenn man sich, wie die siebzigjährige Inge (Sie wissen schon: die im Alter noch einmal eine starke Veränderung erlebt hat), regelmäßig mit ehemaligen Schulfreundinnen verabredet, drehen sich die Gespräche nur teilweise um aktuelle Dinge. Denn immer wieder kommen bei diesen Begegnungen Erinnerungen aufs Tapet – was kein Wunder ist, sind sie doch der Leim, der die Freundschaft seit Jahrzehnten zusammenhält. Verbundenheit wächst schließlich mit gemeinsamen Erlebnissen.

Im Laufe der Zeit haben die Freundinnen allerhand miteinander unternommen – angefangen von Schulausflügen und der legendären Abschlussfahrt nach Berlin bis hin zu ihren jährlichen Städtereisen, die sie schon nach Barcelona, Stockholm, London, Paris und Amsterdam geführt haben.

»Ich werde nie vergessen, wie damals in London Evas Koffer verloren gegangen ist«, sagte Katrin neulich.

Eva schaute verdutzt drein. »Mein Koffer? Das wüsste ich doch. War das nicht Sabines Koffer? Und passierte das Ganze nicht in Paris?«

»Oh nein«, widersprach Sabine heftig, »in Paris war ich ja gar nicht dabei. Außerdem seid ihr da mit dem Zug hingefahren.«

»Stimmt, an die Zugfahrt erinnere ich mich. Um ein Haar hätten wir den Umstieg in Frankfurt verpasst«, warf Iris ein. »Aber wenn mich nicht alles täuscht, warst du sehr wohl dabei, Sabine. Hast du nicht dieses Gruppenfoto von uns geknipst? Nur deshalb bist du nicht mit drauf!«

»Kann nicht sein«, sagte Lene. »Das Foto hat der Schaffner gemacht, wisst ihr nicht mehr, dass er uns sogar noch einen Kaffee spendiert hat?«

»Stimmt! Aber war das nicht eine Schaffnerin?«, grübelte Katrin nun selbst ...

Als Inge mir von diesem Gespräch erzählt, müssen wir beide lachen.

»Das alles hat übrigens nichts mit unserem fortgeschrittenen Alter zu tun«, beeilt sie sich dann zu erklären. »Dass wir uns an völlig unterschiedliche Dinge erinnern und einige von uns Episoden aus der gemeinsamen Vergangenheit ganz vergessen haben, die andere noch im Detail schildern können, war auch schon vor dreißig, vierzig oder gar fünfzig Jahren so.«

Das finde ich nun wieder sehr interessant und bitte sie um Beispiele.

»Katrin etwa war in der Schule ganz groß darin, sich Streiche auszudenken. Einmal hat sie das Klassenbuch versteckt und unseren Lehrer in helle Aufregung versetzt. Ein andermal hat sie die Toilettenschilder abgeschraubt und mit denen des Musik- und Zeichensaals vertauscht. Doch kaum war sie selbst Lehrerin, wollte sie davon nichts mehr wahrhaben. Inzwischen behauptet sie, wir hätten uns das alles bloß ausgedacht«, berichtet Inge.

Dieses Beispiel ist ganz typisch, denn es belegt, dass Erinnerung formbar und sehr subjektiv ist. Wissenschaftler wie Douwe Draaisma, Professor für Psychologiegeschichte an der Universität Groningen und Spezialist für Gedächtnisforschung, haben herausgefunden, dass wir uns primär an Dinge erinnern, die mit starken Emotionen besetzt sind. Negative Eindrücke werden dabei gerne mal ausgelassen. Wessen man sich entsinnt, entspricht nicht unbedingt einer objektiven Wahrheit, sondern ist vielmehr eine ganz individuelle Rekonstruktion der Wirklichkeit. Deshalb werden Zeitzeugenberichte von Historikern genauso vorsichtig bewertet wie Zeugenaussagen vor Gericht. Der Mensch baut seine Vergangenheit also immer wieder aufs Neue nach, was bedeutet, dass sich solche »Weißt du noch«-Geschichten mit den Jahren deutlich verändern können. Tendenziell werden sie mit der Zeit idealisiert, denn wir wollen uns ja an schöne Dinge erinnern.

Douwe Draaisma würde sich über Katrins teilweisen Gedächtnisverlust vermutlich nicht sehr wundern.

Auch die Geschichte, die mir die sechzigjährige Ellen erzählt, passt da genau ins Bild:

»In unserer Sturm-und-Drang-Zeit machten meine Freundinnen und ich allerlei Blödsinn«, berichtet sie. »Eines Tages kamen wir auf die reichlich dämliche Idee, etwas im Laden mitgehen zu lassen. Als Mutprobe. Weder Rita noch Sigrid noch ich hatten je zuvor etwas geklaut. Das sollte sich nun ändern. Wir gingen in ein Kaufhaus und nahmen jede einen dieser Plastikarmreifen, die damals schwer angesagt waren. Ich sehe sie deutlich vor mir: Ritas Armreif war blau, der von Sigrid gelb und meiner grün. Ich entsinne mich noch genau: Erst unsere Nervosität und dann dieses Wahnsinnsgefühl, als wir wieder draußen auf der Straße standen! Wir lachten uns halb schief vor Erleichterung darüber, dass wir nicht erwischt worden waren. Die Armreifen trugen wir noch jahrelang – es war unser Erkennungszeichen und das Symbol unseres größten Geheimnisses.

Als wir uns zehn Jahre nach dem Schulabschluss wieder trafen und ich sie auf besagte Mutprobe ansprach, taten beide so, als wüssten sie nicht, wovon ich da redete.«

Nun, vielleicht taten Rita und Sigrid nicht bloß so, sondern erinnerten sich wirklich nicht mehr daran, weil sie sich schämten und das Ganze erfolgreich verdrängt hatten?

Mir persönlich bleiben vor allem diejenigen Situationen im Gedächtnis, in denen ich mit meinen Freundinnen zusammen gelacht habe. Für mich gibt es kaum etwas, was so sehr zusammenschweißt wie ein gemeinsamer Lachflash. (Weißt du noch, Celia, damals im Englisch-Grundkurs bei Herrn Gastreich, als wir heimlich Mandarinen futterten, die wir unter der Bank versteckt hatten, und wegen eines Lachanfalls vor die Tür geschickt wurden?)

Für Außenstehende ist es meist nicht nachvollziehbar, warum Freundinnen zuweilen auf ein scheinbar harmloses Stichwort hin laut losprusten. Viel mehr braucht es oft nicht, um an einen Insidergag zu erinnern.

Wenn zum Beispiel meine Freundin Kerstin »Sei's drum« sagt, muss ich sofort grinsen, denn dieser Ausdruck war einst Auslöser für einen mindestens zehnminütigen Lachanfall, den wir einmal beim Strandtennisspielen hatten. Ich hab ihr später sogar ein T-Shirt mit dem Aufdruck »Sei's drum« geschenkt. Was daran so urkomisch ist, könnten wir selbst nicht erklären. Aber für uns ist es einfach der Brüller! Ein Mördergag, der uns zugleich an einen wunderschönen Urlaub erinnert.

Auch mit meinen Studienfreundinnen Beate, Claudia, Friederike, Gisela und Verena verbinden mich viele tolle Erinnerungen. Da wir uns, wie in einem früheren Kapitel bereits erwähnt, bei einer zweiwöchigen Exkursion nach Regensburg, Passau, Wien, Budapest und Prag als Gruppe zusammengefunden haben, ist unsere Freundschaft sozusagen von Anfang an dokumentiert!

Offiziell befanden wir uns damals übrigens »Auf den Spuren der Nibelungen«, doch von den zahlreichen mediävistischen Referaten zum Thema weiß ich leider überhaupt nichts mehr (sorry, Professor Ehrismann!). Ich hätte nicht einmal sagen können, dass Regensburg unsere erste Station gewesen war, bis wir im letzten Frühjahr unser dreißigjähriges Freundschaftsjubiläum mit einem Wochenendtrip dorthin feierten. Dafür habe ich seltsamerweise im Gedächtnis behalten, dass wir im Oktober 1988 am ersten Abend in Passau übernachtet und dort Roggenbier getrunken haben. Sehr lecker, übrigens!

Weitere Erinnerungsblitzlichter: Claudias Staunen angesichts des übergroßen Schnitzels in Wien. Das urkomische Theaterstück, das von Maria Stuart, Elisabeth I. und einer unerschrockenen Putzfrau handelte. Friederikes andächtige Begeisterung für die Stiftsbibliothek des Klosters Melk. Der versehentliche Besuch im Musical statt in der Oper (die Gebäude sahen aber auch wirklich sehr ähnlich aus!). Giselas Talent zum Geschichtenerzählen, das uns die lange Busfahrt versüßte. Die extrem preiswerte, aber zuverlässige russische Kamera, die ich mir kaufte, nachdem meine alte auf halber Strecke den Geist aufgegeben hatte. Verenas Shopping-Tipps in Prag. Die herrlichen Kaffeehäuser dort.

Beates verfrühte Abreise, die es verhinderte, dass wir zu sechst Germknödel essen konnten – wir mussten das wohl oder übel nach unserer Rückkehr nachholen, und dieses gemeinsame Germknödelessen im Gießener Café Geißner war dann auch das erste von unzähligen Treffen in dieser Sechserkonstellation, die noch folgten …

Ich wälze gerade das Fotoalbum mit der Aufschrift »Die ersten zehn Jahre« und schwelge in Erinnerungen. Da war unser Ausflug nach Heidelberg, wo wir uns am Schloss von einem arglosen Passanten in der Pose gelangweilter Models fotografieren ließen. Die Wanderung im Vogelsberg bei ungemütlichem Wetter, aber bester Laune. Diverse Gelegenheiten, bei denen wir Kinderspielplätze stürmten und die Wippen belagerten. Die Woche in Ostfriesland, wo wir die Erfahrung machten, dass man in den meisten Restaurants um sieben Uhr abends einfach zu spät dran ist. Und schließlich die Reise nach Rom, die genau ein Jahrzehnt nach der legendären Nibelungenexkursion stattfand und bei der so einige Redewendungen geprägt wurden, die noch heute unseren Wortschatz bereichern. So steht der Begriff »Kuttelzungen« inzwischen symbolisch für alles, was wir ungern essen. Mit »Faltboot« bezeichnen wir übergroße Reisetaschen, so wie Verena eine dabeihatte. Und weil wir die Piazza Madama oft als Treffpunkt auswählten, nannten wir unseren Freundinnenkreis seit der Romreise einfach »die Madamas«.

Unvergesslich auch der Moment, als wir in dem entzückenden Hotel am Campo de' Fiori ankamen und erfuhren, unser Zimmer sei »noch nicht ganz fertig«. Wir dachten, es sei noch nicht geputzt. Aber in Wahrheit war es nicht gestrichen, die Lampen waren nicht angeschlossen und im Bad war die Toilettenschüssel nicht installiert. Wie zum Kuckuck wollten die das alles bis zum Abend hinkriegen?

Nach einem kurzen Streifzug durch das Viertel war das Wunder geschehen: Wir konnten das Zimmer tatsächlich beziehen. Allerdings war es wenig empfehlenswert, sich mit einer dunklen Jacke an die frisch geweißelte Wand zu lehnen. Und der Duschvorhang wurde dann am letzten Tag angebracht – bis dahin setzten wir wohl oder übel jeden Morgen das Bad unter Wasser.

Von dieser Reise verfassten wir dann auch den ersten schriftlichen Nachbericht, der die Erinnerung daran lebendig hält. Die Fotos allein hätten bestimmt nicht verhindert, dass herrliche Details in Vergessenheit geraten. Zum Beispiel unser ausgeklügelter Notfallplan, falls eine von uns ausgeraubt werden sollte (was natürlich nicht passierte). Oder die Art und Weise, wie wir uns in Restaurants und Geschäften hemmungslos mit »Esperanto fantastico« durchschlugen – einer selbst erfundenen Sprache, die wir aus den Fragmenten unserer Fremdsprachenkenntnisse selbst zusammenmixten. Denn während Claudia fließend Italienisch spricht, mogelten wir anderen uns irgendwie durch. Meine Bestellung »una orangata pressato« löste in der Bar zwar Lachsalven aus, aber sie funktionierte: Ich bekam einen frisch gepressten O-Saft. Nicht zu vergessen unser wunderbares Picknick im Forum Romanum – dass das eigentlich streng verboten war, erfuhren wir erst hinterher.

Mein absolutes Lieblingszitat von dieser Reise stammt von Gisela: »Wir sehen aus wie Tiere im Anorak«, sagte sie und traf damit den Nagel auf den Kopf: Angesichts der wahnsinnig schicken Römerinnen waren wir vergleichsweise schlicht gekleidet. Logisch, für einen Städtetrip im November packt man eben eher Jeans und praktische Wachsjacken ein als halsbrecherische Pumps und elegante Kleider …

Im Jahr darauf fuhren wir nach Weimar, wo die zweite Ausgabe der »Madama News« entstand. Untertitel: *Ein Reiseführer für die anspruchsvolle, jung gebliebene und genusssüchtige Akademikerin.* Weimar ist eine wunderschöne Stadt, wir haben wirklich viel besichtigt und erlebt, doch den größten Eindruck hinterließ die merkwürdige Pension, in der wir nächtigten. Der Einrichtungsstil war dermaßen verstörend, dass wir davon mehr Fotos machten als vom Goethehaus: Es gab bestickte Tischdecken und Dekopuppen aus Plastik, Pfauenfedern an der Wand und künstliche Blumen in unfassbar hässlichen Vasen – eine wahre Pracht für Kitschliebhaber!

Es folgten gemeinsame Madama-Stationen wie das Wellnesshotel in der Eifel (wo der Service eher gewöhnungsbedürftig und das Frühstücksbüfett von Formel-1-Fans leer gefressen war), dann Verenas spektakuläre Hochzeit mit ihrem Fernando (wo Claudia und ich in der Kirche ein Barbara-Streisand-Céline-Dion-Duett schmetterten, auch genannt: »das leichte Lied«), weitere Wellnesstrips nach Köln und Speyer, wobei uns kulinarische Genüsse mindestens genauso wichtig waren wie Beautybehandlungen (Stichwort: »Das ist uns nicht süß genug!«), Ausflüge nach Eltville und Kloster Eberbach sowie ein Wochenende in Dresden und eine Fahrt nach St. Peter-Ording (kurz: SPO), von der das Zitat »Hier hat so manches Schaf mehr Edelmut und Verstand als so mancher Mann« übrig geblieben ist.

Man könnte glauben, wir Madamas hätten im Laufe der Zeit nichts als ungetrübten Spaß erlebt. Doch natürlich gab es für jede von uns dunkle Stunden. Krisen, Trennungen, schwere Krankheiten, Verlust der Eltern ... Auch solche Dinge standen wir miteinander durch. Manche erzählt davon offener, andere machen Probleme eher mit sich allein aus. Wir sind eben total unterschiedlich. Umso wichtiger, dass es all die schönen, unbeschwerten, albernen und wunderbar komischen Erinnerungen gibt, die uns seit nunmehr über dreißig Jahren verbinden.

Da fällt mir ein: Höchste Zeit, mal wieder in unsere WhatsApp-Gruppe zu schreiben und ein Treffen zu vereinbaren. Schon viel zu lange her seit dem letzten Mal!

Die Liste unserer geplanten Reiseziele bietet noch genug Ideen für die nächsten dreißig Jahre. Und irgendwann kommen auch die Kanalinseln dran, darauf haben wir uns bereits in den frühen Neunzigern geeinigt. Aber nicht, bevor wir sechzig sind! Damals lag das unvorstellbar weit in der Zukunft. Inzwischen sollten wir langsam mal Jersey-Reiseführer studieren ...

Ich freue mich darauf, mit meinen Freundinnen noch viele Jahre lang neue Erinnerungen zu erschaffen. Mit jeder einzelnen davon wächst unsere Freundschaft weiter. Und je älter wir werden, desto mehr Weißt-du-noch-Momente gibt es, an die wir uns anschließend erinnern können!

»Wie wär's, wenn wir die Restlaufzeit zusammen verbringen?« – Die Golden-Girls-WG

Heike und ich kennen uns, wie schon erwähnt, noch nicht so ewig lang. Doch auch jetzt schon teilen wir eine Vielzahl an Erinnerungen und es ist wunderschön, sie zusammen aufzuwärmen oder sich über Insiderwitze schiefzulachen. Als Freundinnen bildet man ziemlich schnell eine herzerwärmende Einheit.

Ich denke, es muss großartig sein, wenn man uralt ist und auf so viel Gemeinsames zurückblicken kann. Ehrlich gesagt, freue ich mich darauf.

Überhaupt habe ich eine vielversprechende Vision vom Altsein. Ich sehe mich natürlich nicht siech und grau in einem tristen Altersheim, sondern in flatternden, bequemen Kleidern aus bunten Stoffen und mit großen Ohrringen, wohnhaft in einer fröhlichen WG mit meinen besten Freundinnen. Ich bin nicht allein, sondern inmitten einer funktionierenden Gemeinschaft aus lieben Leuten meiner Generation. Dort hat jede von uns ihren eigenen Bereich und kann sich zurückziehen. Aber wenn mir nach Gesellschaft zumute ist, setze ich mich in die Küche oder ins Wohnzimmer. Da dauert es nie lange, bis eine Mitbewohnerin hinzukommt und wir plaudern können. Gut möglich, dass wir einander dieselben Dinge wieder und wieder erzählen. Aber das fällt dann keiner so richtig auf. Wir fühlen uns geborgen und zufrieden. Wir sind eine glückliche Familie, bestehend aus lauter betagten Damen.

Sie merken bereits, dass die Alten-WG in meinem Kopf – auch wenn ich meinen Mann in meiner Zukunft grundsätzlich einplane – doch eher aus Frauen besteht. Und in meiner Fantasie essen wir dort zu später Stunde Unmengen von Eis, was seltsam ist, denn ich mag überhaupt kein Eis – schon gar nicht nachts, brrrr. Ich gebe zu, der Konsum der Serie *Golden Girls* in meiner Jugend hat meine Vorstellung von einer Oldies-WG eindeutig geprägt. Aber ich fand das Leben dieser alten Damen einfach wunderbar. Da beherrschte Freundschaft und Lebensfreude den Alltag – genau das will ich bitte für meine letzten Jahre auch!

Wenn man nachforscht, stellt man schnell fest, dass die Schauspielerinnen damals gar nicht so wahnsinnig alt waren, wie wir sie in Erinnerungen haben: Blanche war bei Drehbeginn einundfünfzig, ihre Mitbewohnerinnen Rose und Dorothy dreiundsechzig und Dorothys Mutter vierundsechzig. Die Golden Girls befanden sich also absolut nicht in einem Lebensabschnitt, den wir heute als »das Alter« bezeichnen. Im Grunde waren das Frauen in ihrer Blütezeit. Na gut, die drei Älteren vielleicht im Spätsommer, aber ganz bestimmt nicht im Herbst! Keine Ahnung, warum wir alle denken, es ging in dieser Serie um greise Freundinnen. Ob das daran liegt, dass wir damals extrem jung waren oder an dem Umstand, dass Frauen früher wesentlich eher als Seniorinnen empfunden wurden, weiß ich nicht.

Ein treffenderes Bild von echten Alten-WGs im 21. Jahrhundert finden wir in etwas aktuelleren französischen Filmen: *Und wenn wir alle zusammenziehen?* aus dem Jahr 2011 erzählt von fünf Freunden jenseits der fünfundsiebzig (zwei Paare und ein männlicher Single), die genau das tun. Sie wollen damit einen von ihnen vor dem Altersheim bewahren. Die bedingungslosen Ausmaße, die ihre Freundschaft zusehends annimmt, als Krankheit, Demenz und Tod ins Spiel kommen, sucht in anderen Lebensabschnitten bestimmt ihresgleichen. Das ist beeindruckend und berührend zugleich.

Eine schöne Passage mit einer ganz wunderbaren Freundinnen-Alten-WG enthält auch der Film *Madame Aurora und der Duft von Frühling*. Dort haben sich eine Handvoll betagter Frauen zusammengetan, ihr Geld auf einen Haufen geworfen und davon eine große Wohnung und eine Haushaltshilfe organisiert. Da die Bewohnerinnen unterschiedlich kräftig und mobil sind, steht das gegenseitige Helfen im Vordergrund.

Wenn das kein geniales Konzept für die letzten Lebensjahre ist, dann weiß ich auch nicht!

Aus diesem Film stammt das wunderbare Zitat: »Arm und allein lässt sich ändern, aber alt werden – das ist etwas anderes: Da kann man nichts machen.«

Wieso findet man solche Oldies-WGs im realen Leben eher selten? Meine Recherchen ergaben, dass es in meinem gesamten Umfeld und in dem all meiner Interviewpartnerinnen nur zwei derartige Lebensgemeinschaften gibt.

In einem Fall haben sich zwei Freundinnen jenseits der siebzig zusammengetan. Die eine ist Witwe, die andere geschieden und beide wollten nicht alleine wohnen. Also sind sie gemeinsam in ein kleines Häuschen gezogen.

»Klar war es am Beginn, nach einigen Jahren, in denen

wir als Single gelebt hatten, eine große Umstellung. Immerhin sind wir keine zwanzig mehr. In unserem Alter ist man schon ein wenig eigen und stellt sich nicht so leicht auf jemanden ein«, erzählt Frieda. Nach anfänglichen Reibereien haben sich die Frauen aber wunderbar arrangiert. Alles, was es in Haus und Garten zu tun gibt, haben sie aufgeteilt. Arbeiten, die ihnen beiden zu schwer sind, erledigen Leute, die sie dafür bezahlen.

In der Freizeit unternehmen die zwei viel getrennt. Jede hat Kinder und Enkelkinder, einen Freundeskreis, ehemalige Arbeitskollegen und Vereine. Aber wenn sie nichts vorhaben, tun sie sich zusammen, kochen etwas Feines, gehen ins Kino oder sehen gemeinsam fern.

»Es ist wohltuend zu wissen, dass in einsamen Stunden jemand da ist. Meine Mitbewohnerin und ich kleben trotzdem nicht ständig aufeinander. Das will man in unserem Alter nicht mehr so gern. Und dennoch müssen wir uns nicht vor Krankheit oder Hilfsbedürftigkeit fürchten. Denn wir sind ein Team!«

Der zweite Fall erzählt von Roberta und Vali, die schon über sechzig Jahre lang befreundet sind. Roberta war nie verheiratet und Vali ist seit Ewigkeiten geschieden. Als ihre Ehe zu Ende ging, zog sie in die Wohnung neben Roberta und seitdem bilden sie eine Wohngemeinschaft mit zwei separaten Eingangstüren.

»Wir waren schon immer die besten Freundinnen, aber seit wir damals nebeneinandergezogen sind, wurde das Ganze noch inniger. Wir sehen uns wirklich jeden Tag und stimmen unsere Leben aufeinander ab. Ohne Vali wäre ich vermutlich sehr einsam, weil ich keine Familie habe«, überlegt Roberta. Tatsächlich ist es selbstverständlich, dass sie

mitfährt, wenn Vali die Feiertage bei ihren Kindern verbringt. Für diese ist Roberta eine Tante und für die Enkelkinder eine zweite Oma.

»Die Leute haben schon viel darüber spekuliert, ob wir
ein Liebespaar sind. Es erscheint mir unglaublich, wie wenig eine richtig enge Freundschaft im Alter in den Köp-
fen der Menschen Platz hat. Ist es nicht erstaunlich, dass
die Leute eher in ein Altersheim gehen, als sich mit ihren
Freunden zusammenzutun?«

Ich finde, da stellt Roberta eine berechtigte Frage.

Bei der Lektüre des Buches *Freundinnen – eine Kulturgeschichte* von Marilyn Yalom und Theresa Donovan Brown
gewann ich die Erkenntnis, dass Frauenfreundschaften in
vielen Jahrhunderten vor allem von Mädchen und Unver-
heirateten ausgelebt wurden. Eine Ehe, die ja bis vor nicht
allzu langer Zeit als Hauptziel einer Frau galt, unterband
Freundschaften völlig automatisch, denn die Gemahlin
folgte gesellschaftlich ihrem Mann. Und blieb sie irgendwann als Witwe übrig, war sie auf ihre Kinder und Enkelkinder fixiert.

In den letzten Jahrzehnten hat sich dieser vorgezeichne-
te Weg verzweigt und Frauen leben ganz unterschiedliche
Konzepte. Aktuell kommt die erste Generation unserer
modernen Geschlechtsgenossinnen ins Seniorenalter und
erfindet Schritt für Schritt den Lebensabend neu.

Dazu gehört auch die Alten-WG. Beim Googeln stößt
man auf eigene Plattformen dafür. Kostprobe gefällig?

*Hallo! Ich würde gern mit anderen Seniorinnen zusammenleben.
Daher suche ich eine passende WG. Ich bin 72 Jahre alt und im*

Kopf jung geblieben. Außerdem bin ich an vielen Themen interes-
siert und koche am liebsten vegetarisch. Ich biete natürlich meine
Hilfe an, wenn irgendetwas gebraucht wird. Meinen Hund Flocke
würde ich gern in die WG mitbringen. Wer sich für ein Leben mit
uns interessiert, melde sich bei: Susan.

Moin Moin, die Freundinnen Hilde und Jette, beide 79, unabhän-
gig, fit und mobil suchen Frauen zur Gründung einer Alten-WG.
Haus mit Garten vorhanden. Einkaufsmöglichkeiten vor Ort.
Nichtraucherinnen willkommen. Unsere Wunsch-WG besteht aus
vier bis fünf rüstigen Personen ab 65.

Hach, wenn ich nur zwanzig, fünfundzwanzig Jahre älter
wäre, würde ich mich glatt auf so eine Annonce melden!
Gemeinsam mit meinem Mann, versteht sich.

Alten-WGs – die Fakten
Ein Immobilienportal hat eine Umfrage gestartet:
Achtundvierzig Prozent der Deutschen sind of-
fen für Wohngemeinschaften im letzten Lebens-
abschnitt. Experten sprechen sogar davon, dass in
diesen Alten-WGs die Zukunft liegt, und tüfteln an
Konzepten, wie man geeignete Förderungen auf die
Beine stellen könnte. Nicht nur die demografische
Entwicklung der westlichen Welt mit immer älter
werdender Bevölkerung spricht für solche neuen
Gemeinschaftswohnungen, auch die Vorteile liegen
klar auf der Hand:

+ Die Mitbewohner kümmern sich umeinander, der externe Pflegebedarf der Einzelnen reduziert sich.
+ Die Aufgaben und Lasten des Alltags werden gemeinsam besser bewältigt.
+ Anders als in Heimen kann ein individueller Lebensrhythmus beibehalten werden.
+ Alle anfallenden Kosten werden geteilt.
+ Einer Alterseinsamkeit wird vorgebeugt.

Natürlich gibt es aber auch Nachteile zu bedenken:
− Die Erfahrung zeigt, dass die Mitbewohner von WGs oft weniger Kontakt mit ihren Familien haben, als dies beim Alleinwohnen oder in Heimen der Fall wäre.
− Genauso wie in Studenten-WGs entstehen oft Streitereien im Alltag: Wer hat irgendetwas nicht bezahlt, wer hinterlässt Unordnung usw.
− Kommt es zu körperlicher oder geistiger Krankheit, ist meist nicht klar geregelt, was dann passieren soll.

Bei allen Vor- und Nachteilen erscheint uns das Modell Alten-WG auf jeden Fall als rosige Alternative zur Alterseinsamkeit. Freundinnen spielen in allen Lebensabschnitten eine große Rolle, warum sollten sie also nicht auch den Lebensabend versüßen können?

»Und was könnten wir heute mal anstellen?« – Auch Platin Girls haben noch viel vor

»Freundschaften, die über viele Jahre oder gar Jahrzehnte halten, sind die allerwertvollsten«, findet meine Studienfreundin Verena (Sie wissen schon: eine der Madamas, die Sie im Kapitel »Weißt du noch, damals?« kennengelernt haben). »So etwas ist einfach unkaputtbar.«

Ich bin sicher, sie hat recht – die Madamas gibt es bereits seit den Achtzigerjahren. Ich kann mir nichts vorstellen, was uns nach so langer Zeit auseinanderbringen sollte. Nicht nach allem, was wir miteinander durchgemacht und erlebt haben.

Ursi und ich haben uns bei unseren Interviewpartnerinnen umgehört und sie gefragt, was sie im Laufe ihres Lebens zusammen mit ihren Freundinnen erlebt haben. Dabei kam eine ganz schön vielseitige Liste heraus, von unvernünftigen Verrücktheiten bis zu rührseligen Glücksmomenten.

Wie viele Treffer?

Kreuzen Sie an, welche gemeinsamen Erinnerungen auch Sie mit Ihren Freundinnen haben:

- ☐ über eine Trash-TV-Sendung lästern
- ☐ eine gemeinsame Reise unternehmen
- ☐ gemeinsam etwas Verbotenes tun
- ☐ zusammen betrunken sein
- ☐ ein gemeinsamer Roadtrip
- ☐ zusammen über einen Ex herziehen
- ☐ sich zusammen etwas trauen
- ☐ ein Menü kochen und zusammen genießen
- ☐ über ein Lieblingsbuch diskutieren
- ☐ die Kinderfotos der anderen anschauen
- ☐ die ganze Nacht durchtanzen
- ☐ zusammen Sport treiben
- ☐ zu zweit ans Meer fahren
- ☐ sich verkleiden
- ☐ lauthals Karaoke singen
- ☐ einen ordentlichen Lachanfall haben
- ☐ gemeinsam eine Serie bingewatchen
- ☐ bei einem Nachtspaziergang das beste Gespräch aller Zeiten führen
- ☐ gemeinsam ein Buch schreiben (uns gefällt das so gut, dass wir es jetzt schon zum zweiten Mal tun)

Da fehlt aber noch was?
Kein Problem: Ergänzen Sie einfach selbst:

....

....

....

....

....

....

....

....

....

....

Doch was, wenn man das alles bereits abgehakt hat? Was kann dann noch kommen – so als Golden Girls? Oder genauer gesagt als Platin Girls – schließlich werden unsere Haare im Alter nicht gelb, sondern grau und weiß.

Tja, was haben wir miteinander vor, wenn wir älter werden?

Die Antwort lautet: jede Menge! Immerhin kommen wir früher oder später in eine Lebensphase, in der vieles möglich wird, was vorher undenkbar war.

Das gilt jedenfalls für meine Madamas und mich: Die Kinder – sofern vorhanden – sind aus dem Gröbsten raus oder teilweise schon aus dem Haus, einige Partner bereits im Ruhestand. Auch im Job wird es ruhiger, wir müssen niemandem mehr etwas beweisen, die wichtigsten Karriereschritte sind geschafft und wir haben inzwischen gelernt, besser auf uns achtzugeben.

Das heißt, es brechen neue Zeiten für uns an – mit fast so viel Freizeit wie damals im Studium (oder sogar noch mehr!). Grund genug, dass wir uns auf die Zukunft freuen! Zwar sind wir derzeit höchstens Silver Ager, aber mit einer Liste wie dieser kann uns Gold und Platin nicht mehr schrecken:

Die Bucket List für langjährige Freundinnen

☐ Zusammen nach Wacken fahren – oder in die Elphi

☐ Die Oscar-Verleihung im TV anschauen und dazu spektakuläre Ballkleider tragen

☐ Einen Fallschirmsprung machen, oder irgendeinen anderen Sprung über den eigenen Schatten – am besten Hand in Hand

☐ Einen Freundschaftsbaum pflanzen

☐ Ganz spontan ans Meer fahren

☐ Sich gegenseitig beim Kleiderschrank-Ausmisten helfen

☐ Ein Duett einstudieren

☐ Ein Freundinnen-Fotoshooting buchen (durften Ursi und ich bereits genießen – für das gemeinsame Autorinnenfoto)

☐ Sich auf einen Städtetrip einlassen, den die Freundin gebucht hat – ohne dass Sie das Ziel kennen

☐ Hobbys tauschen. Oder den Beruf! (Wäre bei

Ursi und mir fast zu einfach. Es sei denn, wir
konzentrieren uns auf unsere ursprünglichen
Berufe – sie ist Kunsthistorikerin und ich bin
Werbetexterin.)

- ☐ Gemeinsam eine neue Sprache lernen – einfach
  nur zum Spaß
- ☐ Die Lieblingsspiele Ihrer Kindheit miteinander
  spielen (Gummitwist! Völkerball! Himmel und
  Hölle!)
- ☐ Einen Tag lang nur in Fantasiesprache
  miteinander kommunizieren – und sich prima
  verstehen
- ☐ Spontan nach Paris fahren, um dort zu
  frühstücken
- ☐ Miteinander Silvester feiern
- ☐ Gemeinsam einen neuen Cocktail erfinden
- ☐ Sich ein Freundinnen-Tattoo stechen lassen
  (und das blöde Argument ignorieren, das sähe
  nur auf junger Haut gut aus)
- ☐ Zusammen zu einer Wahrsagerin gehen (und
  nur das Positive glauben)
- ☐ Porträts voneinander malen (und sich bei
  mangelnder Ähnlichkeit mit »abstrakte Kunst«
  herausreden)
- ☐ Ein »Männerwochenende« miteinander
  verbringen: angeln, zelten, grillen, Bier
  trinken, rülpsen
- ☐ Gemeinsam ein Umstyling buchen – und sich
  dabei voll auf das Urteil der Freundin verlassen

□ Einen Tag lang hemmungslos schlemmen (und sich vorstellen, Sie müssten für eine Filmrolle zunehmen)

□ Ein gemeinsames Erlebnis von vor 10, 20, 30 oder 40 Jahren wiederholen

□ Ein Fest der Freundschaft feiern

Ihnen fällt noch viel mehr ein?
Nur zu – nehmen Sie sich was Schönes vor:

....

....

....

....

....

....

....

....

....

....

Was meine Freundin Verena bei unserem Gespräch übrigens außerdem ansprach, ist die Frage, ob man im Alter überhaupt noch neue Freundschaften schließen kann, die so wertvoll sind wie langjährige. »Das stelle ich mir schwierig vor«, sagt sie. »Natürlich kann man in jeder Lebensphase neue Kontakte knüpfen und sich anfreunden, allerdings fehlt dann die gemeinsame Vergangenheit. Man kennt nur die Momentaufnahme dieses Menschen, weiß aber nicht, wie er oder sie früher mal war. Was eine Persönlichkeit ausmacht, ist eben nicht diese Momentaufnahme, sondern die Entwicklung. Man kann eine Freundin also nur dann so richtig verstehen, wenn man ihre Vergangenheit kennt. Wie sie aufgewachsen ist, welche Kämpfe sie austragen musste, welche Beziehungen sie hatte, wie sie gewohnt hat, was für Herausforderungen des Lebens sie gemeistert hat. Denn genau das macht sie aus. Einer neuen Freundin von früher zu erzählen ist etwas völlig anderes, als es live miterlebt zu haben. Denn eine echte Freundschaft hat nun mal Geschichte.«

Da ist natürlich viel Wahres dran. Aber man muss bedenken, dass wir schließlich »erst« Mitte fünfzig sind – und nicht Ü-80 oder gar Ü-90. Vielleicht betrachten wir das Ganze dann komplett anders und leben mehr im Moment als in der Vergangenheit oder der Zukunft?

Ursi (die sogar von Silver noch meilenweit entfernt ist) wollte es ganz genau wissen und stellt uns im nächsten Kapitel weitere Argumente für eine funktionierende neue Freundschaft im Alter vor.

»Darf ich Ihnen das Du anbieten?« – Es ist nie zu spät für eine beste Freundin

Die im 17. Jahrhundert lebende französische Comtesse und Autorin Madame de Lafayette schrieb sehr betagt an ihre Freundin Madame de Sévigné: »Ich möchte Ihnen sagen, wie tief mich Ihre Freundschaft berührt. Die Zeit und das Alter haben mir alle meine Freunde genommen.«

Fakt ist: Je älter wir sind, desto weniger Freundinnen haben wir.

Eine finnische Studie der Aalto University School of Science belegt, dass wir mit fünfundzwanzig die meisten Freundschaften pflegen. Danach nimmt die Zahl der engen Wegbegleiter kontinuierlich ab. Wir sieben aus, fragen uns, wer uns wirklich wichtig ist, und verlieren natürlich auch Menschen aufgrund von geänderten Lebensumständen oder im schlimmsten Fall durch den Tod.

Wir füllen die frei gewordenen Freundschaftsplätze jedoch nicht unbedingt auf. Der Philosoph Alexander Nehamas von der Uni Princeton sagt, das begründe sich in der Tatsache, dass wir im Alter einfach immer weniger anpassungsfähig seien und es uns schwererfalle, uns auf neue Leute im Leben einzustellen. Vielleicht steht uns aber auch nicht mehr dieselbe Energie zur Verfügung.

Über dieses Thema habe ich mit der dreiundachtzigjährigen Helga gesprochen. Sie lebt seit etwa einem Jahr in einer

Seniorenresidenz und erzählt mir, dass sie mittlerweile bloß noch Kontakt zu einer einzigen Freundin hat. Die kennt sie schon aus Kindheitstagen.

»Als ich mitten im Berufsleben stand, hatte ich einen ziemlich großen Freundeskreis. Wir waren illustre Frauen, die sich auf Vernissagen und im Theater getroffen haben. Bei einem Glas Wein nach der Kulturveranstaltung wurde dann alles Mögliche besprochen. Mit etlichen von ihnen bin ich auch im Urlaub gewesen.

Aber als wir älter wurden und Krankheit oder sogar der Tod untrennbar ein Teil unseres Daseins wurde, konnte ich schwer ertragen, dass die anderen den schönen Schein weiter aufrechterhalten wollten. Ich hatte Krebs, mein Mann und meine Tochter sind gestorben – da hielt ich es kaum aus, dass meine Freundinnen nach wie vor so taten, als sei das Leben eine einzige Party.«

Helga spricht davon, wie sie sich dann nach und nach aus dem Freundeskreis zurückgezogen hat. Das tat sie ohne Groll und Trauer, sondern es entsprach einfach dem, wie sie sich im Alter fühlt.

Ich frage sie, ob sie in ihrem neuen Zuhause wieder Leute kennengelernt hat.

»Es ist nicht ganz leicht, eine Freundschaft zu schließen, wenn jeder mit seinen Altersmacken beschäftigt ist. Aber ich bemühe mich, aktiv auf andere Menschen zuzugehen. In der Seniorenresidenz gibt es eine Singgruppe, an der ich teilnehme, und natürlich hat man seine Bekanntschaften im Speisesaal. Doch ich kann jetzt nicht genau sagen, ob das wirklich enge Bindungen sind, die ich da eingehe.«

Mich interessiert, welche Ansprüche sie aktuell an Freundschaften stellt.

»Am meisten liegt mir mittlerweile daran, ob jemand Humor hat und wir zusammen lachen können. Selbstverständlich sind gemeinsame Interessen auch von Vorteil. Wenn eine dauernd nur vom Handarbeiten redet, langweilt mich das schlicht und ergreifend. Ja, ich glaube, das ist jetzt im Alter meine Hauptanforderung: Ich will mich mit einer Freundin nicht langweilen, sondern eine nette Zeit verbringen. Was mir früher wichtig war, ob eine Frau aus einer ähnlichen sozialen Schicht kommt und meine politischen Ansichten teilt, ist mir heutzutage total egal.«

Während des Gesprächs mit Helga muss ich an meine eigene Großmutter denken, die fast dreiundneunzig Jahre alt wurde und bis auf die letzten Monate allein und völlig autonom lebte. Sie war immer ein geselliger Typ und suchte aktiv nach Menschen, mit denen sie eine schöne Zeit verbringen konnte.

In höherem Alter bei einem Klassentreffen beschloss sie mit der schon etwas dezimierten Gruppe an ehemaligen Mitschülerinnen, sich ab sofort wöchentlich im Kaffeehaus zu treffen. Ganz nach dem Motto: »Wer weiß, wie viele Jahre wir noch leben, also nehmen wir mit, was geht.«

Es lag in der Natur der Sache, dass dieser Freundinnenkreis immer weiter schrumpfte. Irgendwann luden sie auch die Schülerinnen der Parallelklasse dazu ein. Insgesamt waren sie dann eine gute Handvoll Frauen, die sehr eng zusammenwuchs. Ob man sich damals im Gymnasium gemocht hatte, spielte längst keine Rolle mehr.

Faszinierend fand ich vor allem, dass in dieser Clique sowohl die Ehefrau eines Widerstandskämpfers im Dritten Reich als auch die eines Obernazis saßen. Als ich meine Oma danach fragte, wie das funktionieren konnte, sagte sie: »Wir sprechen über jedes Thema, doch darüber nie. Unsere Freundschaft findet im Jetzt statt.«

Auch mit der neunundsiebzigjährigen Judith führe ich ein Gespräch über neue Freundschaften im Alter. Sie ist sehr reiselustig, hatte jedoch irgendwann niemanden mehr, der sie auf ihren Touren begleiten wollte. Also begab sie sich aktiv auf die Suche nach einer Gefährtin.

»Ich bin nicht so der Typ fürs Internet. Bestimmt gibt es da gute Möglichkeiten, Kontakte zu knüpfen, aber ich habe ganz altmodisch eine Zeitungsannonce aufgegeben. Zwölf Frauen meldeten sich, mit allen habe ich telefoniert, acht getroffen, fünf näher kennengelernt und schließlich auf diesem Weg meine neue beste Freundin Margret gefunden. Wir waren schon auf Korfu und in Warschau. Kommenden Sommer geht's nach Island.«

Neugierig frage ich sie, wie der Prozess des Freundschaftsschließens vonstattenging.

»Nachdem wir uns einige Male im Kaffeehaus verabredet hatten, war uns beiden klar, dass wir einander sympathisch finden und ausreichend Gesprächsthemen haben. Also planten wir ein paar gemeinsame Ausflüge. Schließlich muss man ja ausprobieren, ob man sich, wenn man den ganzen Tag zusammen ist, nicht auf die Nerven geht. Ich gebe zu, es hat mich wahnsinnig angestrengt, mich auf einen neuen Menschen einzulassen. Es gibt natürlich Dinge, die mir an Margret nicht gut gefallen. Zum Beispiel raucht sie und ich dachte zuerst, das will ich nicht. Schließlich ist mir aber klar geworden, dass ich mit fast achtzig eventuell nicht mehr so wählerisch sein sollte. Meine Güte, dann rennt sie eben nach jedem Essen vor die Tür, um sich eine Kippe zu genehmigen. Dafür weiß sie spannende Sachen zu erzählen.

Wir haben am Anfang auch sehr viel telefoniert und uns vom Alltag erzählt. Das haben wir extra so vereinbart, weil sie fand, auf diesem Weg könnten wir uns am schnellsten mit all unseren Ecken und Kanten kennenlernen. Und damit hatte Margret recht. Wir gewöhnten uns aneinander.«

Ich bin ziemlich bewegt, denn darüber, wie es sich mit meinen Freundinnen im Alter verhält, habe ich vorher kaum nachgedacht. Nicht alle von uns werden den neunzigsten Geburtstag erreichen. Vielleicht werde ich mich mit der einen oder anderen auseinanderleben. Auch wenn das jetzt schwer vorstellbar scheint, ist die Annahme vermutlich realistisch, dass mich nicht jede meiner aktuellen Herzensfrauen bis zum letzten Tag begleiten wird. Weil sich für mich aber kaum etwas schlimmer anhört als Einsamkeit, will ich mir an meinen Gesprächspartnerinnen ein Beispiel nehmen und mich bis ins hohe Alter um Freundschaften bemühen. Für neue Bekanntschaften offenzubleiben, klingt doch nach einem guten Vorsatz für den Lebensabend, finden Sie nicht?

Denn Frauenfreundschaften sind etwas Wunderbares. Da ist so viel Vertrauen, Harmonie und Innigkeit. Eine Freundin unterstützt und unterhält dich. Mit ihr lachst und weinst du. Sie fordert dich heraus und hilft dir, ein besserer Mensch zu werden. Aber sie liebt dich auch so, wie du eben nun mal bist.

Wie wir in diesem Buch beleuchtet haben, suchten Frauen in allen Epochen und Kulturkreisen ihresgleichen.

In den Vereinigten Staaten des 19. Jahrhunderts trafen sie sich zum Beispiel bei sogenannten *quilt bees*. Quilts sind Bettdecken, die man aus Stoffresten und einem wärmenden Füllmaterial zusammennäht. Da Stoffe damals nur in ganzen Ballen gekauft werden konnten, taten sich die Patchworkerinnen zusammen und tauschten. So brachte jede von ihnen eine schöne bunte Decke zustande. Und von den Materialien wurde nichts verschwendet – Reste wurden in einem Sack gesammelt und gemeinschaftlich verwertet. Während der Handarbeit unterhielten sich die Frauen. In einer Zeit, in der es für sie nicht selbstverständlich war, außerfamiliäre Kontakte zu pflegen, verbrachten sie auf diese Art etliche intensive Stunden miteinander.

Und wenn sie den Quilt später in Händen hielten, rief er eine Vielzahl an Erinnerungen hervor, wie ein Poesie- oder Fotoalbum. Sie wussten, welche Stoffe sie von welcher Freundin erhalten hatten und dachten an die Geschichten, die sie sich beim Nähen gegenseitig erzählt hatten, anvertraute Geheimnisse und gemeinsam gelöste Probleme.

Mich berührt die Beschreibung dieser Quilt Bees, denn sie erscheinen mir wie eine Metapher für Frauenfreundschaften an sich: Wie jede Einzelne Grundmaterial mitbringt. Wie ein Austausch stattfindet. Wie Hilfe angeboten und beansprucht wird.

Ist das Leben nicht wie ein bunter Quilt? In Patchworktechnik fügen wir ein Element an das nächste und es ist wunderbar, zwischendrin immer wieder ein wenig Material der Freundin einzuarbeiten.

Ohne Freundinnen geht es einfach nicht!
Denn Freundschaft ist Liebe.

Danksagung

Eins ist klar: Wir haben die besten Freundinnen, die man sich nur vorstellen kann! Und damit meinen wir uns nicht nur gegenseitig, sondern all diejenigen, die seit Jahrzehnten unser Leben bereichern.

Einige davon werden im Buch erwähnt – bei manchen haben wir uns erlaubt, ihre Namen zu verändern. (Ihr wisst dennoch, dass ihr gemeint seid, richtig?) Andere kommen zwar in keinem Kapitel vor, doch auch an euch haben wir gedacht, als wir dieses Projekt geplant und realisiert haben.

Ohne unsere Freundinnen würde es *Eine wahre Freundin ist wie ein BH* nicht geben. Und mehr als das: Ohne euch wäre unser Leben so viel ärmer …

Deshalb möchten wir an dieser Stelle Danke sagen – dafür, dass es euch gibt!

Am fertigen Buch in Ihren Händen haben zahlreiche Menschen mitgewirkt. Es ist uns ein Bedürfnis, uns bei ihnen allen zu bedanken!

Ein Riesendank an unsere Freundin und Agentin Anja Koeseling und unsere Lektorinnen Monika Kempf, die das Manuskript betreut hat, sowie Laura Lichtenwalter, die dieser Buchidee bei Penguin ein Zuhause gegeben hat. Ebenso danken wir Verlagsleiterin Eva Schubert und ihrer Stellvertreterin Dr. Britta Claus für ihr Vertrauen und ihre Begeisterungsfähigkeit.

Nicht zu vergessen das Team in der Presseabteilung, die Schriftsetzer, Korrekturleser, Covergestalter, Vertriebler, natürlich auch die Drucker und überhaupt alle, die aus unserem Manuskript dieses Buch gemacht haben.

Danke an Katharina Rottenbacher für die tolle Redaktion – es war ein Vergnügen, mit dir zu arbeiten!

Danke an Steffi Emrich für ihre Freundschaft, ihre Motivation und ihr Adlerauge beim Testlesen. Nicht zu fassen, was du wieder für Tippfehler gefunden hast!
Und auch ohne die Unterstützung von Friederike Lillie, Susi und Stefan Sinz, die frühe Versionen oder Auszüge des Manuskripts gelesen und uns mit ihren Kommentaren und weiterführenden Fragen weitergeholfen haben, wäre es nicht gegangen.

Unser herzlicher Dank geht genauso an all die großartigen Frauen (für das Buch haben wir viele Namen geändert, um ihre Privatsphäre bestmöglich zu schützen), die uns bereitwillig Auskunft gaben. Stellvertretend für alle wollen wir nennen: Fiona Sinz, Friederike Lillie, Manuela Hatzenbichler, Alexandra Baumgartner, Ruth Zisser, Lisa Cattini, Gabriele Flossmann, Eva Sabitzer, Monika Czejka, Barbara Korp-Matl, Susanne Sinz, Brigitte Breidenbach, Celia Meiborg-Roth, Lucinde Hutzenlaub, die »Madamas« Beate, Claudia, Friederike, Gisela und Verena sowie unsere Kolleginnen bei DELIA und Texttreff.

Danke an Frank Bauer für unsere großartigen Autorinnenfotos.

Ein Riesendank geht natürlich auch an unsere Familien, die uns unterstützen, an uns glauben, für uns da sind. Ihr seid die Besten!

Und schließlich danken wir von Herzen Ihnen, die Sie dieses Buch gekauft haben. Wir hoffen, dass Sie beim Lesen viel Spaß haben. Für Sie haben wir *Eine wahre Freundin ist wie ein BH* geschrieben!

Literaturliste

Onlineartikel:

Nina-Carissima Schönrock im Interview mit Wolfgang Krüger, *Freundschaften sind die Diamanten unseres Lebens*, auf: web.de (Magazine, Wissen), Juli 2018

Christine Kammerer, *Trügerisches Gedächtnis – wie wir unsere Erinnerungen schönen*, in: Wize.life, 22. 2. 2014

Susanna Steimer Miller im Interview mit Stefanie Rietzler, *Kinderfreundschaften: Was Eltern wissen sollten. Stefanie Rietzler beantwortet Fragen rund um das Thema »Kinderfreundschaften«*, auf: biber-blog.com

Jenny Bünnig, *Beste Freundinnen?! Zur Geschichte der Frauenfreundschaft – eine Ausstellung*, auf: gender-blog. de 2018

chwa, *Je älter wir werden, desto weniger Freunde haben wir*, auf: jetzt.de 2016

Harald Czycholl, *Es muss nicht gleich das Senioren-Heim sein*, auf: welt.de 2015

Bettina Dobe, *Frisch verliebt: Was passiert im Körper?* in: Apotheken-Umschau 2017

Tristan Horx, *Radikale Ehrlichkeit*, auf: zukunftsinstitut.de 2019

Brigitta Langhoff, *Die 10 schönsten Filme über Frauenfreundschaften*, auf: bildderfrau.de 2016

Ulrich Mees, *Liebe und Verliebtsein*, in: *Einblicke – das Forschungsmagazin* der Universität Oldenburg, 1997

Fiona Rhode, *Drama Queen & BFFs: Warum Freundschaften unter Frauen oft so kompliziert sind*, auf: gofeminin.de 2016

Ulrich Weinzierl, *Salka Viertel war die Frau an Greta Garbos Seite*, auf: welt.de 2010

Sarah Zimmermann, *Die Gesetze der Freundschaft*, auf: spektrum.de 2013

Studien:

Freie Universität Berlin, Pressemitteilung: *Die Persönlichkeit ändert sich im hohen Alter stärker als bisher angenommen*

Untersuchung von Wissenschaftlern der Freien Universität Berlin, der Universität zu Köln und der Utah State University auf Basis der Langzeitstudien »Sozio-oekonomisches Panel« und »Household Income and Labour Dynamics in Australia«-Survey

Abdullah Almaatouq, Laura Radaelli, Alex Pentland, Erez Shmueli: *Are You Your Friends' Friend? Poor Perception of Friendship Ties Limits the Ability to Promote Behavioral Change*. In: Plos One, 22. März 2016

Vrangalova, Z., Bukberg, R., & Rieger, G. (2014). *Birds of a feather? Not when it comes to sexual permissiveness. Journal of Social and Personal Relationships, 31*, 93–113.

Bücher:

Douwe Draaisma, *Die Heimwehfabrik – Wie das Gedächtnis im Alter funktioniert*, Galiani Berlin bei Kiepenheuer & Witsch, 2009

Jule Specht, *Charakterfrage. Wer wir sind und wie wir uns verändern*, Rowohlt, 2017

Inga Westerteicher (Hrsg.), *Liebe Freundin – Briefe berühmter Frauen*, Edition Ebersbach, 2000

Christina Spaller (Hrsg.), Konrad Wirnschimmel (Hrsg.), Andrea Tippe (Hrsg.), Judith Lamatsch (Hrsg.), Ursula Margreiter (Hrsg.), Ingrid Krafft-Ebing (Hrsg.), Michael Ertl (Hrsg.), Raoul Schindler (Autor): *Das lebendige Gefüge der Gruppe: Ausgewählte Schriften*, Psychosozial-Verlag, 2016

Edelgard Abenstein, *Wir sind einfach unzertrennlich: Berühmte Frauen und ihre beste Freundin*, Knesebeck 2012

Monika Czernin, Jean-Pierre Lavandier, *Liebet mich immer. Maria Theresia – Briefe an ihre engste Freundin*, Ueberreuter 2017

Maria Höfl-Riesch, Fred Sellin, *Geradeaus: Höhen und Tiefen meines Lebens*, Malik 2012

Klaus Wilhelm, *Warum wir Geheimnisse haben*, auf: spektrum.de 2018

Marilyn Yalom und Theresa Donovan Brown, *Freundinnen. Eine Kulturgeschichte*, btb 2017

Magazine:

Horst Heidbrink, *Freundschaftsbeziehungen*, in: *Journal für Psychologie*, Ausgabe 1 / 2007: *Liebe und Freundschaft*

Lesen Sie weiter >>

Junge, Junge! Söhne bedeuten für jede Mutter die ultimative Herausforderung: Wie Jungs wirklich ticken, können Frauen nur erahnen ... bis sie männlichen Nachwuchs bekommen. Plötzlich dreht sich ihr Leben um Bagger, Fußball, Dinosaurier und Laserschwerter. Doch wer wird sich davon schon abschrecken lassen? Jungs sind wunderbar liebevoll, herrlich direkt, unglaublich lustig und einfach nur fantastisch. Und auch wenn sie Mutter manchmal nerven können: Mit Liebe, Gelassenheit und Humor erträgt frau sogar Formel-1-Rennen, müffelnde Socken und Star-Wars-Filme!

Vorwort – wie alles begann

Hallo Sohn!
Gute Neuigkeiten: Es klappt!

Was klappt: Beamen?
Unsichtbarmachen? Zeitreisen?

😄 Nein, das mit dem Busen 😊

???

Sorry, nicht mit dem Busen.
Ich meine: mit dem BUSEN!!!

Mama?

Mit dem Buch! Verflixte
Rechtschreibkorrektur 🙉

Ach so 😄 Und welches Buch
meinst du?

Wie man als Mutter von Jungs überlebt

Du meinst das, in dem ihr all
unsere Geheimnisse ausplaudert?

😲 Aber wir plaudern doch keine
Geheimnisse … Wobei … Ja, genau das 😄

1. »Es ist ein …« – über den Moment, in dem mir klar wurde, dass ich eine Jungsmutter bin

»Hallo. Mein Name ist Heike und ich bin eine Jungsmutter.«

Vermutlich würde ich mich so in einer Selbsthilfegruppe vorstellen …

Nehmen wir mal an, dieses Buch wäre eine. Sind Sie dabei? Nehmen Sie sich einen Keks und setzen Sie sich.

Verstehen Sie mich bitte nicht falsch: Ich liebe meinen Sohn über alles! Und doch hat er mich vor so manche Herausforderung gestellt, mit der ich nicht im Entferntesten gerechnet hätte, bevor ich Mutter wurde. Ein bisschen Selbsthilfe kann also nicht schaden, oder? Ich meine: Der Austausch mit anderen Jungsmüttern – wie mit Ursi – tut einfach gut. Und er bringt mich zum Lachen, was bekanntlich nie verkehrt ist.

Willkommen also im Club derjenigen, die wissen – oder wissen wollen –, wie man als Mutter von Jungs überlebt!

Wann ist Ihnen eigentlich klar geworden, was für eine anspruchsvolle Aufgabe das ist?

Bei mir fiel der Groschen in einer verregneten Frühlingsnacht, als … Aber ich glaube, ich fange lieber ganz von vorne an. Genauer gesagt vor rund zwanzig Jahren. Ich war ziemlich schwanger und freute mich auf ein gesundes *Punkt-Punkt-Punkt.*

So stellte ich mir das mit der Geburt nämlich vor: Frau liegt ein paar Stunden in den Wehen, dann presst sie, ein kleines Wesen flutscht aus ihr heraus und quäkt, woraufhin die Hebamme begeistert ruft: »Herzlichen Glückwunsch, Sie haben ein ...«

So viele Möglichkeiten gibt es da ja nicht. Im Normalfall entweder Junge oder Mädchen. Vorläufig sprach mein Mann noch von *er oder sie*. Und ich von *Punkt-Punkt-Punkt*.

»Weißt du denn schon, was es wird?«, wurde ich ständig gefragt.

»Na, ich hoffe doch, ein Homo sapiens«, gab ich gut gelaunt zurück.

Doch damit ließen sich meine Freundinnen, Kollegen und Bekannten nicht abspeisen.

»Neee, mal im Ernst: Beim Ultraschall kann man das Geschlecht doch sicher längst erkennen«, hieß es dann – meistens mit einem vielsagenden Blick auf meinen gigantischen Bauch, der schon im siebten Monat vermuten ließ, es wäre bald so weit.

»Ja, meine Gynäkologin sieht es«, gestand ich, »aber ich will es nicht wissen.«

Woraufhin man mich für gewöhnlich anschaute, als hielte man mich für meschugge.

»Aber du musst das doch wissen wollen!«

Musste ich gar nicht! »Warum sollte das wichtig sein?«

»Dann kannst du dich besser vorbereiten.«

Ähm – worauf genau? »Ein Säugling wird unseren Haushalt, unseren Alltag und unser gesamtes Leben ohnehin komplett auf den Kopf stellen. Und zwar ganz unabhängig davon, ob es ein Mädchen ist oder ein Junge.«

Ich fand das völlig logisch. Doch da war ich wohl die Einzige. Man kam mir sogar mit dem Argument, davon hinge ab, welche Farbe die Wände des Kinderzimmers und die Strampler haben sollten. Als ob ich mir so etwas vom Vorhandensein oder Nichtvorhandensein eines Y-Chromosoms vorschreiben lassen würde!

Auf Rosa stand ich ohnehin noch nie so besonders. Das Kinderzimmer hatte mein Mann längst in einem kräftigen Himmelblau gestrichen – einer meiner Lieblingsfarben. Und die Babykleidung, die wir gekauft hatten, musste vor allem zwei Kriterien erfüllen: schön bunt und natürlich maschinenwaschbar sein.

Wie gesagt, man hielt mich ganz offensichtlich für leicht hormonbenebelt. Aber ich blieb stur und bestand darauf, überrascht werden zu wollen. Quasi als Belohnung für die Qualen der Geburt. Ich liebe Überraschungen!

Mein Mann versuchte zum Glück nicht, mich zu überreden. Aber ich hörte ihm an, dass er vor Neugier schier platzte!

»Ob er oder sie mir wohl ähnlich sieht?«, mutmaßte er. (Um die Antwort vorwegzunehmen: Wie aus dem Gesicht geschnitten.)

»Ob das wohl klappt, ihn oder sie zweisprachig zu erziehen?« (Hätte es vielleicht, wenn ich diejenige mit der Fremdsprache gewesen wäre.)

»Ob er oder sie wohl blond ist, so wie du, oder schwarzhaarig, so wie ich?« (Tja – weder noch. Sein Haar ist braun. Übrigens niese ich immer zweimal nacheinander, mein Mann viermal, unser Sohn dreimal. Ein Phänomen!)

Seine eigentlichen, unausgesprochenen Fragen lauteten jedoch:

Wird es ein Junge oder ein Mädchen?

Und warum, warum, warum lässt du es dir nicht sagen?

Ich beschloss, ihm diese heiß ersehnte Information zum Geburtstag zu schenken. Ich könnte die Gynäkologin bitten, »Mädchen« oder »Junge« auf einen Zettel zu schreiben und diesen in einen Umschlag zu stecken. Den würde ich dem Gemahl feierlich überreichen – unter einer Bedingung: Er müsste mir schwören, sein Wissen für sich zu behalten. Denn ich bestand weiterhin auf der Überraschung.

Nun ja, der Gatte war ehrlich. Er gab zu, das wohl nicht durchhalten zu können. Er hätte sich vermutlich noch am ersten Tag verplappert. Und so gab es keinen Zettel im Umschlag. Stattdessen kaufte ich ihm ein niedliches Babyhandtuch mit Kapuze und einen Strampler mit Häschenmotiv. Sein ausdrücklicher Wunsch. (Hätte man mir so etwas zum Geburtstag geschenkt, wäre ich stinksauer gewesen!)

Natürlich spekulierte ich selbst, was es wohl werden würde, das Punkt-Punkt-Punkt in meinem Bauch, der immer gewaltiger wurde und mich langsam, aber sicher in ein Walross verwandelte. Inzwischen war ich unbeweglicher als eine durchschnittliche Achtzigjährige und brauchte Minuten, um mich im Bett von einer Seite auf die andere zu wuchten. Was akustisch von einem lästigen Knistern begleitet wurde, denn der Gatte hatte – zum Schutz der neu erworbenen Matratzen – einen gelben Sack unter dem Spannbetttuch ausgebreitet. Aus Angst, die Fruchtblase könnte nachts platzen.

Da lag ich nun also, knisterte vor mich hin und fragte mich, ob das Alien in mir drin wohl eine kleine Sophia oder ein kleiner Jonas sein würde.

Auf die Namen hatten wir uns längst geeinigt. Sie waren

als gutes Omen gedacht. Schließlich bedeutet Sophia im Altgriechischen »Weisheit« und Jonas auf Hebräisch »Taube«, das Friedenssymbol. Das war es, was ich mir für mein Kind wünschte: Wenn es ein Mädchen würde, sollte es bitte keine oberflächliche Tussi werden, und wenn es ein Junge würde, dann auf keinen Fall ein aggressiver Schlägertyp. Im Grunde brachte die Namenswahl meine Minimalwünsche für unser Punkt-Punkt-Punkt auf den Punkt – natürlich abgesehen von der wichtigsten Hoffnung, dass es gesund sein möge.

(Wie in aller Welt ich jemals auf die Idee gekommen bin, in unserem Haushalt könnte ein eitles Dummchen oder ein fieser Grobian heranwachsen, ist mir im Nachhinein ein Rätsel. Hormonelle Schwangerschaftsverwirrung, vermutlich.)

Und dann platzte sie wirklich, die Fruchtblase. Tagsüber, übrigens. Keine Sorge, ich werde jetzt nicht die komplette Geburt schildern. Schließlich gibt es nichts Verstörenderes als die ausführliche Geburtsbeschreibung anderer Frauen. Nur so viel: Im Prinzip bewahrheitete sich meine Vorstellung »Wehen, Pressen, Flutschen, Quäken«, auch wenn sich das Ganze ein paar Stunden länger hinzog als erwartet. Irgendwann währenddessen begann ich, daran zu zweifeln, dass dieses Konzept tatsächlich funktionierte. Vielleicht bei Milliarden von Müttern weltweit, aber nicht bei mir.

Würde ich jemals den Satz »Es ist ein ...« zu hören kriegen? Ich glaubte schon nicht mehr daran. Und irgendwann war es mir auch völlig egal, ob *er oder sie* sich da den Weg hinaus ins Leben erkämpfte, Hauptsache, es war bald überstanden!

An die letzten Minuten, bevor ich meinen Sohn im Arm hielt, erinnere ich mich nicht so genau. Ich war im absoluten Ausnahmezustand. Doch irgendwann war es so weit. Flutsch, Quäk – und er war da.

»Sie haben einen Sohn«, sagte die Hebamme. Und das war der Moment, in dem ich von der werdenden Punkt-Punkt-Punkt-Mutter zur Jungsmutter wurde.

Natürlich hatte ich die tiefere Bedeutung dieser Tatsache da noch nicht erfasst. Denn wie erwartet hatte das Geschlecht des winzigen Wesens, das von nun an unser Leben beherrschte, zunächst keine große Bedeutung. Immerhin aber war die Namensfrage geklärt: Wir hatten also einen kleinen Jonas. Doch garantiert hätte uns eine kleine Sophia genauso auf Trab gehalten. Ich hätte mich beim ersten Baden ohne Hilfe der Hebamme ebenso unsicher gefühlt. Wir hätten dieselben schlaflosen Nächte durchlebt, vor allem wenn höllische Blähungen das Baby in ein Brüllmonster verwandelten. Und wir wären gleichermaßen auf Zehenspitzen ins Kinderzimmer geschlichen, um zu prüfen, ob es noch atmet, wenn das Geschrei einmal ausblieb …

Sofern sich zwischen Wickeln, Herumtragen und Füttern eine kleine Pause bot, nutzte ich die, um schnell zu duschen und mich in einen halbwegs menschenwürdigen Zustand zu bringen. Für viel mehr blieb keine Zeit. Schon gar nicht zum Grübeln.

Doch irgendwann war es so weit. Ich saß nachts im Sessel und stillte den Kleinen, als mir plötzlich klar wurde, dass wir nie zusammen ein Abschlussballkleid aussuchen würden. Oder uns gegenseitig die Nägel lackieren. Vermutlich würde ich eher am Rand eines Fußballfelds stehen, als im Publikum einer Ballettvorführung zu sitzen – wobei ich auch kein Problem damit gehabt hätte, wenn mein Sohn Ballett tanzen oder sich die Nägel lackieren würde. (Tatsächlich ging er im Alter von vier Jahren mal mit lackierten Fingernägeln in den Kindergarten. Und jedem, der ihn mit dem unausweichlichen »Der Jonas ist ein Mädchen«-Singsang bedachte, schmetterte er ein unmissverständliches »Nein, bin ich nicht« an den Kopf.)

Ich kannte mich aus mit männlichen Heranwachsenden – schließlich bin ich mit zwei Brüdern aufgewachsen. Das Leben mit Jungs war mir also nicht fremd. Ich wusste auch, wie unterschiedlich sie sein können. Manche sind Büchernarren, andere Sportskanonen, wieder andere lieben ihren Chemiebaukasten oder schreiben Gedichte.

Ich weiß nicht, warum, aber in dieser Nacht, mit dem Baby an der Brust, wurde mir urplötzlich bewusst, dass Fußball nicht die schlimmstmögliche Zukunftsvision war.

»Er ist ein Junge – bestimmt fährt er einmal Motorrad!«, schoss mir durch den Kopf. Und prompt brach ich in Tränen aus ... Innerhalb einer Zehntelsekunde verstand ich plötzlich, dass es kein Misstrauen gewesen war, das meine Eltern damals wach gehalten hatte, bis wir alle zu Hause waren. Und ich begriff, dass mich die Angst, meinem Kind könnte etwas passieren, bis ans Lebensende nicht mehr verlassen würde. Zumal es ein Junge war, der womöglich die waghalsigsten, verrücktesten, testosterongesteuertsten Dummheiten machen würde!

Natürlich tun auch Mädchen waghalsige Dinge und begeben sich in Gefahren, die ihre Eltern nachts nicht schlafen lassen. Das weiß ich aus eigener Erfahrung. Aber daran dachte ich in dieser Nacht nicht. Denn ich bin ja keine Mädchenmutter. Ich bin eine Jungsmutter.